政治の弁証

B. クリック 著
前田康博 訳

岩波書店

IN DEFENCE OF POLITICS

Original English edition published
by George Weidenfeld & Nicolson Limited, London.

This book is published in Japan
by arrangement with the original publisher.

'A Footnote to Rally the Academic Professors of Politics'
reprinted in this book by courtesy of Penguin Books, Ltd.

ブリギッテ・グランツォウへ

クリック氏の「政治」概念について
——日本語版読者のために——

バーナード・クリック氏の好著『政治の弁証』を日本の読者に提示するにあたって、事前に申し述べるべきことは、すべて著者が用いた政治 politics というコトバの特殊な意味に注意を求めることにつきるであろう。けだし、彼のいう政治は、およそ普遍妥当性を求めて定立された政治の概念、例えば「友敵関係」とか「誰が何を何時如何にして獲得するか」とか「権威をもってする諸価値の配分」とかいった規定とも、また日常的に用いられる政治や、政治的というコトバに伴う表象ともまったく異り、西ヨーロッパの伝統の批判的確認によって構成されているために、現代においては、日本ではもちろん、欧米においてさえ、決して通常とはいえない特殊な使い方をされており、したがって、十分それに留意することなく著者の行論を追い、政治という用語に伴う連想につきまとわれたままでは、読者は本書の理解を絶えず攪乱されるおそれなしとしないからである。

それでは、著者が本書で用いた政治とは、一体何を言うのであろうか。それは統治 government の一つの特殊な形態であり、もとより緊急事態における強制の使用を認めながら、その恒久化にあくまでも反対する点で、現代においてはナチスやスターリン主義の統治方法と典型的に対立するものである。著者によれば、この意味での政治が成立する最小限の前提は「一定領域内の諸利益が調停を必要とするほど強大に成長した」利益の分化であるが、「政治」の特質は、それらの統合のために「暴力や強制よりも調停を、共同の生存利益に最適な妥協水準を多様な諸利益に発見させるのに有効な方法としてえらぶ、秩序問題の解決方法」、簡単には「不当な暴力を用いずに、分化した社会を支配する方法」にほかならない。したがって、この方法による支配は「多様性の問題からおこり、あらゆるものを単一の一体性に還元するまいとするからこそ、必然的にある種の自由をつくり出すか、許容する」のである。このような「政治」の特質はもちろんきわめて特殊なものであって、到底あらゆる統治に見出されるものではない。事実著者はその存在を西ヨーロッパの限られた地域にのみ限定する。

けれども、著者自身がこのような「政治」の発見者として、何よりも、アリストテレスの名をあげているように、このような用法は、この地域ではむしろ伝統的なものであって、決して新しいわけではない。例えば、中世における regimen regale et politicum すなわち王をいただいて諸身分の参加を保障した統治体制の観念における政治的とは、まさにこのようなものであったとされている。そして、この観念がほかならぬ混合政体であったように、アリストテレスがその政治学 politike において最良の統治形態として推したものは politeia、すなわちいかなる単一の社会集団の専一的支配としての諸政体とも区別された混合政体であったのである。ポリビオスによって純粋に機構化されて以来の混合政体論は、周知のように近代においては権力分立論に転化させられたとせられている。これに対して、著者があえてアリストテレスに遡って、その精神を汲み、これを統治の方法として論じているのには、明らかに現代の問題が鋭く意識せられていると思われる。けだし、著者が「政治」に対立させているものは、絶対主義の権力などではなくて、何よりも現代の全体主義にほかならないからである。

周知のように、ファシズムとの対抗において、著者が「政治」の名で呼んでいる西ヨーロッパの伝統的統治方法は、何よりも民主主義の象徴のもとに擁護されたし、その事情は十分な理論的反省もないままで、スターリン主義に対しても引きつがれて、冷戦期にもち越されることになった。それは西側の陣営がアメリカ合衆国の実力によって支えられていた現実的事態にも適合的であったと言ってよい。けれども、少なくとも共産主義を相手にする限り、それは思想史的にきわめて不正確な手法であったし、そこに「二つのデモクラシー」問題が鋭く提起されたのは、むしろ当然であった。したがって、例えば、「民主主義という雨傘は近頃ひどく雨漏りがするようになった」と嘆いたコバン教授の場合に、民主主義が大西洋を挾むきわめて限られた地域に限定されたのは、決して偶然ではない。しかも、その場合にさえ、アメリカ人の眼から見れば、一方では身分制的な遺制をなお残しながら、他方では社会主義を標榜する政党がしばしば政権の座にあるような西ヨーロッパは十分には民主主義的である筈もなかったし、それを裏返せば、西ヨーロッパの尺度から見て、アメリカ民主主義が、内政・外交ともに、あまりにも未成熟な様相が目立ち、違和感が蓄積される事態にもなったのである。このように見るならば、あっさりと民主主義という象徴を「政治」という用語に取り換えた著者が、アメリカ合衆国を熟知し、特にその政治学を深い理解のもとに批判した人であるのは、まことに興味深いことと言わなければならないであろう。事実、著者は一たびこの取り換えを敢えてすることによって、西ヨーロッパの、端的にはイギリスの伝統を、はるかに鮮明に確認することに成功し、それを方法として抽出することによって現代政治に働くさまざまの思想を、技術時代における社会工学的なそれを含めて、はるかに自由に批判する立場を確保している。

もちろん、普通の用法においては、政治の概念は民主主義のそれよりもずっと広い。しかも著者が、右に述べたように、その「政治」という用語で民主主義を取りかえて、これに特殊な限定を加えることによって、用語法の上で非常な無理を犯したことは争い難い。いうなれば、それは著者がその自由な立場をかちとるために払った代償であり、さきにも記した通り、わたくしが著者の論旨の理解を助けるために、この一文を草する所以でもある。これは或いは訳語の問題かも知れないのであって、著者のいう politics に、その特殊な意味を伝えるような訳語を宛てれば、読者により親切であったという批判も成立つでもあろう。しかし、どんな訳語を工夫するにしても、それに著者の主張する意味を盛るには結局読者との約束が必要であろうし、またそれは日本語に移すために特に生じた問題ではなく、そもそも politics という原語の用法としても免れがたい無理なのである。ただ著者が平然としてこの用語を使い得たのに対して、わたくしがあえて巻頭にこれを断る必要を認めたのは、少なくともイギリスにおいては politics のこのような用法は、多くの意味の一つとしてはなお残っているのに対して、日本では正確にこれにあたるものを考えることができないからにすぎない。本書を読みながらわたくしがゆくりなく思い出したのは、オクスフォードの社会科学部の教科において、本来の政治がただフランスを引照しながらのイギリスについて論じられ、ソ連はもちろん、ドイツや合衆国の政治はすべて特殊研究としてかかげられていたこと、それを発見したときのわたくし自身のおどろきであった。はからずも、わたくしは「政治」のない国からやって来た人間にされていたというわけである。

最後に、西ヨーロッパの伝統のこのような現代的構成を日本の読者に提供することについては、当然さまざまの立場からの批判があり得るであろう。わたくし自身も、その意義について論じたいいくつかの点をもたないではないが、当然内容の批判にわたるそのような問題に、ここで立入ることはさし控えたい。ただ一つ加えるとすれば、わたくしは、著者の用いるような「政治」の概念が、少なくとも物理的暴力がア・プリオリに権力によって独占せられ、したがって暴力行使ないし行使の威嚇と、象徴と利益とによる本来の政治とが、何のけじめもなく、ずるずると連続しているような風土では、決して育たなかったことを指摘しておきたいと思う。これは著者があげるところの、アリストテレスの世界にも、また西ヨーロッパの中世にも、さらに絶対主義をくつがえしたその近代にも、明らかに確認できる自明の事実であり、そうだからこそ政治に ultima ratio としても暴力機構が不可欠でありながら、政治と軍事との間には明確な境界線があり、顕示的又は潜在的な暴力の威嚇なしに統治するところに政治の本来的領域が自明とされればこそ、政治家はきびしくその資質を問われ、その能力の開発に努めなければならないのである。その意味で本来の政治の領域の自律性が根付かないまま、政治的手段による統合の失敗が安易に暴力行使、ないしはその威嚇によって埋め合わされ、容易に悪循環に陥るような風土において、本書は疑いもなく熟読されるに値する。さいわいにも訳者は本書の内容の理解については、最も信頼すべき人の一人である。読者がこの訳者の労を通じて、本書から多くのものを汲まれることを期待したい。

一九六九年十月二十四日

福田歓一

日本版への序文

日本版は、英文原版の翻訳そのものであるが、二、三の訂正をほどこし、友人によれば圧搾しすぎた（それが本望であったとはいえ）二、三の章句をひきのばし、第一および第二章に引用句を若干追加した。通常「民主主義」とよばれているものは、じつは、「政治による支配」とよばれる方がはるかにいい、と考えるのが、私だけではないことを明示するためである。

私は、日本の読者に、本書が、本書をささげるドイツの友人、ブリギッテ・グランツォウ博士と、ドイツ・ナチズムの勃興とイギリス輿論との関連について討論する中からうまれたことをうちあけるべきだろう。われわれはともに、適切な時期にヒトラーとナチとを真剣にとりあげなかったイギリスの誤ちは、主として、自由を「民主主義」概念において考えていたためである、と理解するにいたった。「観念」に影響されることがあろうとはみずから思いもかけない実際的政治家でさえも、じつはこのとおりであった。なぜなら、ナチが明々白々に衆望をになうとなるや、ヒトラーは口でいうほどには悪くあるはずがないと考えられたのだったから。ナチ・イデオロギーが真剣にとりあげられなかったのは、イギリスの人々が、自身の体制の現実と理念とについて、誤った理論をいだいていたためである。彼らは、自由を、衆望民主主義と同一視し、権力をにぎる政府は、どれも必然的に「政治的に」行動する、すなわち、すくなくともその統治する国と住民とを維持するために、妥協し・協調し・現実的に行動する、と信じていたのであった。

ところで本書は、ほとんど全部、ドイツ、イギリス、アメリカの歴史から、実例をひいている。しかし、これらはたんに例示にすぎない。私の立論は、別の証拠をもとにしてもなりたつであろう。ただ、私は、日本の実例について未知なので、それについて論じたり、例示しようとはしなかった。けれども、ここに日本版ができたのはよろこばしい。なぜなら、私は、私の問題のいくつかがまるで他人事にきこえないか、また、ナショナリズムにも民主主義にも教化される経験をもち、しかも真に自由を愛する人々が、「民主主義」とは、理想としては、すくなくとも理解可能であるにもかかわらず、社会の現実統治理論としては、誤っていないかと、時としてとまどいはしないか、を懸念するものだからである。これこそ、私がとりくもうとした真の問題に外ならない。

B・C

第一版への序文

これはほんのエッセエである。ホッブスの言葉でいえば——「まのあたりの無秩序ぶりに触発された」小論であり、政治とは何かをやさしく説いて、政治の汚名をすすごうとする試みである。私はまず簡潔にとこころがけた。本質的なことがらとは、きわめて単純なものと信ずるゆえに。本筋にふれもしないうちにタップリととりとめないおしゃべりで著者薬籠中に読者をとりこまないように、あえて流行からはずれる試みを、読者が歓迎してくださるとありがたい。私は、「統治論」という講座担当の大学教師としてパンをえている関係上、コトを複雑にしすぎる大学人の力量のおかげで、いつもがっかりさせられている。それで、政治活動を、人がふつうみなす以上にはるかに稀少・貴重なものとして、特徴づけ・擁護しようとこころみるにしても、保守主義・自由主義・社会主義等の敵対する諸教義間に、一方では共通の場をしめすにもかかわらず、これら敵対する諸主張の意味を厳密に分析しようとも、その間に裁定をくだすべき方法を論じようとも、ついぞこころみてはいない。——そうすることが政治理論や政治哲学なのだとよくおもいこまれているのだが。つまり本書は、体系だった論文なのではない。全世界の「新興国家」群にまぎれもなく増大しつつある、自由と政治とにガマンできない空気にうながされ、「民主主義の理想」の歪曲や、たんなるカラ念仏にたいする個人的嫌悪にせきたてられて、活動としての政治が、最低ギリギリにさえもたしかにもたらす福益をのべようとした、ほんの試みなのである。

このエッセエ中の核心は、どれひとつ私の独創ではないので、ことさらにどなたかに感謝するにはあまりにもひろく恩恵をうけすぎた。ただし、第六章の保守主義と社会主義との節中、ロンドン政治経済学校で私をはぐくんでくださった手――マイケル・オークショット教授と故ハロルド・ラスキ教授――にかみついたおわびだけは、格別ながら。

B・R・C

ペリカン版への序文

これはあるとき一気にかきあげたエッセエなので、いまさらなにか本質にわたる変更はしなかった。あちこちで、とくに、友人によれば圧搾されすぎた第一章で、章句をいくつか追加したにとどまる。また、例解のために引用句を二、三挿入したのは、政治を讃える私のヘンキョウな感覚が、非常識ではなく、いっさいの政府を民主的とし・いっさいの民主政を政治的とするごく最近のレトリックで低俗化されるまでは、かつて鮮明・当然だった区別の肉づけであるゆえんを明示するためである。これらいくつかの追加の結果、わずかながら修正が生じている。私はもはや、たとえば、政治がある日常感覚としては全体主義的体制にさえも存在することを否認しようとこだわりはしない。主張したいのはたんに、そのような体制は政治的ではないこと、じつに、不幸にも真実なのだが、しられているかぎりの政府ならほとんど全部、スキさえあれば政治を抑圧しようとする事実なのである。

さて一種の付録としてそえた「政治学教授のためのワサビとしての脚註」は、本書の主旨には何もそえない、気ままな論難の気焔ではあるが、こういうものを買う向きには買っていただけよう。このなくもがなの付録でさえも、専門的にすぎていなければとおもう。ゾウゲの塔の政治学徒に私が不満なのは、不必要な専門操作のかげにいちはやく身をくらます点だから。私はかたくしんじている、公共の重要性をもつコトならば、公衆の言葉で公述できる、と。無能な政府は機密の、無能な学者はまやかしの術語の土壌にはびこる。しかし大学は、独創的な思想の源泉としてはもはや重要ではないとしても、私にはヨリ限定された聴衆にかたりかけるために政治上・教育上やはり重要なのである。このあたらしい付録は、要旨をいくぶんくりかえすので、アカデミックな向きには独立のものとして御覧いただきたいし、一般の読者なら全然無視していただきたい。
この再版を用意するにあたってようやく、とくに第二章で、ハーヴァードでうけたカール・ヨアヒム・フリードリッヒの教えとハンナ・アレントの諸著作とに一貫しておうところあるのを悟った。アーネスト・ゲルナーは初稿にきびしく有益な批評をしてくれた。またこの第二版になんらか改善のあとがみられるとすれば、わが友ダンテ・ジェルミノ、メルヴィン・リヒター、ハロルド・スウェイズの批評のおかげといえる。なお、その匿名方針をこのまないが『タイムズ・リテラリイ・サプルメント』紙「レヴィュアー」のおかげでもある。ひとは、影響ではなく、偶然の一致をみとめてくれるであろうか。私はアイリーン・コルトマンのきわめてふかく・ゆきとどいた『私人と公共の大義——イギリス内戦期の哲学と政治』(フェイバー社、一九六二年)をよんで、政治の諸徳へ不屈の忠誠をささげる私に、知己をみいだす感慨をいだいたのであった。

B・R・C

一九六三年七月四日

何ごとにも限界がある。こうした時期には、何かハッキリしたことこそなしとげられなければならなかったろう。しかし、革命を鼓舞した人々は……世界的以下の規模では、何ごとであれ不幸なことが明らかとなった。彼らにとって、変動の時期・形成途上の世界は自己目的なのだ。彼らは、これ以外にはおよそ不適格で、これをのぞけば、何も知りはしない。これら終りのない用意がかくも不毛なわけを御存じか。こうしたやからが真の能力を何も持ちあわせず、無能だからなのだ。人が生まれるのは生きるためであり、生きる用意をするためではない。

パステルナーク『ドクトル・ジヴァゴ』

目　次

第一章　政治による支配の特質

政治は心の底から「いとわしい」。——そうぞうしくシリメツレツな公約・不可能をしいる要求・根拠のない理想と現実ばなれの計画とのゴッタ煮、……真理にも正義にもおかまいなしの機会便乗・不相応な名声への臆面ない狂奔・手におえない情欲の野放し・最低の本能の放埒・事実の歪曲、……こうした熱にうかれた空騒ぎのいっさいは。——サラザールが表現するこのような民主政治への嫌悪を一度ならずおぼえなかったものがあるだろうか？

『タイムズ』一九六一年十一月十六日の第一論説より

ゆるぎない真理への倦怠は、自由人の大敵である。だから、混迷の時期には、ものごとを定義しなおすのに冴えたところをみせたり、専門的局外性や科学的冷徹さを僭称したりせず、たんに、ふるいチンプな命題のいくつかに意義をよみがえらせようとつとめるだけでもゆるされよう。このエッセエのねらいはたんに、偉大な・文明化をすすめる人間活動としての政治がもつ諸徳への信頼を復活するのに手助けをするにある。政治は、ギリシア神話のアンタエウスに似て、母なる大地のうえに脚をしっかとふみしめていられるかぎりは、つねにわかわかしく・つよく・いきいきとしておれる。われわれは人間の条件のもとに生きている。それでわれわれは、プラトンがひとを魅するヒタムキさでおしえたのとことなって、政治をとおして絶対の理想をつかまえるわけにはいかない。けれども、大地の表面はおおきく変り、人間である以上われわれは、安らぎの暇もなく・おおくの理想をバラバラにいだき・過去の果実をたのしむそばから未来のために計画をたてるよう余儀なくされている。おなじく政治も、自分のハナ先までしか見通しのきかないひとびとが自讃するような、「純粋に実際的・直接的な」活動ですますわけにはいかない。

政治は、あまりにもしばしば、本性上まずしく・従属的で・第二義的な関係であるかのようにみなされている。政治が、それ自身の生命と特性とをそなえたものとして賞讃されるのは稀である。政治は、宗教・倫理・法律・科学・歴史ないし経済ではない。政治がなにごとでも解決するとはかぎらず、どこにでも存在できるともかぎらない。政治は、保守主義・自由主義・社会主義・共産主義あるいはナショナリズムといった政治的教義のどれかひとつでもない。これらおおかたの諸要素を政治がふくむことはありうるが。政治は政治であり、それ自身でたっとばれるはずのものなのだ。政治以上にリッパとか独特とかのなにかに「そっくり」とか「本質がそれだ」というのではなしに。政治は政治だ。政治からわずらわされるまい、そっとしておいてほしいとねがうひとは、なにものをもみすてたくない善意の意図をじゃまする障害物と政治をみるひとびとに、はからずも、加担していることになる。

ある向きには、これはアタリマエなことにみえるかもしれない。だがそれなら、そうしたひとの仲間がどれほどすくないものかにきづくのもわるくはないだろう。どこにいっても世界じゅう、権力を渇望するやからが存在し、呼び名はどれほどちがっても、申しあわせたように政治を拒否する支配者が現に存在する。おおくのフランス人が一九五八年に第四共和国をあたたかく擁護しながらも、ドゴール将軍はフランス国民を政治屋《ポリテイツシアン》どもからすくっているのだと論じたし、一九六一年にアルジェリアに突発した陸軍の反乱で、おなじ将軍がこんどは非難されたのは、アルジェリア問題の「純粋に政治的な解決」をもとめているとのかどであったし、反乱将軍たちは、自分たちにはなんら「政治的野望」がないといいつづけた。フィデル・カストロは一九六一年に一通信員にかたった。「われわれは政治屋ではありません。われわれが革命をおこしたのは、政治屋どもを追放するためでした。われわれは社会をつくる人民です。これは社会革命なのです。」あちこちで叫びがたかまっていく、わが党（あるいはわが指導者）は政治屋に対してわが人民をまもる、と。「政治は、わるくとられたばあいには」とアイザック・ディスレリはかいた、『人類を欺瞞によって統治する術』と定義されてきた。」もちろん、明白に政治による体制にあってさえ、政治には興味がないとかんがえ、さらにまるで興味がないかのようにふるまいさえするひとびとは多い。だが彼らは、たしかなところ少数派にすぎない。——政治を、デタラメで・ツジツマがあわず・ガッカリするようなくりかえしで・進歩をしらず・祖国をわすれ・成果の不毛な・たんなる妥協だ、さらには、政党どもが不可避な未来の挑戦に抗して、ある特定の社会体制をゆがんだままで維持しようとあがく無恥か陰謀かのたぐいだとさえかんがえる多数派にくらべるならば。政治破壊的人間は、政治志向的人間やこの奇妙なこと・政治を実行するひとがふつう仮定する以上に、政治を、時と場所とではるかにかぎられたイトナミとみる点できわめてただしい。

西欧文明圏の多くの職業政治家《ポリティッシアン》・政治評論家・学者たちは、「自由」「民主政」「自由な政府」といった言葉の擁護や宣伝にすぐとびつく。ところがよそでならおおいに傾聴されるとしても、これらいっさいのヨキことがわがソ同盟・わが中国・わがスペイン・わがエジプト・わがキューバ・わがガーナ・わが北アイルランド・わが南アフリカと、似ても似つかぬさまざまな形態の政府にまさに存在し・尊重されていると、誇りたかく・誠意をこめて保証する答だけがはねかえってくるや、途方にくれることになる。これらの言葉は、厳密な意味をあたえることができるとしても、威信のシンボルとしてあまりにも重要なのでムザムザと譲歩できかねる。政治評論家は、政治活動それ自身をまもるだけにしたほうが、おそらくは賢明ではあるまいか。なぜなら政治は、ふつうみなされているよりも、はるかにはるかに精緻なものだから。それは、真の自由には本質的であり、高度・複雑な社会以外には未知であり、西欧的経験にだけ特有な特別の起源をもつ。政治は、人間の条件の歴史のなかで、ほとんど値いを絶する真珠のようにたっとばれるはずのものなのだ。たとえじつは、あまりにもたっとびすぎるあまり、完膚なくほろぼしかねないにしても。

おそらく、なんらかの集団やなんらかの政策綱領の専属財産として私有したり国有化したりしたいほどの大情熱をおぼえるものはめったにないような、あまりにも漠然としてみえる活動〔政治〕をたたえるについては、一言なければなるまい。

およそ政治がなりたつうえで基礎的・原理的命題になるべきことを最初にのべたのはアリストテレスである。彼は、いまなおギリシア世界の比類ない発明ないし発見といえることがらを最初に特性づけ・分類した、いわば人類学者なのである。その『政治学』第二巻のある箇処で、理想国家の諸図式を吟味し・批判しつついう、プラトンはその『共和国』で、ポリス(あるいは政治的国家形態)におけるいっさいを一体性へと還元しようとところみる誤ちをおかす。しかしむしろ、「ポリスが一体性をたかめるにつれて、もはやポリスではなくなる一定点がある。それ以前にも、まだポリスのままであるとはいえ、それにもかかわらず、ポリスの本質喪失スレスレとなり、したがって、悪いポリスとなる別の一定点がある。それはちょうど、和声をたんなる同音に転化したり、主題をただの一打音に還元したりするのにひとしい。真のポリスは多様なメンバーからなる集合体である。(1)」したがって政治は、偉大なアリストテレスにしたがっていえば、みずからを、単一の種族・宗教・利害・伝統としてではなく、多様なメンバーの集合体であると意識する組織された国家において生起する。政治は、共同のルールのもとにある地域結合体内部に、別々の集団が、したがって、別々の利害と別々の伝統とが、同時に共存する事実をうけいれるところから生起する。その結合体成立の由来――慣習・征服・地理的事情――はほとんど関係ない。関係があるのは、その社会構造が、ある種の未開社会とはことなって、統治の問題、そもそも秩序を維持する問題にみごとに応答できるように政治をうみだすほど十分複雑に分化している点である。だが、むやみに秩序を確立しても、政治秩序とはなりえない。自由の誕生ないし確認がその指標をなす。なぜなら政治が象徴するのは、すくなくとも、あいことなる真理間のなんらかの寛容であり、敵対する諸利害間の公然たる格闘場裡こそ、統治が可能となり・最良に運営されるとの認識なのだから。政治は、自由人の公共行為であり、自由は、公共行為からの私事である。

言葉のふつうの用法からいえば、政治とは、組織されたあらゆる国家に現実にはたらく力とおもってもよさそうだ。しかしちょっとかんがえてみても、このふつうの用法がきわめてひとをまどわせかねないことはあきらかとなる。なぜなら政治は、アリストテレスが看破したとおり、秩序問題を解決できる策の一つにすぎないのだから。しかも、もっともあたりまえの解決策でさえもない。暴政がもっとも明白な代案――単一実力者の私利だけをもとめる支配――の第一であり、寡頭政がその第二――単一集団の集団利益だけをもとめる支配――である。暴君や寡頭支配者の支配方法とは、めいめい私利をもとめる他集団の全部または大部分をごまかし・強制し・あるいは威圧することにつきる。政治による支配方法とは、これら他集団に耳をかたむけつつ手をつくして調停し、それぞれに法的地位・安心感・根拠がある以上安全に忌憚なく意思表現する手段をあたえ、もってこれら非権力集団に言論の自由を保障することである。理想としては、政治は、これら集団をすべてそれぞれ他の集団にむすびつけ、それぞれまたは一致して、統治の一般課題、秩序維持のため、積極的に寄与できるようにする。これがなしとげられる道は多様であきらかに数おおい。――社会的諸利害が対抗しあう事情のどれかひとつにかぎってさえも。しかも、その多種多様な状態と変化とにてらしてみれば、政治による支配という主題には、ほとんど無限に変奏曲が、これまで可能であったし・現に可能であり・将来にも可能であろう。しかし、この慎重な調停過程は、どれほど不完全にはたらこうとも、暴政・寡頭政・王政・独裁政・専制政、それに、――おそらくただ一つきわだって近代的な支配型だろうが――全体主義から根底的に一線を画される。

たしかに現代の慣用にてらしてみるならば、全体主義や暴政的体制に政治が不在だというのは時には無理にきこえよう。ある向きには、あらゆる統治体制にもいくばくかの政治はあきらかに存在するとはいえ、ある種の統治体制はそれ自身政治による体制であり、政治によって、あるいは政治のために機能する、と主張するほうがヨリわかりやすいだろう。だが、慣用は真の境界線をこわさない。しかもこの境界線は、偉大な伝統を背後におっている。(2) 英国首席裁判官フォーテスキュウが十五世紀なかばにイギリスは〝政治と王とにともに支配される〟といった意味は、英国王が法の強制と国土の防衛とに絶対権力をもつとはいえ、議会の協賛によってのみ、法律を宣言できる点であった。もし純粋に〝王だけが支配する体制〟であるならば、そもそも〝政治が支配する〟まい。近世初期には「政治体《ポリティ》」つまり、貴族政原理と民主政原理とのアリストテレス的交配の「混合政体」は、ふつうかたや暴政・専制政にかたや「民主政」に二重に対照される語であった。――民主政が、無政府的アナバプティストか急進的レヴェラーのような行動が全社会に波及したばあいを想像する恐れや・その想像図の頭のなかでの拡張でしかなかったころなのに。十八世紀のイギリスで「政治」はふつう「既成権威」の原理に対置された。

政治人《ポリテイッシアン》とは、王冠・法廷・教会の既成秩序への挑戦者であった。しかも独特な方法で、つまり専制政的宮廷陰謀によるのではなく、政策をきっぱりと争点にうちだし、あわせて争点を公衆に明示する努力によって挑戦したのであった。政治人《ポリテイッシアン》とは、大ピットのように高邁にかジャック・ウィルクスのように卑俗にか、「われわれ公衆」・「われわれ人民」(現実には、もちろんつねに公衆も人民もさまざまだが)の権力を、ジョンソン博士のいわゆる「法律が公定する権力」に対抗させようとする人々であった。この言葉は卑称であった。トーリー派の郷紳がホイッグ派の名望家を「政治人《ポリテイッシアン》」とよんだのは、ウィルクス流の人々への肩入れによる。また「偉大なホイッグ党員」自身がウィルクス流の人々を政治人《ポリテイッシアン》とみなしたのは、ウィルクスが、「暴徒」こと、熟練都市労働者群を利用したからだった。それで、政治的とは、事実上もっぱら、ときの当局者の認定範囲以上にひろく「有権者層」をみとめることを意味した。政府が、過去においてではなく、未来の危機がさしせまる現在において有効に運営されるには、その意見をたたくのが必要と感じられたのであった。

一五六〇年代フランスで、絶対原理の探究は国家をあやうくし・宗教統一の名のもとに全文明を破滅させると察知したカトリック貴族にあたえられた名前が、もちろん、政治人《ポリテイッシアン》であった。マキァヴェリはその『ローマ史論』、おそらく、自由な統治条件の、史上もっともあざやかな分析のなかで、くりかえし、共和国とは政治的な市民生活である、あるいはたんに政治的な生活である、とのべ、あるときには政治と自由とを互換的に使用する。彼の基本的境界線は、危機にさいしては適切な、個人的ないし君主的支配——国家を救済ないし創造する最上策——と、大量な中産階級をもつ国家に適切な、共和的ないし政治的支配——国家を末永く維持する最上策——との間にひかれていた。またおなじ境界線が、トマス・マンの『非政治的人間の考察』にも、その同胞にたいして、鮮烈である。「われわれの政治屋どもが、世界転覆・国家破壊・恒久的大衆蜂起・革命の大仰な身振りにではなく、……政治、つまり、改良・妥協・適応・現実と精神との相互了解にたずさわっていると信じたらまちがいだ。」

　こうして、現存する統治のおびただしい形態——政治による支配はそのうちの一つにすぎない——の理解にあたっては、とくにたやすく、レトリックが理論と誤解される。統治行為ならすべて政治をふくむというのは、レトリックでなければデタラメだ。たとえば権力への闘争を、たんに権力への闘争だというだけで「政治」とよぶ理由は何か？　一政党内部の複数党派や・ならびたつ両雄のもとの子分たちは、権力独占へと闘争する。そこには、この闘争を封入すべきいかなる政治的または立憲的手続あるいは事実上十分強力な手続も存在しまい。だから、闘争当事者は、いかなる妥協も、一党派の完勝と他党派の抑圧とにいたる途上の、純粋な戦術ないし息つく間とみるだろう。たしかに、暴政や全体主義体制においてさえ、支配者ただ一人の専権が確立する瞬間までは政治が存在するとみるのはもっともだ。その専権未確立なかぎり、敵とみなす人々の意見を徴せざるをえないかぎり、それが必然からにせよ・相手の実力を一時的にはかりそこなったからにせよ、彼はある種の政治的関係にたっている。しかしそれでは本質的に脆弱だし・本心でもない。支配者にも・だれにも、それをタテマエとみなす意思はない。たとえ永劫性を証明されたとしても。そこでは政治はたんに邪魔《オブスタクル》ものとしかみられていない。——ある意味では抵抗《オブスタクル》するものにちがいないが、およそ安全でも有効でもない抵抗だろう。なんらかの政治なら、非自由体制にも存在していよう。しかしのぞましいとはされていない。——その支配者にとっては一体性への前進が不手際だった尺度だから。それであらゆる努力がかたむけられて、このような論議を被治者層から遮蔽し、「公衆」形成をさまたげる。なぜなら、宮廷政治は、私的政治なのだから。それはほとんど形容矛盾にひとしい。政治活動のかけがえのない特性は、まったく文字どおり、その公共性にある。

　だから政治の諸要素が暴政その他の体制には存在できないとするのは不必要であり——むしろ逆である。ソフオクレスはこの点をアンティゴネーでえがきだす。

クレオン：ではあの女は法律をやぶっていないとな？

ハエモン：あなたの同輩－市民たちは、一人のこらずそれを否認するだろう。

クレオン：ではこのポリスがわしに支配のやり方をおしえてくれるとな？

ハエモン：おう、いまとなってコドモのようなことをいうのは誰だろう。

クレオン：わし以外に誰がこのポリスで命令をあたえられるのじゃ？

ハエモン：もし一人の意思にしたがうようならポリスじゃない。

クレオン：だが慣習は支配者に排他的支配権を与えているぞ。

ハエモン：お前さんは荒野にいけばサッパリと一人で支配できようさ。

ポリスをたんに「社会」におきかえて、私の論点をいくらかやわらげたとしてみても、――「市民社会」とよぶにしろ「政治社会」とよぶにしろ――その一語は相異なる二つの統治論によって争奪されることになる。専権的支配の優位か基本的人権の優位かの両説とも、それぞれの理論は社会概念から必然だと主張する。ところでどちらがヨリ現実的なのか。政治的方法によせるハエモン流の大いなる希望は、政治が、ながい目でみれば、クレオンがえらび、あるいはしがみつく方法よりも、秩序をヨリ実際に維持できる方法だという点にある。こうして政治は、束縛の確認から生起する。この確認の特性は、道義的ともいえようが、じつはおおくのばあいたんに細密な心くばりである。すなわち、社会の諸集団や諸利益の権力の確認であり、無理を承知で暴力と危険とを負担しなければ専権支配は不可能だという客観性の産物なのである。アンティゴネーのように政治破壊的徳義のヒロインがポリスをつきうごかすにしても、きめ手になるのはポリスの権力である。クレオンは彼女に、その反逆者の兄弟を埋葬させまいとこばむ悪人であるが、この争点についてポリスの権力を容認しないため、さらに、わるい支配者ともなる。もちろん専権支配はしばしば可能である。ただし、つねにきわめてむずかしく・きわめてあやうい。「荒野をつくりだしこれを平和とよぶ」のは不可能ではないし・めずらしくもない。しかしさいわいにも、大部分のあたりまえの職業政治家《ポリティッシアン》なら、暴力に頼りきれるはずのないことを心得ているし、この教訓をまなぶのに、いちいち祖国を破滅させるにもおよばない。

さて政治は以下のように単純に定義できる。——一定の支配単位内の相異なる諸利害を、全共同体の福祉と生存とにめいめいが重要な程度におうじて、権力に参加させつつ調停するところの活動、と。さらにこの形式的定義をおぎなっていえば、政治による体制は、合理的安定と秩序とを政治が成功裡に保障する統治類型である。アリストテレスは、政治のなすこれら諸妥協が未来のためにいつか創造的となるにちがいない——個々の存在理由はかなたの目的にある——と論じかけもした。けれども、われわれの擁護対象をできるだけ単純なままにして、どのような調停や妥協でも最終とするつもりはない、と指摘するだけのほうが、おそらく賢明だろう。どのような妥協でも、すくなくともなんらかの目的には、目的論に無関係に役立ってきた。——もし妥協成立のときにともかく秩序ある統治の運営を可能にするのであるならば。秩序ある統治はつまるところ、無政府状態や恣意的支配にくらべれば、文明の高さをしめす価値である。政治による統治は、他の条件がひとしいかぎり、人々に問題についての機会か選択権があたえられさえするならば、あきらかにヨリおおくの人々に、いつでも歓迎されるはずである。あれこれの政治教義の弁護者ならば——後述のとおり——めいめいの教義が政治的に作動できるための環境を否定しないよう心をひきしめなければなるまい。めいめいの主張は、けっして排他的にはなりえないのだから。政治過程は、どの特定の政治教義とも直結しはしない。真の政治教義は、むしろ、この妥協という、はてしがなく・うごいてやまない問題にぴったりとあてはまる・実行可能な解決策を発見する試みなのである。なぜ良い支配者でも、政治というデタラメであやふやなものなしでは、そうできないのか？——つねにこう問いただされよう。学究に一般人がセッパつまってか無邪気にかこうきけば、彼はセキこみ・赤面し、オレはチンプなことをいおうとしていると感じ、アクトン卿の権力は例外なく腐敗するとの意味の正確な言葉はと記憶をふりしぼる。ところが、アリストテレスはこれを、まっこうから真剣に応答すべき原理的争点とみた。もし「完全な義人」が存在するならば、正義と理性とによって、彼こそ支配者になるべきである。(ちょうどわれわれが、歴史の鉄則がわれらの未来の恩恵のためにどの道をひらくかの認識を立証できるどの政党にも服従すべきであるように。) これは、人によってはすくなくとも理論的には可能であり——しかも期待をもたせよう。政治による支配の絶対的正当化はとてもこうはいかない。答は実際的となる。つまり、びっくりするにはあたらないが、アリストテレスのみるところそのような人間はまずいそうもない。われわれは、道徳をとく専権支配者や・できもしない公約をする独裁者や・雑多な「人民の父たち」と固有の近代美術館でトクと対面するからには、わざわざアリストテレスの言葉をひきあいにだすまでもない。かれらのおおくは、ふつうの意味でなら、悪人ではない。けれども、たとえ大目にみてさえ、「完全に善い」といえるのはかぞえるほどもあるまい。しかもアリストテレスにとっては、かりそめの汚点でも失格であり、なんらかの束縛の下にたたしめる。その仲間を無視してもゆるされるほどに完全な善人だけが、無視できないほどにソナエをかためる敵対権力なしでもゆるされる。じつに彼は、ポリスなしで生活できる人間は、野獣か神かだと断言する。神だけが、仲間をもたないままに仲間を無視できる唯一の存在である。神だけが、その命令を法と正義とにひとしくできる唯一の存在である。アリストテレスのある時期の教え子アレクサンドロスは、権威——としたがって権力と——を発見するため、神となるようつとめなければばならなかった。さまざまな形態のポリスと、政治に無知な諸帝国全体とを、たんに征服するだけでなく、支配するためには。プラトンの哲人王は、『共和国』の寓話では、科学的訓練でしぼられたあげく、神を垣間みる回心の神秘的体験・全面的な形相変換ののち、ようやく理想国家支配に適格となる。皇帝たちはその神格化を、征服して得た帝国を内部からかためる権威問題の実際的解決策とみた。また神の後裔という観念は、東洋やスペイン統治以前のアメリカ諸帝国(「インペリウム」すなわち帝国は、多様な歴史・文化体を統治したい大望をいだく王政であり、したがって、慣習だけからは発生しない底の大権威を必要とする)に典型的であった。支配者がこのような観念を利用できても不思議はない。現代になってさえ、おおくの追随者がすすんで、めいめいの指導者をあたかも神であるかのように、すなわち、法の宣言者・批判や周囲への顧慮からの超越者・真に自己充足する唯一者とあがめている以上。

それでアリストテレスにしたがえば、政治は、自然なものであり、神に由来せず、たんに、人にかかわる「究極の精神活動《サイエンス》」であった。他のすべての「精神活動《サイエンス》」(技能・社会活動・集団利益のすべて)をすべて包括・ないし説明する意味でではない。これらに、どの共同体にしてもつねに不足な資源を争奪しあう敵対的諸主張間になんらかの優先順位・なんらかの秩序をあたえる意味で、政治は究極の精神活動《サイエンス》とされた。これら優先順位確立には、適切な制度に発達をゆるしつつ、多種多様な「精神活動《サイエンス》」が生存の共同課題解決のためそれぞれ現実に重要なゆえんの証明にまつ。政治は、いわば、あらゆる社会需要の市場であり・価格機構である。——適正価格にぴしときまる保証はないにしても。しかも政治のばあい、なにも自然には発生しない。——政治は、慎重で・たゆみない個々人の活動に依存する。

さて、通念のみるところでは、この「究極の精神活動《サイエンス》」が機能するには、「共同善」についてのある共通観、ある「合意」つまり合法的同意があらかじめ存在しなければならない。しかし、この共同善こそは国家を構成するさまざまな「精神活動《サイエンス》」・諸集合体・諸集団の実際的妥協過程である。ある外来・無形の心霊の乗りうつりや、客観性を僭称する「総意」や「公益」であったりはしない。これらは、共同体の統合過程を誤解させる・タメにする説明である。へたすれば、共同体のある要素を他の要素のためにいきなりぶちこわすのまで正当化しかねない。——総意に邪魔だてする権利はありえない、と。しかし、多様な集団の統合は、第一に、まず生存することが共同の関心事だからであり、第二に、政治を実践するからである。——「根本理念」、つまりそのために政治にいそしむにはあまりにも茫漠か・あまりにも個人的か・あまりにも神的といった観念について一致したためではない。自由な国家の精神的合意は、政治に先行ないし超越する、ある不可思議なものではない。政治という活動(文明化をすすめる活動)そのものなのである。

さて、もちろん、われわれの大望も行動も、政治がいったいなにかをたんに評価するだけにとどまるならば、あわれにも肉体をうばわれた精神にすぎない。われわれはみな、政治でもってなにかひとつしてやろうとする。波風まかせにすわりこんで、昨日は難破をまぬがれさせたマジナイをもぐもぐとなえるうちに、敵意にみちた岸べにうちあげられるオソマツはよくおこるから、われわれのはっきり立証可能な役目は船をうかべるだけであるとたたきこむのにやっきな人々は、いささか奇妙な航行目標観をもつといえる。たとえ目的地はどこかひとつに予定されてはいないにしても、あきらかにどの方角もなお無差別にこのましいはずはない。「政治とは何か？」は「政治から何をえたいのか？」という疑問を、無用にも・無意味にもしはしない。けれども、われわれの問題は、いったい政治的にふるまえばどんなほしいものがえられるのかではありえまい。

なぜなら、政治は、ちかい将来に実現される既定原理のセットとしてでも、また保守されるべき伝統的習性のセットとしてでもなく、活動として、——あまりにも複雑で、不当強制行使をさけるかぎり、伝統ばかりでも純粋恣意支配でも維持不可能にまで成長した共同体維持という、人類学的機能をもつ、社会学的活動としてこそ——理解されるはずだから。維持するために改革を、というバークの警句は、政治による支配方法を特徴づけるのに、政治をたんに伝統をうけつぐ伝達様式とみる保守主義者流をぬきんでてはるかにふかい。

　こうして、政治は活動である。——このチンプな命題にこそ生命がよみがえらなければならない。政治は、自然物や芸術作品のように、個々人の不断のはたらきかけなしにも存在できるようなモノではない。しかも、政治は、複合活動なのだ。たんに理想への摸索なのではない。なぜなら、それでは、別の理想が危殆に瀕しよう。だがまた純粋な私利でもない。その理由は単純だ。私利を思案するのに現実的となるほど、ますます他の人々とつながりをふかめるからだし、また、つまりは、ある人々が大部分の面で・大部分の人々がある面でもつ行為基準は、環境にどれほど即したつもりでも即しすぎてはいないから。他の人々とのつながりがふかまるにつれて、利害の、ないし性格と環境との対立がますますおきてくるだろう。これらの対立は、個人的には、「倫理」とよぶ活動（さもなければ、無責任なまでに勝手で「利己的」とよばれる型の活動）をつくりだす。そして公共的には、政治活動（さもなければ、単独集団の利己的利益をはかる型の支配）をつくりだす。

　もうひとつ、ほぼ政治とおなじほどに有名な人間活動——やはり原理の充足でもタダの方便の問題でもないもの、性愛《セクシュアリティ》を考えていただきたい。両者ともに、前提の暗黙な了解がおおむねそれ以上の正式とりきめを不要にする活動である。その経験がうみだす共感は書物から習得される教義を凌駕する。性愛は、政治以上に普及した活動といっていい。だが、どちらかでも無しですませる人は、野獣を演じるか神をまねるかだとの嫌疑はなおのこる。ともに、本質上の必然性と・形式上の未知性とをたっぷりと共通に所有する。ともに、共同体が永遠をこいねがうとき、かならず不断にいとなまれる活動であり、ともにこの広大な目的に奉仕する。しかも、だれもが、自己目的として楽しむこともまたできる。両活動は、ともに、ほぼ無限にちかい多彩な形式と多様な事情のもとで反復可能なのであり、しかもともにしばしば、個々のばあいのまったくの気ままや偶然にはまりこみかねない。こうしてわれわれは、あたかも彼あるいは彼女が、または父なる祖国あるいは母なる祖国が、この偉大なイトナミのかつてしられたもっとも完全な模範であるかのようにあつかうまでになる。しかもともに、行為の可能領域のほうが思いつくかぎりどののぞましい現実領域よりもはるかにひろい活動である。ともに、それをとおして人間集団が、成功と蹉跌・悲劇と歓喜・激情と深慮との、さらに、もっぱら内密な秘め事であるあの弁証法的綜合の、当事者にとっては変転のきわみをぬいつつ、自己維持する活動である。すなわち政治は、性愛《セクシュアリティ》さながらに、不断のイトナミが必要な活動である。ひとは、それを創造もせず・参加を決意しもしない。――たんに人間の条件の一部として、そのなかへまきこまれていることを、いよいよますますおもいしるだけである。人がそれをみすてたり・おもいきったり・なしですませたりするには、かならずわが身に不自然な危害をくわえ(それをするのはやさしい――しかも至高の原理にもとづいて)なければならない。政治の断念や破壊は、文明社会の多元性と多様性とを秩序づける当のもの、無政府状態や単一真理の圧制――それはちょうど結婚嫌いや独身が、あまりにも燃えたちやすい心の救済形式となるのとそっくりに、無政府状態からの絶望的救済となるのだが――の苦痛からまぬがれて、多様性をたのしむよすがとなるものの破壊となるのである。

なぜなら、政治による支配には、ちょうど、愛に社会の承認が先立ち・愛を社会の習律が封入すべきであるように、公共の秩序が先立たなければならない。政治と愛とは、自由人の間で可能となる束縛の唯一の形式なのだ。支配あるいは統治こそ、共同体を維持し・しばしば創造しさえする。「公選代表制」・「自由」・「権利」・「民主政」

——さえもというか・とくにというかはともかく——は、一定の領域内に秩序と束縛とをあらかじめ確立した文明にだけともなう成果なのである。あらゆる統治は同意にもとづく、とあっさりと、まるでそれでコトがすんだかのようにいう人々は、たとえば、あらゆる愛は愛しあう当事者の絶対の自由にもとづかなければならない、という人々同様に、すくいがたいまでに間がぬけている手合いである。絶対の自由があったなら、そもそも愛はありえない。絶対の同意があるならば、そもそも統治はありえない。しかし人はすべて統治は同意にもとづくというあらゆる権利をもっているし、「すべて」というささやかな言葉が本気でうけとられるかぎりはそういっても実害はあるまい。なぜなら、そうであるかぎりは、この言明が自由と抑圧とをさっぱり区別できないことがわかるから。——最高に絶対的な暴君でさえ、身辺には忠実な犬どもを抱えているはずだ。

また同様に「統治」という言葉も真剣にうけとられ、その真の意味において、すなわち、一定共同体における人間集団の生存組織として、認識されなければならない。トマス・ホッブスは、つまるところ、生存が選択の正否をわかつ前提をなす、というきわめて単純な論旨のためにおびただしい時間をかけたのだった。けれども、政治のほうが、リヴァイアサンの絶対支配よりも、おおくのばあい、生存をヨリ有効に保証する、とかんがえるのには数々の正当な理由がある。リヴァイアサンが、君主か・独裁者か・党か・「武装した国民」かを問わず、彼は現実の進行状況を確実に知るよすがをほとんどもたないオソマツとなりやすい。（これに反し、たとえば、選挙による代表制は、人々の動向を政府が察知するのにかなりみごとな方法のようである。）だが、この専権支配者がわの無知は、生存の一定部分が、社会・経済・テクノロジーの複雑な変化への不断の適応過程だからに外ならない。この周囲顧慮の必要も、軍事的、すくなくとも戦闘的な別の生存類型、つまり、洪水・飢饉・疫病・ないし・ズバリ戦乱等の非常事態にさいし、妥協や正規の協議手続なしに行動する能力を無価値にするわけではない。リヴァイアサンはあらかじめ存在していなければならない。――拙速で創造できるシロモノではないからだ。それは、政治の保障者であり、かけがえのない指導者でも、政治否定でもない。その権威は、古代ローマ共和国の法にもとづく二人制独裁者の権威とおなじく、非常事態の終焉とともに停止する。では〝誰が番人の番をするのか？〟おそらくあっさりと白状しなければなるまいが、この問いにたいする一般的な答えはなりたたない。歴史は実験と実例とに富んでいる。あるものは比較的に成功し、あるものは完膚なく失敗だった。ただ問題だけが十分に明白なのだ。ちょうど南北戦争の苦悩のさ中にリンカンがいったように「その人民の自由をおもんじてあまり強くはならなかった政府が、大非常事態にもその自由をたもちつづけるのに十分なだけ強いか否かは昔ながらの重大問題だ。」

番人たちは、じつに、非常事態の終焉後にも、その国を支配しつづけようとこころみる。しばしば――きりぬけられさえするならば――非常事態をひきのばしてまでも。これを抑止するための革命「権」はありえない。ジョン・ロックが論じようとしたとおり、革命は、具体的権利秩序の破壊なのだから。だが、ロックは、法学的によりも社会学的に思考しつつ、するどく論点をいいあてた。政府がどんな政治的統治にも失敗した結果、人民が反乱へとかりたてられる時がくる、と。非常事態は主権の時である。――その共同体が生存を意思する以上あらゆる権力がその源泉を一つに合し、そこへと還る時である。マキァヴェリは書いた。「危機にさいし独裁政に退避できない共和国は、深刻な時機の到来とともにほろびさるのがつねである。」だが、ふつうは幸運な国では、政府の「主権」は政治の現実にくらべてきわめて形式的・抽象的なものである。ホッブスのリヴァイアサンは、政府を恒久非常事態とみた。ホッブスは、胎児のころスペイン無敵艦隊の砲声にびっくりしたのかもしれないし、それで六十年後の内乱時には、イギリス人がイギリス人を殺すよりおそろしいことはありえないとかんがえたのかもしれない。しかしそれは、マキァヴェリがしたような、国家維持方策の問題(つまり権力を拡張する問題)を、危機をしのぐ国家保持方策の問題(つまり権力を集中する問題)と並行して研究するのをおこたる口実とはなりえないどころか、さらにその口実に乏しい。いくつかの近代国家は、内乱より無限に巨大な脅威の時代をつうじて政治を保持し、再生しさえした。たとえば一世代にもわたって独特の計算された狂気が政治を一掃したドイツの一部においてさえも。ペリクレスが宣言したとおりに「自由の秘密は勇気である」。こんにち、世界は、そう安全とはとてもいえない。自由人はねらわれている。

ツキと勇気とにめぐまれていたとしても、われわれは政治からあまりにおおくを期待すべきではないし、政治をいたるところに発見できると信じるべきでもない。政治が存在できるのは、主権がすでに存在しているか・主権がすみやかに出動できるところにかぎられる。それで政治が、安定かつ可能な支配方法であるために、寛容と多様性とばかりかさらにある確立した秩序を必要だとすれば、国家それ自身の相互関係は、せいぜいのところ一種の擬似政治としかみなされえない。国際関係においては、しばしば、調停し・妥協しようとする意思が、現実にはヨリ強いかもしれない。確定した一国内部で非政治的に統治できるかを知るよりも、外交を無視できるほど自国が十分に強力かを予測するのがヨリ困難なのだから。けれども、国際関係にゆるぎない秩序を政治化できる見通しは、まさにゆるぎない秩序不在のために、まずありはしない。――あるのは、平和時にみられる観念的で疑わしい共同利益か、もっと確かではあるが、もっと抽象的な、人間みな兄弟という精神的事実だけである。政治的秩序への基本条件なしに、政治を実践しようとつとめなければならないことこそ、国際関係の苦悩である。「冷戦」も、ホッブスの意表にでることはなかったろう。というのは、彼は「戦争」を「人々すべてを畏れのなかにつなぎとめる共通権力なしに、人々が生きる時期」と簡明に規定したのだったから。国際社会はそもそも社会ではなく、たんに自然状態――戦争だった。なぜなら、「戦争の本質は現実闘争にではなく、それへとむかう既知の傾性にある。終始その逆へとむかう保証がないままに。」そして、その逆へとむかう保証は、特定の主権か「共通権力」の支配領域の外部にはありえない。これを私は「国際政治」の場合だとみる。ちがった風に希望する向きもあろうとも、現実はこうなのだ。たしかに、外交と政治とは多分に共通性をもつ。深い配慮をもって調停し・行動すべき要請は酷似する。しかも前述のとおり、外交の場合の方が現実にヨリ強いこともおこりさえする。だが外交には秩序という基本事実が欠如する。非常事態の、どんな国際秩序が存在しているかがためされる脅威の時期にさえ、明々白々に優越する実効権力はありえまい。地域社会においては、政府が政治を可能にする。逆に国際「社会」では、政治(というよりも外交)が、最小限にせよ、政府ないし秩序を可能にするようつとめなければならない。政治の格率や経験は(抱負にすぎず・定着した活動にいたらないとしても)国際問題にあるお役にたつだろう。あきらかに、たとえば世界平和を脅やかすほど強力な国を、世界秩序に関わろうとするどの制度からも永久にしめ出せるものではない。だが、真の政治は、国際関係では理想にとどまる。両者の区別は事実にもとづく。たとえば国際連合は、主権をもつ結合体ではないから、政治的結合体ではない。厳密にいえば、国際連合に政治人は存在しない。いるのは「国家的人間」と「大使」たちだけで、彼らは主権者とみなされている団体のたんなる代理人にすぎない。政治人とは似もやらず、彼らは、統治問題を自分たちの間だけで収拾できない。彼らは訓令に依存する。ところが、政治人とは代理人ではない。政治人なら、他の政治人と協働する権力をもっている。その権力は定期的選挙にしたがって制限されてはいるが、日々の訓令に束縛されることはない。政府が不可能なところでは、政治も不可能なのだ。くりかえす、区別は事実にもとづく。万象が政治とはかぎらない。権力を求めるあがきは権力を求めるあがきにすぎない。それに、外交の課題は、政治の課題とはいささか異なる。

たしかに、それは国家間にあまねくみられる活動のはずだが——政治は、国家の内部でさえも、あまねくみられるとはかぎらない。だから、われわれは政治を、現実的活動として、擁護しようではないか。いわゆる国際政治は、せいぜい、高邁な擬似政治の一種以上ではありえないのだから。

同じくふつうの慣用は、小集団——労働組合・事務所・家族さえも——の政治について語るよう激励するかもしれない。しかも人類学者は、多くの部族社会が、かつてみなされた以上にヨリ「政治的」であり、ヨリ「権威的」でないことをみとめる。ある社会科学者たちは、おそらくすこしばかりオリコウすぎて、「小集団の政治」について歌と踊りをつくりだす。彼らは、小宇宙を研究して、大宇宙を理解したいと希望する。だが、両者の差異は、たんに規模の差ではないから、大事な質の区別が見失われてしまった。もし、あらゆる討論・対立・敵視・競争それに調停さえもが政治とよばれるならば、またしても政治の、ある確定した秩序への依存が忘却されはてる。小集団は、その秩序の下位部分をなす。それらは政治をつくりだすのに役立つかもしれないが、その本来の行動は政治的ではない。その個々の機能が国家の機能とまったく異なっているからだ。しかも、国家とは似ても似つかず、小集団は、他の全手段が失敗したばあいにも、公認された権力行使権を、もってはいない。

私がみるところ、「政治」という言葉のこのふつうの用法は、きわめて偉大な著作家たちによっても踏襲されてきた。マックス・ウェーバーは、その『職業としての学問』論で、「国家間であると一国内の集団間であるとをとわず、権力への参加あるいは権力配分への影響をもとめる志向」として政治を定義した。しかし、そのすぐまえで彼は国家を、「一定地域」——すなわち、「地域」が標識となる——内部で、正統的物理暴力装置の(実効ある)独占権を主張する底の「人的結社」と定義している。このように、「国家間の」政治は、国家形成の前政治的条件を欠如するゆえに、すくなくとも、一国内の政治とは、きわめて異質の活動とならざるをえない。これはたんに言葉(や主観的好み)の問題ではない。これは歴史的・社会学的認識の――真の理論の問題である。区別の線は、根底的に異質な二つの状況を記述できるよう、ひかれなければならない。政治と外交とは、たがいにまったく社会的活動形式を異にする。

では、もし政治とは、一定領域内の諸利益が調停を必要とするほど強大に成長したとき、そこに統治を可能にするための活動にほかならないとすれば、すぐ「一定利益間に調停が必要なのは何故か」と反問されよう。そしてもちろん、その必要はないとこたえることになる。別の道がいつでもひらかれている。政治は、たんにこれら利益が調停されるばあいの秩序問題解決方法である。――それは、暴力や強制よりも調停をえらび、共同の生存利益に最適な妥協水準を多様な諸利益に発見せしめるのに有効な方法として調停をえらぶ。政治は、相互の寛容と支持とについて合理的一定水準をみつけるために、共同体内にさまざまな型の権力を許容する。強制(または脱退または移住)は、ある集団ないしある利益が残余のものと共存するについて、何の共同利益ももたないと感ずるときにのみ、必要となる。典型例でくらべれば、大方がたやすく同意するとおり、強制が正当化を必要とするのに反し、調停はその働きで自分自身を正当化する。ただし、政治のいかなる絶対的な正当化もありえまい。われわれは鉄面皮にあっさりといおう、「われわれは政治の方を好む」と。だがこの謙虚さは、いく分コワモテでみせる方がいいようだ。なぜなら、結局のところ、政治が可能なときに、政治的に行動することを拒否するやからの徳性と叡智とを尊敬するのは、はなはだむずかしい(じつに倒錯している)ことだから。

それで、政治による支配は、多様性の問題からおこり・あらゆるものを単一の一体性に還元するまいとするからこそ、必然的にある種の自由をつくりだすか・許容する。政治的自由は、統治に必要だからつくられる。――あまりにもおおくの人が感傷的にかんがえているような、政府を寛容的ならしめるようにする意味で強制したり・説得したりする外的運動力ではない。一集団の自由が確立されるのは、その権能か・存在かを否認できず、あるがままに一国を統治するうえでこれを顧慮せざるをえないぎりぎりの時点においてなのだ。アメリカ革命の勃発は、たとえば人民がだしぬけにその権利に過敏となったり、あるいは――もっとありえないリクツだが――だしぬけにナショナリスティックになったためではない。現存統治体がくつがえったためである。イギリス政府が、一世紀もの長きにわたるバークのいわゆる「賢明な健忘」のあと、だしぬけに一七六五年の印紙条例でもって統治しようとして、植民地諸州の特殊利益と特殊性格とをみそこなったからだった。そして、この失敗は、利益代表の不在による。かりに議会で「実質において代表されていた」としても、その数は実力と商業上の重要さからみてあまりにもすくなすぎたから、手遅れとなり、革命的暴力へとかりたてられるまでは、まじめにあつかわれなかった。だから、政治的代表制は、被治者の「権利」としてまともに意識されるはるか以前から、権威ある秩序をなりたたしめる装置なのである。もしそれが利用されないとすれば、統治体はそもそも統治不能であろう。――もし、被治者の利益が無視されるほどにまであえて強制力を発動し・恐怖をよびおこさないかぎり。ほとんどすべての代表制は、どれほどギクシャクし・中途ハンパで・ときには腐敗さえしているとしても、ないよりはマシである。また、被治者のただ一つの利益と称されるものだけを代表する制度よりもマシである。一八三二年と一八六七年とのイギリス選挙法改正成立は、ウェストミンスターの父祖代々のホイッグ紳士諸卿がだしぬけに抽象観念のある運動の結果、改正を迫る急進派のやからも道徳的に正しいと気づいたためではない。政府を、産業社会において運営するには、第一に企業家の、第二に熟練筋肉労働者の、力と存在とが認識され・代表されなければならないことが、ようやくあきらかになってきたためだった。

こうして、「政治」といえば、その歴史が偶然と深慮の成果との混合であり・その社会基盤はたんに完全に複雑化した社会にだけ求められる底の活動を、一語であらわす。それは、強制への嫌悪以外には、原則によってはうごかない。この例外でさえも、たんに深慮の一問題とかんがえることができる。(同一行為をもたらすのに、動機がことなるからといって、統合の是非をカンカンガクガク論じるのは、高踏的であり――政治的愚行か、既成政治秩序のゼイタクとなる。) 政治原則は、その内容に無差別に、政治の中で保持される原則である。ところで政治原則ないし政治教義の保持は、ある水準において・ある一貫性をもってならば、野獣か神かでない以上、誰にも不可避のようである。――なぜ可避でありえようか。一切の政治教義《ドクトリン》は独断的《ドクトリネール》となる、と論じたがる保守主義者には、独断的不条理の感触がある。政治教義《ドクトリン》が独断的《ドクトリネール》となるのは、第一に、既成政治秩序内で他の力や観念の権能も存在も否認するか、第二に、――もっと露骨に――もし別の大いなる善のためならば、これら集団中のあるものは、即刻・非合法・非政治的に抹殺されるべし、と論じようとするときにかぎられる。政治教義は、じつは、真に政治にかかわるよう余儀なくされる。(たとえばマルクス主義は、後述のように、公然・明白に政治を《アンタイ・》破壊《ポリティカル》するよう政治にかかわる。)

私は政治教義を、資源が稀少なところで具体的社会要求を調整するための、諸提案の緊密な関連体にほかならないとみる。そういうものとして、政治教義は、「事実」と「価値」との昔ながらの不毛な高踏論争にも一言さしはさまなければなるまい。――政治教義は、必然的に、価値評価し、予見するゆえに。というのは、政治教義はつねに現実の・あるいは可能性としての政治社会の本質は何かを一般的に提言するが、またつねにこのような可能性を望ましいとかんがえる根拠を(どれほど議論の余地があるにせよ)提示するからだ。予見といっても、私が意味するのは、自然科学におけるような必然的に計量可能なものではなく、未来に何がおこるか(あるいは、いうまでもなく、過去から何を発見するか)の期待にしたがってわれわれの現在の行動を規制するようなものを意味するのにとどまる。そして予見が価値評価的なのは、すべての思考が関連因子の潜在的には無限の領域からの選択行為だからという理由だけではない。ある選択行為を何とか有意義なものとして正当化しようとまさにわれわれが努力することによる。政治教義がある目的をのべるとき、それを実現可能なものと主張するか、ある社会学的一般化としてのべることになろう。だが論議であって、分析でない以上は、この関係が真理であるように・あるいは真理でありつづけるようにとのぞむかたちで、つねになんらかの倫理的意義があらわとなるだろう。政治教義は、こうして、現実政治状況にひそむ特定の和音、――社会利益が複雑化し・タコツボにもぐって相互に敵対しあう社会において、一体性と多様性という基本問題の多くの可能な(つかの間にせよ)解決の中からえらびだされた一つの和音をさぐりあてようとする試行にほかならない。この問題が、政治と自由との萌芽である。

政治による支配が存在するところならば、どこにでも、すくなくとも何らかの自由が存在せずにはすまない。なぜなら、政治とは、討論の過程であり、討論は、そのもともとのギリシア的意味において弁証法をもとめるゆえに。なぜならば、討論がホンモノで稔りあるためには、あることが支持されるのにたいして、その反対またはどこか矛盾する事例が考慮されるか――もっといいのは――その逆を信ずる誰かによって支持されなければならない。自由な統治の公式表章は、どこにあっても、(昔ながらにせよ十分に明快な試験だが)公衆の批判が有効と思われるやり方で許されているか――いいかえれば、反対派が寛容されているか、なのである。政治は自由に行動しようと欲する人々を必要とする。しかし、人々は、政治なしでは自由に行動できない。政治は、不当な暴力をもちいずに、分化した社会を支配する方法である。――そして大部分の社会は分化しているものだ。たとえ人によっては、これこそ厄介なこととみなすにしても。われわれは「たんなる政治」を讃えるよりも、ずっと悪いこともできる。だから、もっといいことをしようという人々の主張をじっくりと検討しなければならない。

第二章　イデオロギーにたいする政治の擁護

統治のすべての形態が政治的とはかぎらず、政治はしばしばみなされる以上に精緻な概念だということは、全体主義支配とそのイデオロギー理論依存とに対照してみれば、きわめて鮮明となる真理である。全体主義支配は、政治による支配にたいし、かんがえられるかぎりもっともするどい対照をなし、イデオロギー的思考は、政治的思考にたいし、むきだしでジカに挑戦する。全体主義者は、あらゆることが統治に結びつき、統治の課題は、全面的にイデオロギー諸目標にしたがって社会を再建することだと信じている。このイデオロギーは、現存社会の批判と究極の・完璧に正しく・完璧に安定する社会段階の――ただ一つの「歴史のカギ」にもとづく――予言とを提供するだろう。それで、全体主義支配の独特の性格と全体主義イデオロギーの独特の抱負とを吟味すれば、政治のある側面の格別の重要さをヨリゆたかに理解するたすけとなるにちがいない。そこにみいだすものは、社会の半独立集団の多様性の観念と肯定的個人の観念とへの直接攻撃であり、あまりにそれが強烈なために、全体主義者はすくなくともこの二つが政治を可能にする核心をなすとたしかに心得ているもの、と察知させるのに十分である。われわれも、ほかに重要なものをさがしても、徒労に終るにちがいない。

このように比較すれば、すくなくとも、政治的自由を「民主主義」と安易に同一視する視角はくつがえる。民主体制と非民主体制とを対照させて、自由な体制はまさに意欲的・積極的同意にもとづくのにふさわしいというだけですますのは、全体主義体制を考慮するとき、無残に崩れさる。ハンナ・アレントがその偉大な『全体主義の起源』に書いたとおりに「それを認めるのは苦痛だが、全体主義にはつねに大衆運動が先行し、全体主義は終末にいたるまで『大衆支持を統率し・大衆支持上に安らう』」。この大衆支持の基盤をソ同盟や共産中国に否認することは――かつてそれをナチ・ドイツに否認したのと同じく――心なぐさめる信念ではあるかもしれないが、あやまった・危険な信念であり、われわれ善良な自由主義者のおおくが、人民の同意は必然的に自由をつくりだすというあやまった統治論にいかに根底的にとらえられているかの徴候である。ミルの『自由論』が要請されたのは、民主主義者に自由への敬意を与える必要、民主主義にたいしてさえも自由を擁護すべき必要にもとづく。もし全官職が同じ心の人々でしめられるならば――代議政体も何ら自由を保証しない、と彼はみた。だがこの論点は、どうも人の胸にとっくりとおちつかないらしい。人々はあいもかわらず「自由な政治」を民主主義でもって特徴づけようと試みるし、民主的諸制度の擡頭史(それはけっして寛容史と同じでない)でみれば、共産主義者の民主的だという自己主張が等しくりっぱになりたつわけがとんとわからない。全体主義体制は、じつに、民主的時代の産物なのである。その体制は、大衆支持に依存し、社会を、あたかも単一の大衆であるか・あるいは単一の大衆へとなりつつあるかのようにあつかう仕方を発見した。かみつくよりも吠えたてるのにいそがしい反対派でさえ粉砕されるだろう。専権支配者の逆鱗にふれるせいではなく、その存在そのものが全体主義信奉者の理論に挑戦するせいである。もはや専権政下とは異なって、眠る犬も寝たままではすまない。彼らも行動へとムチでかりたてられ・ついには行動を楽しむようにさせられる。

なぜなら全体主義とは、昔ながらの権威主義的権力濫用が、近代技術の粋の応用によって「特筆大書」された様式を、圧縮して表現するだけにとどまらない。近代技術はたんに管理職の収奪機会を拡大してきたばかりか、粗大な野望をいだく新しいイデオロギー的思考様式の創造をも援助して、昔のたいていの専権支配者ならそれで満足した・たんなる受動的服従は、いまや永劫に働きかける狂熱にと道をゆずる。専権支配者の欲望は、のどかに・平和に統治することであった——彼も軍事的野望をいだいたかもしれないが、それさえも彼個人のかぎられた生涯にそこから引き出せるとみこんだ快楽量の範囲にとどまった。だが全体主義指導者が渇望するのは「このみじめったらしい組合せ図式の全面的再編成」であり、思考の単位はたんなる世代ではなく、全世紀となる。ナチ親衛隊長ヒムラーは主張した、余の隊員は「日常問題」を無視し、ただ「十年とか百年とかではかるイデオロギー上の重要問題に……」のみ興味をもつ、と。管理職の享受や体制または王朝の永続は、独裁党によるイデオロギーの目標達成にくらべれば、第二義的となった。こうして、われわれはほとんど無意識のうちに、あんなにもながいあいだ妥当とみなされてきたギリシア型政体分類の埒外にふみだした。というのは、この分類はどれも、政府が奉仕するのは限られた目的にであり、国家は、もっとも優越する社会制度ではあっても、万能ではないものとかんがえていたのだから。

なぜなら、全体主義支配がめざすのは、たんなる強化専権政ではない。専権支配者ならば、ひとたび国家がどの集団利益にとっても、近衛軍団で制圧するにはあまりに巨大・複雑に成長したとき、権力を分散しさえすれば、権力問題を解決できた。政府権力の制限(どれほど制限つきにせよ)・協議による統治(どれほど一方的にせよ)は、ある程度(どれほど皮相にせよ)行政的必要となっていた。大衆の同意は、都市が成長し・産業が拡張するにつれて大衆が重要になるや、大衆の政治参加によってだけ獲得できた。なぜなら、ルソーが他の一切をつぐなうにたりる実証的透徹さの閃めきの一つでいったとおり、「最強者も、けっしてつねに主人でありつづけられるほど強力ではありえない。もし力を権利に・服従を義務にと転換できないならば。」だが全体主義イデオロギーはこの権利と義務との基盤をみごとな・スジのとおった・革命的な形態で提供した。それが提供したのはかつてナポレオンが未来の政治とは「理想のためにすすんで犠牲となる大衆の組織」であろうといったそのものである。だから、全体主義体制にとっては、その統治に無関係なものは何もなく、一切が可能となる。大衆は、単一の未来の和音へと、変化せしめられるよう・あるいは交響曲用に編曲されるよう定められている。このような思考様式を、イデオロギー信奉者と政治人との双方の同意の下に、政治破壊的《アンタイ・ポリティカル》とよびうることはすくなくともあきらかである。

ナチズムと共産主義とがともに千年至福を要求することはひろく確認されている——その実際行動がどのように一時の妥協をみせるにしても。地上に聖者の聖なる支配をうちたてようとめざした、かつての宗教的異端が、今日では、宗教的緊張をもって奉持される世俗の正統理論となったのだ。ナチはたんなる「政治」の妥協を狂信的に排撃した。それは、「政治」の局外で・ただし「政治」を避けて生きられる、どこか傲然と・しかし義務をおもんずる超党派性において息づくことができる、とした、官僚制と国防軍士官団との、因襲的信念への挑戦であった。種族、種族だけが社会行動の唯一の決定因だとする信念は、ナチ・エリートにある「最終的解決」を信じこませるにいたった。「ユダヤ人問題の最終的解決」がもしひろく知られたならば、重大な政治責任となることを否定するものは、ドイツの中でさえ稀だった。しかし、その体制の前にはたんなる政治はひとたまりもなかった。種族の純潔さが、古い自由主義体制の二大悪魔、一九一四年以降、合理的・自由主義的世界では制御不能が立証されたかにみえる、戦争と大量失業との二大脅威の屈服ないし変貌にあらたかな護符として、大衆にさしだされた。戦争は、政治が口実をさがすものから種族の栄光を輝やかすものに変貌した。失業は、全経済を恒久的臨戦態勢にきりかえる試みで一掃された。政治が政治破壊者に転化した。ヒトラーはこう書いた。「政治は、地上に存在を求める一国民の生存闘争を遂行する技術である。外交は、一国民に、その生活空間を、必要な時に必要な程度の規模と富とにおいて、保証する技術であり、内政は、一国民に、この目的に必要な権力を、その種族の平

等性と人口規模とのかたちで、維持する技術である。」(3)

階級闘争が社会行動の唯一の決定因だという観念が、種族闘争の観念よりも、すくなくともヨリまともであるとしても、それはまた大量殺戮と残虐とを誘発したわけだから、どちらがどちらとくらべること自体、人道にそむく。犠牲者の差をかぞえるべきだとか、ナチの「非合理的」恐怖政策と共産主義の「合理的」恐怖政策との差異は人を——奇妙でおぞましいことだが——どちらか一方を許す審判官とするのにたりるとか、かんがえる人にはゾッとする。というのは、共産主義者も、歴史の最終段階への前進の名の下で、恐怖政策と「大衆移住」をおこなったのだから。くりかえし・くりかえし、それぞれの政治状況——中国では一九二〇年代、ワイマール・ドイツ、フランス、イギリスでは一九三〇年代——にまきこまれた諸共産主義政党の真の利益は、全イデオロギーの必要のために、犠牲にされた。(全イデオロギーのこれらの必要が、しばしばロシアの伝統的私利にうたがわしいまでに接近してさえも、まだロシア外の共産主義者はすすんでその必要を信じこみ、明白・現在の自己利益を犠牲にしていた。)政治そのものの活動は、ナチの教義でも共産主義の教義でも、ともに、過渡的な歴史段階にすぎなかった。国際関係につきものの外交要因も、それ自体がガッカリさせた。それはイデオロギーが例外なく信奉される事態を普遍的に強化しつつ、ますますそれぞれの世界新秩序建設へ渇望をかきたてた。共産主義者もナチもともに政治に参加したのは、たんにヨリ高い——永遠の——目的への、当座の手段としてだけなのだった。

教義は全体主義体制では独特に重要だ、ということは、教義が、いかに精緻・独特にイデオロギーとみられるかを誤解することになる。イデオロギーとは、いまではもっともいいかげんに使われる権力の用語の一つとなった。政治評論家やジャーナリストは、これをたんなる濫用語、さっぱり実行できないことの代名詞にまで——あるいはもっとよくあることだが、向うさんにはあるが・われわれは免れている便利な精神的武装にまでおとしめてしまった。われわれは、人間行動の理論としての、イデオロギーの正確な意義を忘れる危険に瀕している。この言葉は、最初、哲学者デステュ・ド・トラシによって、一七九五年に、感覚と観念との関係を説明し・言語のもつ一切のアイマイさをのぞきさると期待された「科学」の名として、鋳造された。これは革命政府の国立科学芸術院の公式計画となるはずだった。まもなくナポレオンが、この言葉にヨリ大きい通用力をあたえたが、それは、哲学者や評論家がつくりあげた抽象的・文学的図式をことごとく嘲笑する道具としてだった。この言葉が仏、英保守主義者の著作に根をおろしたのは、このおぞましい意味をともなってのことだった。だが、マルクスは、その論争的な『ドイツ・イデオロギー』で、このとおりにこの語をつかいはじめたものの、しまいには、そこから新しく・正確な理論的意味が創造できるように一般化した。それは、新しい・とほうもない影響力をもつ概念——同一母胎からの、知識人による全体主義の弁証と・社会学の近代的研究との二重の誕生をつげる概念——をあらわした。マルクスにとって、イデオロギー理論の主張とは、あらゆる教義は社会環境から派生するということだった。あらゆる思想は、無差別に、イデオロギー的である。あの本を読んだことのない大方の信じているのと逆に、マルクスがおおくの紙面をついやしたのは、ドイツの哲学者がいかに寸分の狂いもなく国家の従順な下僕として奉仕したか、ヘーゲル派「観念論者」がいかに物質的階級利益の事実上の道具となっているかの章・節にではなかった。その結論は完全に一般的だった。すなわち、どの哲学もただ生産手段を制御する階級の利益に奉仕できるだけである、と。「物的生産手段を意のままにする階級は、同時に、精神の生産手段をも制御する。」イデオロギー理論は、倫理や慣習はおろか、「知識」や「理性」さえも、社会の全構造のたんなる表現として、特定の社会体系に函数的に関係するものとして理解する。

さて、観念の機能を（その真偽如何よりも）社会産物として吟味することは、あきらかに、適切で・興味をそそり・啓発的な探究主題であり、すくなくとも、人間社会を理解する一方法である。マルクスは、じつに、社会学――すなわち、あきらかに、意図をもつ社会学・目的達成へと発展した理論――の実質的創始者であった。古い・抑圧的で「自己矛盾する」政治秩序は、新しい・高度に統一された社会秩序でおきかえられることになる。（政治学と哲学とは社会学によって面皮をむかれ・凌駕されることになる。）彼こそは「知識社会学」という近代的研究の先駆者だった。この研究は、かならずしもあらゆる観念をイデオロギーとはみなさない。もしそうする時は、多くは抽象的仮定あるいは科学的仮設のかたちで、このような見方が正しいとすれば何が説明できるだろうかをみるためだった。だがそれは特徴的な危険をもっていた。（たとえ、危険が――ものやわらかなある派の社会学批判者たちが拋棄させたがっているような――探究拋棄のいいわけにならないとしても。）その危険とは、人間をその社会環境に溶解しきってしまうことである。人間意思の堅固な精神性と人間知性の創意性とは、環境の些末事の泥沼へとのみこまれていくだろう。（マックス・ウェーバーの著作が、自由な政治の、安定と生存とについてのある最奥の近代的学殖とある最深のペシミズムとをともにたたえているのは、痛ましくも興味ある事実である。）しかし、マルクスその人にあっては、最初から一筋に、イデオロギー理論は、たんに社会をありのままに理解する高踏的な手段ではなく、社会の全体的変革をめざす行動計画の基盤であった。なぜなら、もしあらゆる思想がイデオロギーならば、唯一の究極かつ安定したイデオロギーは、生産手段を制御するにいたる究極階級のイデオロギーとなろうから。

それで、ナチと共産主義とのイデオロギーは、効果と射程とにおいて独特で・先行諸政治教義とはたんに程度がちがう教義体になったばかりではない。なぜなら、どちらも、それぞれが、社会のいっさいの側面の全体的関連からの、必然的な・それ以外にありようのない産物であることを公然と主張し、――さらに、すくなくとも理論上は、いっさいを予見し・説明できると主張したのだから。イデオロギーがこうして、安定し・究極となり、ありとあらゆる内的矛盾から解放されうるのは、社会が、全体として、みずからを解放するか、社会の団結性・一般性・一体性の十分な展開をさまたげる私有財産制や種族の純血のけがれといった分裂要因から解放されるときにかぎられる。全体主義的精神にとって、「たんなる」政治の機能制限は、誤謬であり瞞着であり、〈社会〉の君臨を阻害する〈国家〉の詐計なのである。『共産党宣言』それ自身は「公権力」から「その政治性」を剝ぎとれ、[4]と語った。こうして左右両翼のイデオロギーの理論家は、社会の統一のためには、政治の観念も慣行も拒否する点で一致する。公共事の領域と私事の一部――つねに一部――領域(「人格」とよばれるあの肯定的私事か、たんに政治に無関係なものもあるという否定的私事か)とのあいだに、各政治原理ごとにひかれた区別の線は、イデオロギー理論家たちによって、慎重に抹消された。私事の、あるいは政治に無関係な領域のある容認が、かつて国家権力を当時想像できる極限にまでおしすすめた人々、ホッブスなり、ヘーゲルなり、さまざまな時代の教皇権論者なりさえをも、まともには全体主義者とみることができない理由の一つをなす。全体主義は、専権政を凌駕する。全体主義者にとっては、政府の支配機構や社会の経済制度ばかりか、教育・産業・芸術、さては家事や個人の愛情までのいっさいが、ねてもさめても、完全に相互関連しあう社会体系の一部であり、いっさいは、イデオロギーの統制に服すべき力なのである。これらのどれか一つでも放置するのは、実際的意味では、自由という危険な抜け穴と、公共目的への完全献身からの個人的逃避手段との放任であり、科学的意味では、社会の全側面は、思想そのものをもふくめて、相互に依存しあい・既定の方向へと、すすんでゆく・あるいは解放される、とのイデオロギー理論の主張の否認となるだろう。ありきたりの暴君や政治人なら、統治の必要とはまるで無関係とみなすものごと――絵画・作曲・屋根形設計――も、この理論によれば、関係がふかく・したがって進歩的か頽廃的かだから、支配者ないし独裁党が無関心でいられることではなくなってしまう。

「われわれの社会生活の総枠組みはたがいにきわめて緊密にくみあわさっているのだ、同志諸君」とソヴィエトの評論家オレーシアは、ショスタコヴィッチの「形式主義的」音楽をあやまって讃美した、と公衆にたいしてザンゲしつつ、かつてこの点をぬかりなくうちだした。「わが国家の生活と活動とにあっては、独立にうごいたり発展したりするものは何一つ存在しない。……もし私が何か一つでもわが党に同意しなければ、生活の全画面が私にとってくもらずにはすまない。なぜなら画面の全部分、全細部はたがいにむすびつき・うみだしあっていて、まちがった線は一本たりともひく余地がないのだから。」(5) こうして人とモノとのいっさいは完全にからまりあっているとのあっぱれな感覚は、人間の条件をくっきりと規定する上で人類学的意義をもち、さらに精神的意味――「ヤケになるな、みんながついてる」――をもおびるかもしれないが、政治用語に翻訳されると、とたんに全体主義的となる。真の政治なら、いっさいを政治用語でかたづけるわけにはいかない。あらゆる社会関係を政治化しようとするマルクス主義者は、事実上、政治を消去しようとこころざす。なぜなら政治は、限定された目的にかかわるものだから。たとえば、芸術は、芸術であり続けるかぎりは、政治化できない。愛は、愛であり続けるかぎりは、政治化できない。もしわれわれが、わが国やわが党を、家族や友だち以上に愛せよ(つまり、必要とあれば、自分の生活を、他人のためにではないとしても、主義のためにはなげだすように)ともとめられたとすれば、イノチをイデオロギーのために犠牲にするようよびかけられているのだ、とさとらなければおかしいのだ。そして政治による救済を失敗するか無視すれば、状況がそのような絶望的行動を要求することになろう。

全体主義の独自性(これは、その抱負の無際限さにてらして、政治の独自性をあざやかに提示する)は、〈国家〉概念にたいする〈社会〉の名による攻撃で、さらに提示される。ナチと共産主義者の理論家や政治評論家は、ともにこの主題で合作をした。エンゲルスの『ゴータ綱領批判』が「自由国家」の観念に加える攻撃をみよ。彼は、誤れる社会民主主義者に「自由は、〈国家〉を〈社会〉の上にそびえたつ機関から〈社会〉に完全に従属する機関へと転換せしめるところに存する」と教示しようと努力した。ヒトラーは『わが闘争』で書いた。「国家は目的への手段だ。その目的は、肉体的・心理的平等者共同体の保持・向上である。……われわれは容器としての〈国家〉と内容としての種族とをきっぱりと区別せねばならぬ。」もし、社会が単一・純粋な要素、あるいは安定解でさえあるならば、そして相互に異なる要因の合成だけではないならば、強制権力としての国家なぞは、たしかに不用となろう。

ふつうのブルジョワ国家は、その政治的調整機能が同一領域内でイデオロギーの多様な共存をみとめてきたまさにそのために、現代の全体主義者からは、たんに過渡的な歴史上の装置にすぎず、その最終的解決と排除とこそがわが〈党〉の目的をなす、とみられるようになった。マルクスはいった、ブルジョワ国家は「内部矛盾」をはらむと。(まさにしかり。それがほんらいなのだ。)だがこれら矛盾は、おおくの荘厳にきこえる理由からして、究極には宥恕できない。ナチにとってこれら諸矛盾は、文明の徴候ではなく、頽廃の徴候、明晰な思考の麻痺であり、ズバリといえば、なによりも、神経障害と意思薄弱である。いやはての正義に達するためには、全体としての〈社会〉が、一体とみなされて、〈国家〉にとってかわらなければならない。頽廃社会の分裂要因が排除された暁には、単一の・すべてを包括するイデオロギーだけがあり、国家と社会とは同一に帰し、政治体の全営労に終止符がうたれるだろう。ドン底の階級が制圧する暁には、階級闘争はもはや根本的ではなくなり、イデオロギーは明快きわまりないだろう。民族が生物学的に劣等・不純な全家系を排除できる暁には、民族共同体の勝利の道は坦々とひらけ、社会は、霊能をえた父なる指導者をいただく一つの家族・兄弟結社となるだろう。どちらのばあいでも、〈社会〉の〈国家〉にたいする勝利は、ゆらぎかかった帰属感をとりもどし、大衆は一つの共同体となるだろう。（ちょうど過渡期に群衆が一様な姿となったように。(6)）ナチと共産主義的思考様式との類似は、共通な暴力強調にもうかがうことができる。暴力は、全体主義にとって、ちょうど調停が政治による体制にとってのように——創造者である。思想と行動とが伝統社会の上部構造から規定され、この構造の全要素はぴったりと相互依存し・相互連結しているゆえにこそ、社会にたいしては、ごく稀な——徹頭徹尾戦術的な——例外をのぞけば、粉砕・破壊・転覆・震駭だけが可能であり、平和裡の転向や説得は、絶無ではないまでも、まずありえない。ブルジョワ国家の習性はあまりにも根ぶかいから、その根絶には、階級戦争か民族戦争かにまつ。たんなる権力奪取ではなく、革命こそが、旧社会層を破砕し、「矛盾」や「ブルジョワ的偏向」が新時代にまで潜入するのを阻止するのに必要なのだ。マキァヴェリはこの論理、むしろ社会学をみてとった。彼は論じた。固有の法になじむ新版図の権力を、征服にせよ、世襲にせよ、掌握した〈君主〉は、二者択一のまえにたつ。旧法にのっとって支配するか、逆に大暴力をふるって旧法を完膚なく粉砕し・蹂躙し、大量・迅速・残忍な虐殺の一夜のうちにおよそすべての反対勢力の芽をことごとく圧殺しなければならない。これは、たんに個々の人間に臆病風をふきこむ問題ではない。マキァヴェリが試みたのは、社会構造そのもの、反対勢力を可能にする法や慣習の多様性の洞察であった。ただマキァヴェリにあっては、これは純粋理論上の発見にとどまる。当時、〈君主〉がその支配恒久化の問題をとくには、権力の拡張か分配以外には不可能だった。〈君主〉は、国家の救済か創造に、〈共和国〉は、その維持に適した。彼の〈君主〉は、イデオロギーをもたない。したがって、現代の〈政党〉とことなり、権力に公共の目的を賦与し・またすくなくとも専権政の弱点だった後継問題を解決したフリも、できなかった。再生しつつある〈君主〉は、もはや孤独な英雄ではない。戦意旺盛な近代政党の力量にささえられて、大衆を背後にもっている。

かりに君主はまちがいなく半神だとしても、その息子はガッカリさせるほどに人並みかもしれない。だが今日では、〈政党〉が、イデオロギーの司祭職として、永遠にすすみゆく。人民がある一人またはある一集団（ホッブスとおなじくつねにわれわれはリヴァイアサンが一人か複数者かに心を悩ますにおよばない）をイデオロギーの権威ある宣布者とあおげるかぎり、人民はすすんで隷従しつづけるだろう。

全体主義イデオロギーは、たんにいっさいを説明しようとねらうばかりか、必然的進歩の信仰を提供する。この信仰は、フヌケをうむ自由主義の進歩信仰にそっくりだが、歴史的発展の鉄則・政治という不本意な問題の最終解決にいたる道筋を確実にわきまえていると主張する精緻さと激情とにおいてこれをはるかに凌ぐ。あきらかに、イデオロギーと予言とのこのむすびつきは、おそるべき問題をよびおこす。もし、あらゆる思想がイデオロギーであり・環境の所産であるならば、社会の究極条件の最終イデオロギーとなる唯一のイデオロギーについては、明晰な未来社会像（その「未来社会像」は、全体主義政府が操作するイデオロギーとなるはずである）が、どうすればえられるのであろうか、と。ヒトラーやスターリンという人物においてあらわれた答は、もちろん、指導者だけは独特にマキァヴェリ型半神〈君主〉である、彼だけは必然性の直接拘束を超越できる、と。指導者その人は、霊感をうける。それは否認できない。彼は、神ではないとしても、すくなくとも君や僕とは別種の人間である。新しい型の指導者は、じつに、たんなる調停する政治家でも、目前の官能を享楽する暴君でもなく、献身的な建築の棟梁、最善・最能率的な究極社会創造をめざし、弁証法的に融合された、フォーヴ派芸術家・兼・社会科学者なのだ。彼の権威は、進歩する社会の法則の最高認識者は彼だ、という大衆の熱情的迷信におおきく由来する。全社会のイデオロギーと歴史の展開法則の戦略的必然性とにたいしては、誰が抵抗権をもっていよう。

これら歴史法則が発見された正確ないきさつはもちろん、イデオロギーの壮大な目標についてと同様に、公表されたことがない。それほどにも重要事の、それほど肝心なことが、頭からウノミにされている。われわれの時代は、ルネッサンスの支配の秘儀概念、指導者だけが心得る、かくされた支配技術としての手腕・手練・「冴え」・「神秘」の実践的再生を、まのあたりにしている。だが、〈国家〉のたんなる生存も、人類を再創造するという広漠たる図式にくらべれば、公共政策について、かなりに明快な判断基準といえた。国家理性は、政党理性と対照すれば、水晶の透明さをもっていた。政党指導者の行動は、たんなる現象世界には基本的齟齬があるばあいにさえも、自己展開するイデオロギーの真の目標とは一致するもの、とうけとられている。

だから、現代の二大全体主義体制が、ともに一人の男をその頭領にあがめまつりこんだのは偶然ではない。ひとたび〈国家〉が、社会の事実上多様な要素を単一の組成に還元しようとつとめるならば、ひとたび社会が、ワグナーの綜合芸術作品かホッブスのリヴァイアサンの「人工動物」かをとわず、完全に統合された芸術的創作物とみなされるならば、そこに必要なのは、芸術家である。ひとたび国政術策が、秘儀とみなされるならば、トマス・マンの『マリオと魔術師』中のファシズム寓話に大写しでしめされたように、そこに必要なのは、弁舌たくみな魔術師である。すくなくとも一人が、惰性の禁制をつきやぶる道をはっきりと見通せなければならない。さもなければ、それが思想と行動とをすべて規定する。すくなくとも一人が、何らかの詐術・カケヒキあるいは魔術でもって、さもなければ自然にはバラバラなままの社会諸力の融合に必要な不断の暴力過程とみえるものを、おきかえなければならない。さて、この型の「指導者」は、――ナショナリズムが全体主義イデオロギーの二つの標識の一つ、擬似人種主義的歴史理論に転落するところではどこでも――超ナショナリズムの典型的制度として出現するようである。このような理論の非合理性と矛盾とのために、せまい支配階層内でさえ、自由な討論では拡張され・活用されるのがむずかしい。なんらかの非合理な権威の究極源泉が、実際上、必要となるゆえんである。もし〈総統〉が、ある〈てばなせない〉ユダヤ人は〈ユダヤ的〉ユダヤ人ではない、といえば、彼はユダヤ人ではない。もしフルシチョフが共産主義者の勝利は不可避だ、そして共存は可能だ、といえば、忠実な大衆は喝采し、だまされやすい大衆は確信をふかめることだろう。そしてナセル大統領が「アラブとは何か」というこみいった疑問について独占している真理は、フェルウェード首相の、神が彼に、ハムの嫡系をセムとヤペテの嫡系から区別する手段をあたえたもうた、との確信と多分に共通するようである。

講壇の知識社会学者、めぼしいところではマックス・ウェーバーとカール・マンハイムも、よく似た困難にまきこまれた。イデオロギー理論を社会変革の武器としてではなく、純粋に説明のために、もちいるときにさえ、高度に道徳主義的なマルクスはおろか、学者でさえも、いかにして「客観性」を獲得できるのか。あらゆる他のイデオロギーを、忠実に自分自身のイデオロギーにしたがって解釈するならば、まさにその解釈自体、自分を自分自身のイデオロギーの所産として、縛りつけることにはならないか。答はもちろんこうなった。ある学者なら客観性を獲得できる、なぜならそれはきわめて独特の型の人間であり、「とらわれない展望」を開拓するのに成功した「自由に飛翔する知識人」なのだから、と。——あきらかに、知識人にとって魅力満点の見方にちがいない。こうして、思想は、すくなくとも環境超越の一要素と認められた。ただし、それも、「没価値的」、全体的社会理論の第一要請を根拠づけるためだけだった。われわれは、ためしに、すっぽりと包括的であろうとする社会理論にならい、起動の一跳躍、ゲーム開始のための自由な一手が必要とみとめてもいい。しかし、もし知識社会学者が全体主義支配の十年前にではなく、その初期年代に著作していれば、了解の理論が行動計画として「歪曲」されないよう、何らかの倫理的第一仮定を採用したことだったろう。なぜなら、この科学がふくむ「倫理的相対主義」の観点は、政治による体制内部でイデオロギー群に適用されるなら寛容の防砦となるものの、イデオロギーの積極的理論としての全体主義の新機軸を説明し――そして残酷さを断罪する――には、まったく不適格をさらけだすからである。レオ・シュトラウスが強制収容所についていったように、純粋客観記述に終始すれば、人類を嘲笑するようにもみえるものが現にある。

マンハイムは指摘する。自分の「〃イデオロギー〃概念は……わざと政治的ウソをすべりこませる意味で、消極的な価値判断としてつかわれたのではなく、所与の歴史的・社会的状況とたちがたくむすびついた世界観を別示するつもりであった。……この用語のこの意味は、それ以外の意味から、峻別されなければならない。[7]」しかしマンハイムがみそこなったのは、もし観念の論理や定言命令を、まるきりイデオロギーとして、たんに現存社会秩序の現状を反映し・維持するものとして理解されるとひとたび信じるならば、彼の「ユートピア主義者」(まるごと文明から拘束されているのに倒錯的にも無自覚だから――たぶん、ユートピア主義者とはいえないのだが)は、どんな進歩も全社会体制の完全なユサブリと完全な改造とにまつばかりだとみなすほかはないであろう、そうなれば、「政治的ウソ」あるいは完全に新しい未来のための計画として、イデオロギーが必要となるだろう、ということだった。全体主義イデオロギーの哲学的基礎は、知識社会学におかれている。両者ともに高度産業社会の複雑さ、一国内部のいくつかの、おびただしくさえある相異なったイデオロギー間の共存・摩擦・重複、個人誰しもさらされている「文明交錯圧力」の数々――まともにかんがえるなら、きわめてあたりまえで、それがうみだす経験の多様性のおかげで、理性にかなった喜びとなるはずの状態を、過小評価する。政治は、まさにこの型の状態への応答である。政治は、何らかの統治が自己正当化できるまでは、統一社会理論をつくりだしたり・単一方程式や究極還元方式を発見したりといった不可能な課題を、みずからに課したりはしない。しかし、政治は、たんに現状の再陳述でもない。なぜなら、ものごとはけっして固定していないから。保守主義者は、慎重な政治的革新や創見、合理的に了承された社会変革や適応の全量を、つねに過小評価する。ところがこれは、いつの時代にも機能する。マンハイムも、それにウェーバーさえも、政治の創造性を過小評価するかたむきがあったために、「政治的ウソ」とよんだイデオロギーの賞讃されるべき・一貫した利用法を、はなはだしく過小評価する。全体主義は、たんなる「政治的ウソ」ではなく、社会の思想と構造とにあきらかにふかく根ざしている。ところが政治自身は、特定の政治的大望や教義に許容された相対性の埒外にたつ概念である。そのかぎりで政治は、自律的・創造的なのだ。

全体主義イデオロギーは、政治にたいしくっきりとした対照をしめす。そしてイデオロギーの講壇理論までが、政治理論を社会理論に還元する、あやまった・危険でさえある試みをさししめす。人は、選択をするし・またしなければならない。だが選択を必然的被決定性において記述することは全然できない。この対照は、まさに政治活動の二つの特性を摘示する。一つは、集団利益が多様であることの重要さであり、これまでの行論ではっきりと述べてきた。もう一つは、個人主体性とのあるかかわりであり、これまでは、含蓄されたにとどまる。

私が論じてきたのは、偉大なアリストテレスにおおく負いつつ、政治関係を、既知のどの〈国家〉にも自然に存在する意見と利益との相違を調和し・たかめようとする関係である、と認識することであった。これこそは政治理論の基本的前提である。そして、全体主義の教義は、他の何にもまして、集団と制度との多様性への憎しみにおいて、きわだっている。全体主義にとって第一の理論的基底は、最初の「武装せるボヘミアン」ジャン・ジャック・ルソーの意図せざる創造にかかる。彼は、理性を意思におきかえて論じた。「さて、もし総意が真に表現されるには、本質的に、〈国家〉内部分集団に存在の余地はありえない。……リクルゴスの卓抜な業績は、この種の独特な〈国家〉をうちたてたことであった。」(『社会契約論』第二巻第三章) しかし、ルソーのポリス本性のロマン的誤解と、彼のアテネよりスパルタを好むサロン的現実主義に意味をあたえたまさにそのことも、大型化した近代国家、一七八九年のフランスにさえ、適用されると、まるで別の意味となってしまう。総意の不可謬性を強調すれば、同様に彼が強調する熱情的な個人主義をバカげたものにする、というのは、昔ながらの、しかしみごとなルソー批判である。もっとも、総意をそもそも実体として信じるから、個人主義にとっても、政治にとっても、危険となる、という方が、ヨリみごとに批判する。エドマンド・バークの(サー・ルイス・ネイミアの言葉でいえば)「イジワルな想像力」は、いたましくも正しく、あまりにも人間的なジャン・ジャックは、誤っていた。バークは、権利がおよそ意味をもつためには、特定の具体的制度とむすばれなければならないこと、イギリス人の権利は、まさしく、普遍的人権よりも必然的にヨリ確実なことをみてとった。民主的中央集権の理論は、人々からますます、それを知り・そのために働き・それを愛するのに十分なほど小規模な諸制度との親密な交わりを奪いさった。産業主義は、バークの「小部隊」を全面退却にまでおいつめた。擡頭する社会主義運動が、小集団を自然な単位としてしみじみとみつめたのも、無視された一時期だけのことであり、保守主義の自由主義化につづいて穏健ないし強硬な国家至上主義に首をつっこむ以前の插話にとどまった。

全体主義による中間集団の破壊によって、かえって、これら集団のあるものの相対的な自然さがあらわとなる。党組織ないし党前衛組織の全体主義による多元的編成によって、かえって、共同生活の自然な豊かさにかえて、統制された代用物ですますことの重大事があらわとなる。しかし、これらの統制された集団は、マニアワセであり、まあまあの代用物にすぎない。なぜなら、非政治的機能への有機的関連を、まるでもちあわせないようにつくられているのだから。まったく私的な問題に逃げこんで公共の選択から逃避することは許されない。現に存在する集団でさえ定期的に改造・試験・粛清されて、たんに現実の反対派ばかりか、可能な反対派の形成さえも阻止しようとする。全体主義的総意の主権は、現実となるために、いかなる競争者も、これにかわるべき活動へのそぶりさえも、許容できない。伝統的専権支配の習性に反して、ねむる犬も、生活の中へと蹴こまれなければならない。ただし、原則的信念のゆえにではなく、――理論にしたがって。なぜなら、全体主義の実践的理論によれば、社会の万象は進歩的か頽廃的なので、私的領域や権威の連合的分権には、存在の余地がない。ホッブスはいっさいの「結社」を「政治体の内臓にすくう蛆虫」として否認して、全体主義への下地はどうすれば準備できるかを、無骨ながら、開示したのであった。じつは彼の全理論は、いかなる可能な集団あるいは総意に対抗してさえも、すべてのどの個人についても、その絶対的主体性をまもろうと意図するものであったのだが。

全体主義的支配を「希求する」図には、いたましくもおおくの加筆が、善良な自由主義者の手で、夢にもそれとしらずに、つけくわえられた。彼らは、個人を〈国家〉から分離し・〈社会〉の非合理的不平等性に隠れ場を創造したり・のこしたりするかにみえる「特定の具体的制度」への嫌悪にあまりにも身をやかれていたのであった。政治的義務のいかなる理論も、かつての流行以上に権威の多元的・連合主義的性質にはるかに重きをおきつつ、全体主義イデオロギーにたちむかわざるをえない。若きハロルド・ラスキが定式化したような、政治の偉大な陳腐さへの尊敬をたやさないために、つまるところ、いうべきことがあるわけだ。「われわれは国家の基礎を、不同意への同意におく。ここにこそわが国家の諧調がもっともふかく保証されるであろう。」

全体主義的支配との対比でうかびあがる、政治活動の第二のヨリ特殊な特性は、既述のとおり、個人の主体性――その肯定と保持とにかかわる。これは、一見おかしな風に、全体主義の暴力強調に対照的であるばかりか、その対極をなすようだ。ここでいうのは、全体主義体制が人命の価値を、敵対者についても、みずからの人民についても、ともに、きわめて軽視するというあまりにも明白なことだけではない。この体制は、どの既知の政治による体制とくらべても、あっさりと、人命を奪い、かつ浪費する。だが、対照はヨリふかい。暴力は、前述のとおり、全体主義体制にとっては、社会の旧構造を破砕する創造的役割を演ずる。しかし、またたえず、自己自身への暴力、犠牲のかたちで、個人から要求されるものなのだ。

全体主義体制は、わかりきったことをいえば、その体制下住民から、自発的犠牲を、死にいたりさえするまでに、まったくふだんの仕事においてまでも、獲得するよう努力する。悪い将軍だけが勇敢な兵士を必要とする、と指摘したブレヒトの『肝っ玉おっ母』のヒューマニズムをわかちもつ共産主義者はまずいない。むしろ、理想的人間とは、その大義のために、軍事的か産業的かをとわず、前線で(それにロシアの三十年代のいくつかの大粛清裁判がしめすように政治的前線でさえも)みずからを犠牲にしようとすすみでる人間なのだ。もっとも、こうしたこころよい訴えかけは、政治による体制においてさえ、全然ないわけではない。しかし、戦時を別とすれば、ふつうそれは、実効的政策というよりはカケ声にすぎない。さいはてのロスークロマーティ郡評議会のため道路建設で絶命したからと喝采をおくるバカはいるまい。——どれほど切実に道路が必要とされていたにしても。あるいは、スコットランド高地電化という偉大な国家的使命においてさえ、生産基準を超過しようと、とほうもなく致命的な危険をおかすとしても。これに反し、全体主義体制は、まさにこのようなバカげた犠牲倫理を、四六時中、鼓舞する。——なぜならまたしても、すべての時が非常時なのだから。だがこれがバカげているのも、自由人にだけわかる。ふかく全体主義を信じる者は、大義の未来のために自らを犠牲にする——あるいはすくなくとも危険をおかすのこそ、幸福だとおもいこみ、自由を犠牲にしているとはついぞおもわない。犠牲が自由なのだ、とおもうまでになる。「御身への奉仕こそたった一つ完全な自由なのです、おお主よ。」——その感動はなじみぶかいが、聖と俗との混同は極度に新しい。心霊の真理があるとしても、政治の真理とされれば、あきらかにただ歪曲されてしまう。もし、われわれが、たんに自由を感じるばかりか、おそらく、まるで自由はなくとも、「解放」を感じる心理状態にあるとすれば、その全社会的拡大図を想像できよう。——もし、社会がまさに一心同体でありさえすれば。もちろん、クリスト教的「奉仕」は、全体主義信奉者にとっては、あまりにも別世界的であり・いじましすぎる。クリスト教は、ニーチェにとって「奴隷の道徳」であった。だから、クリスト教は、大規模な真の犠牲を命じることができなかった、といえる。犠牲をささげるのは奴隷の特性ではない。奴隷は犠牲にされる。自由人だけがみずからを犠牲にできる。それで、もし真の自由を楽しむ能力を欠如するならば、偉犠大な究極の大義がめざすものへ、自己犠牲によって自由を証明するか、他人に犠牲を命じようとするだろう。——最終の(永遠につづく)戦いのために。大義につかえる暴力は、こうしてみずからをときはなつ。人を自身からときはなち・偉大な集団性ととけあわす。

彼らは埋葬された死者をほりおこし
人の心へつれもどす。
「主よ、われらが時代に戦いを」と
ミッチェルの祈りをきいた君は知ろう、
和解の言葉がつき
狂気のようにたたかいあうとき、
ながく盲いていた眼に露がやどり・したたるのを、
党派の心が完成するのを、
つかのまながらのびやかにたつのを、

こころゆくまでわらうのを。（W・B・イェーツ詩集、"Under Ben Bulben"より）

イェーツは、きわだってふかく、共産主義の心理以上に、ファシズムとナチズムの心理に達した。しかし、このような人間本能のおそるべき倒錯は、未来がいっさいの重荷から免除されるように、現在の世代を犠牲にするあらゆる試行に同伴する。こうした熱狂がどこにゆきつくかはさだかではないが、たしかなところ、これはこの行進自身の歓喜を強化する。オリヴァー・クロムウェルはいった。「どこにゆくかをしらないときほど、人がとおくまでゆくことはない。」政治は「これと対照的に」ヒトについてもコトについても、きわだって慎重である。政治的国家は、危機にさいして国土を防衛するばあいをのぞけば、公民に生命の危険をおかすようよびかけたりはしない。だが、これ以上の対極性がある。全体主義の体制の暴力は、非合理な外見において、じつは、政治に本質的な信念の壊滅を合理的にめざす。

全体主義の制度中、もっとも奇妙でもっとも特徴的なものの一つ・おそらく人類史上もっとも戦慄すべき発明の一つ・強制収容所をとりあげてみよう。「その想起は胸をかきみだし、その重荷は許し難い。」大量抹殺や大量投獄が、けっきょく、政治的多様性で代表される管理問題をきわめて明確に実際的に解決できること――これは否認できない。人が怒りをこめて言葉をさがすのは、収容所の実際の運営があきらかにこうした権力の効用基準のすべてを無視しているからである。証人が次々にたって、ナチ収容所が、被収容者をたんに能率的にばかりか、死においこむようにはたらかせたどころか、生きながら完全にその精神をおしつぶそうと心がけた次第を明るみにだした。彼らは、ただ殺されるばかりではなく、徹底的に堕落させられなければならなかった。ユダヤ人は、人間以下といわれたから人間以下にならねばならなかった。ダヴィッド・ルウセは『われらが死の日々』で書いた。「ナチ親衛隊の勝利は要求する。責めさいなまれた犠牲者に、抗議もせず、首つり台へみちびかれるままにさせよ、その主体性の肯定をやめるまでに、みずからを否定し・拋棄せよ、と。[8]」あたかも、親衛隊員は、おおくの人が自分自身にはまさか、あるいは自分にだけは特別に、みとめようとはおもいもかけなかった人格本性をあばきだし、ついにはそれを堕落させ・死にいたる前に無抵抗にする過程を、盲目的ながら確実に、確証するかのようだった。あたかも、「からだを殺しても、魂を殺すことのできない者どもを恐れるな」(マタイ伝第十章二十八節)にこめられた慰めさえも浅薄にすぎない、と立証しようとするかのように。

これら心理の深層をつきさす残虐さは、全体主義体制の正規の行政の一部をなし、サディストのたまゆらの恍惚境を絶するものであった。これらの実行は、全体主義の統制図式にはかりしれない重要さをもつようにみえる。ルウセが強制収容所囚人らのこの堕落にみたのは、たんに親衛隊によるその精神的優越信念を昂揚する試みばかりではない。さらに、全体主義者にとっては「何ごとも可能だ」という証拠であった。ふつうの人なら、こうしたことをしりもせず・しろうともしないから、信じることもできない主張であった。――なぜならこれらをしるだけでも、ふつうの人には許し難い重荷となりはじめるのだから。人間性にたいする同様に巧妙な攻撃は、ソヴィエトの収容所でもくわえられた。たしかなところ、共産主義者はじっくりと思慮をめぐらした。こうした事がらについての共産主義者のもくろみは、いつもえり好みがつよく、おおくのばあい特定政治犯の刑罰と国家的粛清犠牲者の模範的「改造」とのためにとっておかれた。ソヴィエト収容所の大衆の無残さと斃死とは、主として、収容所当局の官僚制が、底ぬけに人命不感症・無関心だったことによる。ナチは、人々を殺し・堕落させる新方法を発明し、ソヴィエト人は、人々を腐敗するにまかせた。しかし、不感症と無関心とは、まさに、イデオロギー的思考から直接に由来する。イデオロギーが命ずるままに行動したり信じたりする人間は、もはや人間ではない。

強制収容所の囚人たちは、公民としての主体性の喪失によって、およそ人権を拋棄しただけにとどまらない。

いっさいの精神力をも剝奪されなければならない。さらにまた、たんにその生命ばかりでなく、全体主義イデオロギーの主張をのこりなく立証するために、次のことが「証明」された。すなわち、ひとたび通常の社会関係からたちきられるや、イデオロギーに反対ないし無関心な人々も、誇り・尊厳・あるいは主体性の感覚の一片にしろ最後までは防衛できない。全体主義の一般理論は、現実ないし潜在的な敵対者に絶対的人格が、かすかなりと閃光をはなつあいだは真理であると証明されない。個人が、それまでつつまれていた全社会関係からハダカにされ、もはやたよれるものが何一つないとき、ただそのときにだけ、イデオロギーの一般理論は真理となる、世の中にはいは社会的関係しかない――個人の独立とは虚妄である、と。しかし、他方、このような観察の戦慄的実験の彼方に、人間には社会環境から独立たらざるをえない局面がある、個人の主体性は社会意識に全面的には依存しない、そして、全体主義者がこの人間の自律性の破壊をめざすならば、政治による体制は、その神髄として、この自律性に固執する、ということが、われわれのために立証されなければならない。政府の正規の手段としての殺人や恐怖の全体主義的使用について、完全にしらべた本や記録をあえてよむふつうの人なら、(われわれは――ふつうの人間だから――あえてしないために口実をたくさんみつけられる)このような体制に挑戦した結果、自由にたいして「二重思考」し、裏切りを不断に言葉にあらわす生活にとおいこまれるか、粉砕されて「改造」されるかした孤立した個々人への、共感と理解にみたされずにはすまない。再生する人間が自由人に再生することは稀である。けれども同様に、この共感は、自由な体制にあってこのようなものごとへの口実をみつけようとするやからへの憎しみを、人間的価値のためにつくりださなければならない。

政治にとって集団の多様性と肯定的個人とが重要であることには、ほとんど神秘は存しない。アリストテレスは、やはり、数おおくの近代人よりもあざやかに、この点をみぬいた。彼はいった。暴君が支配に成功するには、何よりも次のことを禁じなければならない。「……会食・クラブ・教育・それにこういったたぐいのいっさい。——いいかえれば、相互の信頼と高邁な精神という二つの資質をうみやすい何ごとにたいしても、これを防遏する態度。(9)」相互信頼は集団経験から生じるので、集団は、体制の直接目的に無用ならば、破壊されなければならない。そして、もしギリシアの「高邁な精神」すなわちアレテーが、現代にそのまま適用するには特殊すぎる内容の徳性であるとしても、それが指摘するのは、全体主義者ならその破壊を、近代の政治人ならその育成をなすべき、個人経験の次元そのものであり、いきいきとした人間らしさにほかならない。政治による体制は、たとえ公共領域に自己主張を実行する公民をもたなければ弱化するにしても、これを強要するわけにはいかない。だが、私的領域内部、または、そういいたければ、公共領域外部で生活するという、公民の精神権を否認しようとするならば、それはもはや政治による体制ではなくなってしまう。

もしわれわれが、一つの共同事業の中にあらゆる個性、あらゆる集団の差異をとかしこもうとするほど不自然に行動するならば、その事業が狂気・破壊的となるのは避けられない。——白鯨モービイ・ディック追跡のように、英雄的ではあるが非人間的・宿命的となる。「彼らは三十人ではなかった。一人だった。なぜなら、彼ら全部の命をたくす船のように一体だったから。もっとも、船は、ありとあらゆる対照物の寄せあつめだった。——カシワとカエデとマツ、鉄とチャンと麻。——だがこれらすべては、組みあげられて頑丈な一船殻をつくりあげた。それは長い中央竜骨にささえられ・みちびかれながら波をけってすすむのだった。そのように、乗組員の各個性は、この男の誉れ・あの男の恐れ・この男の罪の深さ・あの男の罪の無さといったとりどりの性質が一つのかたまりの中にとけこんで、彼らの主であり・竜骨である船長エイハブがさししめすあの宿命の目標へと、一せいに殺到するのだった。」(百三十四章)

政治は、不潔で・地上にへバリつき・スッキリしない・もつれあった営みであり、全体主義的知識人を刺戟する確かなものへの情熱と・世界をゆるがす探究への魅力からは、はるかにとおいものかもしれない。だが、すくなくとも、政治は、最悪の政治環境にあってさえも、演ずべき役割についてのある選択・ある変化にとんだ集団体験・みずからの魂をみずからのものとよびうるある能力をあたえてくれる。われわれが政治について確実に信ずることのできる最大のものは、それが不可避であり、――ただし、体制が大規模強制に帰さないかぎり――また、限界をしることであり、――ただし、体制がイデオロギーという大言壮語におちいらないかぎり――さらに、政治による共同体内部での「根本問題」についての一致は、暴力や欺瞞によらないかぎり、けっしておこりえないこと、政治による体制における唯一の基本的一致は政治的手段の使用であること、なのだ。政治は活動であり、精緻な信念の体系や確定目標のセットには還元できない。政治的思考に対照されるのは、イデオロギー的思考である。政治はイデオロギーを供給できない。イデオロギーは政治の終末を意味する。イデオロギー同士の格闘が――イデオロギーが弱く・政治による体制が強いなら――その体制の内部でおこるとしても。ある人がロンドン・タイムズに書いた。「われわれ西の世界にあるものが(a)イデオロギーに対抗するにはイデオロギーを必要とするゆえんを認識し、(b)われわれ自身のイデオロギー、自由のイデオロギーを発見し・生きるのに、いまこそ好機ではないのか?」おそらく、こうした道徳再武装運動者流の筆者たちは、イデオロギーが一種の情熱的な確信を意味するだけとおもっているのであろう。たとえそうだとしても、自由のイデオロギーという観念は形容矛盾である。すべてが知られ・決定され・確実なときには、自由は不可能となる。自由な行動は、つねに、厳密にいえば、必然性から自由な行動である。イデオロギーは、政治人がとりあげたり・とりさげたりできる武器ではない。それは、操作者を喰らいつくす。すくなくとも、イデオロギー信奉者は、政治の習性がじつにイデオロギーの大敵となることをしっている。彼もしばらくなら政治を利用するかもしれないが、つまりはそれも政治を破壊するためなのだ。アクラなるエンクルマ大統領像台座の碑銘「まず政治的王国をもとめよ。そうすれば他のいっさいがあたえられよう」は、じつに、ルカ伝、第十二章三十一節のモジリであり、真の政治への脅威であり、その倒錯なのである。

政治はしたがって、理想への摸索ではない。しかしまた伝統の凍結でもない。それは活動なのだ。——生き生きとし・適応しやすく・しなやかで・調整をわきまえるところの。政治は、自由な社会が統治される方法である。政治は政治であり、他の支配形態とはまるで別のものなのだ。

第三章　民主主義にたいする政治の擁護

民主主義が政治の真の形態なのだとおもいこんでいる人がある。人によっては、民主主義こそ政治であり、あるいは、たんなる政治に疑問の余地なく優越する統治・価値ないし活動の形態なのだ、とさえいうだろう。しかし、政治は、民主主義にたいしてさえも、まもられなければならない。明晰で実践的な理念はすべて、曖昧と不正確とから、キッパリとまもられなければならないという意味で。社会運動としての民主主義は、政治による支配のほぼどの近代形態にも不可欠である。にもかかわらず、絶対で・原則の問題としての民主主義ならば、政治の破壊となるゆえんを論じたい。

民主主義は、公共問題の世界にかかわる中で、おそらくもっとも見境いなしの不見転《みずてん》言葉である。彼女は万人の情婦であり、彼女を愛するものが、彼女の愛のかえしの――愛するものからすれば――不法な多数共有事実の確証をにぎってさえも、その魔力をとにかく確保する。じつに、彼女の貞節を独占できないとみとめる苦痛のさ中にあってさえも、われわれは、あらゆる種類の環境・あらゆる種類の相手にたいする彼女の適応能力を誇りさえする。何としばしば耳にしたことか、「とにかく、すくなくとも共産主義者は、自分たちが民主的であると主張している。」と。だがほんとうの厄介さは、もちろん、彼らが民主的なフリをしているのではない点だ。彼らは民主的である。彼らは、支配の変更を活潑にもとめる多数者、という健全な歴史的意味で、民主的なのである。

それで、民主主義は、たいてい、たんに「多数決原理」(それは大型国家では、多数者の同意を意味できるにすぎない)を意味するようもちいられてきたが、他方、ありとあらゆる特殊な意味が(おおくのばあいこの常識を洗練するよりも否認しながら)うまれてきた。おそらく、さしあたって大部分の人々にとって民主主義の第一義は「なんでもステキ」とかいったたぐいのどうにも大ざっぱな感傷にすぎない。そこで次のようにいう人々もある。おどろくべきことに、民主主義が「真に意味するのは」(民主的)個人を(民主的)多数者にたいして擁護しさえするところの自由であり、自由主義でさえあり、個人主義でさえある、と。――これはたしかに愛好するにたりる見解にちがいない。故アーネスト・ベヴァンはかつてある労働組合会議でこう語った、少数者が多数者の決定をいつまでも問題にするのは民主的ではない、と。――そして同様にマジメで・同様におどろくべき答をうけとった。民主主義とは、自分――怒れる同志――が、好きなことを・好きなときに・好きな仕方で・好きな相手に・栄光ある運輸労組の多数にたいしてさえも、いえることだ、と。民主主義は、トックヴィルのように、平等の同義語につかうことも、ハーバート・スペンサーのように、身分と富との大幅な(ダーウィン主義的)差異をともなう・高度流動的な自由企業社会を意味するようつかうこともできる。さては、自由に選挙された(民主的)政府にさえも憲法上の制約をくわえる政治体制としても(もっとも愛用されるが・歴史的にみてもっともいただけない・もっともコジツケ用法)、また逆に、これら憲制の「人為の」拘束を蹂躙する「人民の意志」ないし「総意」としても解されよう。おおくの人にとって民主主義は「一人一票」以上をほとんど意味しない。――これに別の人々は「プラス・真の選択」と希望をこめてつけくわえようとするものの。さらにこれらすべての用法をふくむ大まかないい方では、民主主義は、「民主主義の精神」はいかなる制度配置よりも重要であるとか、言葉・衣裳・娯楽等々で民主的にふるまうところに民主主義が存在するとかの意味で、制度の特定のあり方として、また、「生活様式」、政治や支配のあるスタイルとして、解することもできる。

民主主義「とは何か」がもっとはっきりとかんがえられた時代もあった。ただし、その時、民主主義は、当時もっとも政治的に発達した国においてさえも、おおくの人から、たんに小規模な支配単位だけの問題とかんがえられた。「歴史が確証するところでは」とジョージ・メイスンは合衆国憲法草案批准のためにひらかれた一七八八年のヴァージニア州制憲議会に語った。「きわめて広大な国の政府が人民の自由をおかさなかったためしはない。歴史はまた最上の著述家の意見によれば、王政は広い領域に、専制政はもっと広い領域に適合するが、民衆政は小さい領域だけに存立できることをしめしている。」小さい領域にかぎって、人民は何がおこなわれつつあるかをみずから理解し、それに参加できる。当時の民主主義者は、この理由から、権力は個々の州に散在すべきだ、と熱弁をふるった。中央集権国家論者のある人々が、民衆政に反対し・民主的傾向に反対して、同様に猛烈な論争にのりだしたのも、まさにこの同じ論法にもとづいた。強力な寡頭政による国家統一か・民衆政府のたんなる連合かの二者択一しかないようにみえる危険があった。しかし、その解決はすでに御承知のとおり、まるごと民主的な政府を、と論じたものはほんとうはすくなかった。問題は、民主的要素はどれだけ強くあるべきか、であった。メイスン自身のフィラデルフィアでの言葉が次のように報告されている。「彼は、自分たちは民主的でありすぎた、とみとめ、うっかり反対の極端にはしりはしないかを恐れた。」あの解決、近代政治に基本的な創見ないし認識は、ペンシルヴェニアのジェームズ・ウィルソンがすでにのべていた。「彼は、〈連邦制〉のピラミッドを相当な高みにまでそびえたたせよう、そしてそのためにこれに可能なかぎり広い土台をあたえようと論じた。」このように、そもそも強力な政府を樹立するには、「人民の信頼」に基礎をおかなければならないことは、この工業化以前の社会にあってさえも、真理であった。なぜならすでに長年にわたってそれぞれの地方に固有な集会で、政治公民精神の習慣・権利・義務の訓練をつんだ「人民」、すくなくとも相当数の人々が、すでに存在していたからである。彼らを無視することはできない。統治のいかなる形態の管理も、彼らに依存した。しかしまた、ナポレオンがしたように、問題が王朝の傭兵軍体制にたいする全国民の武装であるときには、徴募された兵士たちも無視できなかった。そして、また一国の生存と福祉とが——ヴィクトリア期のイギリスかスターリン時代のロシアかをとわず——急速な工業化にかかっているときには、熟練工業労働者群も無視できなかった。さらに、この脈絡でこそ、近代政党の独特の力を説明するミヘルスの「どの政党組織でも、代表するのは民主的基礎にささえられた寡頭政権力である。」という有名な論断が生きてくる。

困難なのは、この発見ないし創見がまったく一般的なことである。すでに自由な制度を享受しているアメリカ植民地のような社会を背景におこるなら、結果は政治的自由の拡張となる。しかし、革命期のフランスかロシアにおこるなら、結果はまるで別となる。そのとき、この発見は中央集権化と専権支配とを現実に強めることだろう。統治の道具としての民主主義の必要が、衆望を大量生産し・大衆の熱狂状態を維持し・同意を機械的に調達し・いっさいの反対派をおし潰す必要もつくりだす。大衆は、国家と党とにたいする陰謀の(話半分か、全然デッチあげかの)たえまないニュースで恐怖にうちひしがれては、はるかな未来の(つねに、まだこない)福益の壮大な約束で、希望をいだいて胸をはる。だから民主主義は、たんに自由な体制を安定させるばかりでなく、自由のない体制を強化し・全体主義を可能にしたのでもあった。史上はじめて、社会のどの階層も支配者にとって重要となり、精神的と経済的とをとわず、収奪されるままとなる。私が、ヒトラー、ド・ゴール、ボールドウィン、ケネディといった違いも違った人々を、よかれあしかれ彼らは民主的選挙制度をもつ国々だけに頭角をあらわす人物像だといいたい一心で、いっしょくたにしている、などとかんがえないでいただきたい。だが、われわれは、懐疑的になりすぎないようにしよう。いかなる宣伝も、なにかほんとうの必要に答えない意見を大量生産するわけにはいかない。貧困と戦争との経験と恐れとから、どこにでも、これら人類の二大負担からの(しばしの)救済を約束する党や政府に、ある種の自由を(とくに、その正規の基礎に無知なばあいに)すすんで犠牲にしようとする人々があらわれる。われわれは全体主義にたいする大衆の支持のあるもの、おおくのもの、あるいは大部分さえもは、人々が、「真の自由」は大義のための犠牲である、と信じこまされた、という意味のかぎりでなら、(一九三三年三月のドイツ諸選挙の多数者のように)「ホンネ」で自由な自由の献呈であることをみとめさえもしよう。それでもなお、私の論点はかわらない。ペンシルヴェニアのウィルソンは正しかった。権力のピラミッドがヨリ高みへとつみあげられるにつれて、その土台はヨリ広くとられなければならない。だが、彼が正しかったのは、近代的支配の重要形式すべてにあてはまる意味においてなのであり、民主主義は、自由な公民精神にもとづく政治的民衆政に必然的につながっていくとはかぎらない。そして民主主義が、この意味で、近代アメリカのように自由な政治とほとんどぬきがたい親密さで共存しているところでさえも、なお調和の反面に緊張が存在している。この結婚の下の政党は――民主主義は自由をねたみ・自由はなにかにつけて民主主義を恐れる、という、有名な夫婦喧嘩にまきこまれてしまう。世界のどこかよそでは、アメリカ人のおぞましさにも名誉にもなることながら、「輿論の圧政」といった漠とした問題が、これほどに熱論されることはない。「もしアメリカの自由な制度が破壊されでもすれば」とトックヴィルは書いた、「それは多数派の万能に帰せられるであろう。」

多数派民主政は、「人民主権」(どの人民なのか?)という有名な教義において、きわめて不満足な・非政治的な形式につつまれて、姿をあらわした。一七八九年八月二十六日の『人権宣言』はのべた。「全主権の源泉は本質的に国民に存する。ハッキリと国民からひきだされないような権威は何人も行使できない。」このレトリック、この悲しくも空疎な教義の無意味さをすすんで認識するか否かが、自由を実効的なものと尊重するか否か、自由な政治に真剣なのか否かをわかつ。ある憲法が「人民主権」にもとづくと主張しても、それは論争のタネとなった言葉が何を意味するのか・どの政策を採用すべきかを決定するのに、支配者・裁判官・政治家の誰にもけっして役立たない。「人民」は、フランスで憲法の枠組変更に際してのように、人民投票によって協議にあずかるかもしれない。しかしその役割は、複雑・未消化な資料を前に「然り」か「否」かをいうだけにかぎられている。ところが、現実政府の複雑な決定は、「人民」といった尨大な団体、あるいはとりとめない概念ではけっして下されはしない。大規模政党の管理さえも同様である。「人民主権」は、政府は万人の利益にそうように、そして代表制であるように、との主張以上をほとんど意味できない。しかし、代表議会そのものは、個別的有権者集団・個別的利益・個別的党の代表ばかりに終始する。いいかえれば、それが代表するのは、現実の政治状況であり、全権力が一体・不可分の「人民」から発すると仮定される理論的「主権」状況ではない。このような主張も必要にはちがいない。――ただし、「欲する政府を選択できる人民の権利(必要?)」というふうに、一党代表制を排除するような形式ならヨリいいのだが。だがこんな主張では、政府の実際の困難――政治による統治か全体主義的統治かもっと古代的形態かをとわず――を何も解決はしない。じつに、この教義は、あまりまじめにうけとられすぎれば、全体主義へと現実に一歩ふみだすことになる。なぜなら、まったく単純なことだが、それはいかなる避難所も、いかなる矛盾も、いかなる私的な無関心さえも、許さないのだから。「愛国者は」とロベスピエールはいった。「〈共和国〉を全体として支持する。末梢事で争うのは裏切者だ。……人民と御身――国民公会――とを尊重しない一切は犯罪だ。」これは、すでにみたところの、「全体としての社会」の君臨による政治的聡明と節度との根絶、イデオロギーによる政治の併呑という残酷な怪物の、別の姿にほかならない。一心同体を生みだすのに必要な暴力と恐怖は、人種の純潔や経済的平等への訴えではなく、民主主義への訴えだからといって、かくべつ人間的になるわけではない。「恐怖は」とロベスピェールはつづける。「神速・峻厳・不屈の正義以外の何ものでもない。つまりは徳が恐怖をうむ。それは、特殊原理というよりは、国家の緊急必要事に応用された民主主義の一般原理からの帰結にほかならない。」[10]

「友愛」さえも、たんなる民主主義を純化する原理として、人をあざむく「徳」となる。ナチ棄教者ラウシュニングがその『ニヒリズムの革命』で論じたように、人々が最初はてしない行進とチョウチン行列をはじめたのは、友愛にあふれていたからではない。行進が友愛感をあたえたから、行進したのであった。あるいは、アメリカの沖仲仕思想家エリック・ホッファーがいったように「集合体の一体性は、たがいに信じあう人々の兄弟愛の結果ではない。全体主義信奉者の献身は、全体――教会・党・国民にささげられるもので、仲間の全体主義信奉者にはむけられない。個々人間の真の献身とは、ゆるやかで・比較的自由な社会においてのみ、可能なのだ。」[11]

ここでわき道にはいり、たんに「人民主権」の概念だけが政治に無縁あるいは政治破壊的でさえあるばかりか、主権という教義全体がそうだ、といってもいいだろう。この概念は、もちろん、おおくのことを意味できる。私がおもいうかべるのは、どの組織された社会にも、ある程度はっきりと認識され・実効的な制度を座として、最終決定を下す絶対権力が存在しなければならない、というトマス・ホッブスおよびイギリスの実証主義法学者の主張である。この主権の教義はじつに、通常の政治的条件にたいする矛盾――ときによっては、必要な矛盾であるにしろ――としてのみ政治的・理論的に意味をもつ。主権は、非常事態の領域であり、明白・現在の危険に直面しつつともかく秩序を維持する防衛力であり、政治による体制をも、どのような意味にしろ民主的体制をふくむあらゆる体制が、決定的・中央集権的・問答無用の(したがって政治破壊的な)行動力を発揮すべき非常権力の正当化なのである。――もし国家が、絶望の時機にもそもそも生きのびようとするならば、政治は、ヴォルテールが自由についていったように、包囲状態にある都市には関係がない。いつ非常事態が存在するかを決定する実際上の困難はつねに大きい——が、それは実際的で手続上の困難にすぎない。それは、政治の時期と主権の時期との真の区別を破壊はしない。主権が政治の父であるとしても、いったんわれわれが後見不用なほど成長した暁には、きわめて大きな不幸な時機にだけ、主権へすがればいい。というのは、自由な体制にも、あらゆる可能な機会をとらえては、権力と主権という「非情な」あるいは「現実主義的」主題を、しばしば情ないまでにむきだしに嗜虐臭をともないつつ、かきならし、ついには政治生活の微妙な演技を、無残なメロドラマに転化する責めをおうべき人がいるからだ。人は、恐怖だけでは生きられない——さもないと生きることを恐れることになるだろう。しかし、主権権力を、その存在の否認のため以外には、いっさい口にするまいと希望するやさしい心の人々も、同様に責めをおう。これは政治的な勇気でも原理でもない。率直な人間的物語を伏字だらけにするオボコぶりにすぎない。意図によるばかりか偶然によっても、マキァヴェリが気づかせるとおりに、非常事態の条件をつくりだせる。それでも、非常事態が、恒久革命の感覚として、内部の裏切者と外部の侵略者とにたいし絶望的な闘争がつづくという信念として、たえず維持されるのは、全体主義体制においてだけである。その維持は、おおくのばあい、まったく作為による。統治装置としては、このような体制に本質的とみえるにもかかわらず。

人民主権の民主主義教義は、したがって、政治の種子であり根であるところの、しられるかぎりの高度社会が、ほんらい、多元的・多様だという本質的確認をおびやかす。「社会」と国家とを媒介する集団への忠誠の重要さをアレクシス・ド・トックヴィル以上にあざやかに理解した人はすくない。「民主国民をおびやかす抑圧は、かつて世界に存在したどれとも異質である。……私はそれについてつくりあげた全観念を正確につたえる表現を求めた末に徒労をさとった。専制政や暴君政という古い言葉ではまにあわない。ことがらそのものが新しいからだ。

……[12]」アメリカ社会には「多数派の支配」の危険を緩和する可能性をもつ多様な制度がある、としめそうとした『アメリカ民主主義』においてさえ、彼はこう書いたのだった。その『旧体制と革命』にいたって彼はこの新しいことがらを「民主的専制政」と命名し、次のように特性づけた。「社会には段階が無く・階級の差別も無く・固定した身分も無い。――人々は、ほとんど相似で・まったく平等な個人からなる。――この雑多な大衆が唯一の正統的主権者とみとめられているが、みずからの政府への指示や監督さえもできないよう全能力は注意ぶかく剥奪されている。この大衆の上に独任制の官吏が君臨し、大衆に協議することなく、大衆の名で、いっさいをなす機能をもつ。この官吏を統制する任には、輿論があたる。しかし、機関をもたない。この官吏を検束する任には、革命があたる。しかし、法をもたない。原則からは下位の代行者にすぎないが、事実上は主人なのである。[13]」

「民主的」という言葉が、いまや、昔の著述家たちなら「混合政体」(アリストテレスのポリテイアをたんに「政治体制」と訳すよりも、ヨリ明快に翻訳する)と名づけたはずのものごとを記述するのに用いられるのは、政治を理解するのに危険な損失である。政治理論の以前の伝統が「民主主義」を術語につかう場合は、アリストテレスの三重に区別する用法にしたがっていた。民主主義は、思想的立場としては、人がある点で平等ならばすべてにわたって平等であるべきだ、と信ずる人々の教義であり、国制的には、多数の支配であり、社会学的には、貧者の支配であった。彼のみるところ、民主主義は、政治による体制すなわち混合政体の必然的要素であった。しかし、他の要素がともなわなければ、全員の直接支配という不可能事――それは、事実上、大多数から信託された人々の無制約な権力を意味した――をこころみて、政治共同体の破壊をもたらすものであった。民主政は、とくに「デマゴーグの傍若無人さ」から暴君政に転落しやすかった。現代の経験がたしかめたのは、民主主義を「なんでもステキ」の代名詞にしたがる流行よりも、アリストテレスの記述の正確さであるようにおもわれる。

西欧世界は、政治を伝統とした好運にもかかわらず、近代政治の偉大ないしずえとなるはずであったこと——自由の理念の貴族社会から平民への拡大——が、マの悪い時におきたという不利を負う。すなわち、その時代には封建遺制が、個人と国家との間の全(政治的・社会的)中間集団に、その貢献ではつぐないきれない特権をむすびつけたのであった。自由の友らの目標は、あまりにもしばしばたんにこうした制度を一掃するだけだったから、かえって、主権者人民と主権国家との荘厳・自発的な諧調のゆるぎなさをあらわすばかりとなった。真の政治思想にとって、ジョン・スチュアート・ミルがその『自叙伝』で、トックヴィルを論評しつつ「私の政治理念は純粋民主政から」「それが近代世界の真の危険となる専制政そのもの——万人が平等で万人が奴隷となる、バラバラな個人の集合に君臨する、行政府首長の絶対的支配——に堕落しないようカセが必要とかんがえるにいたった」と告白した以上に意味深長な出来事はない。たしかに、ミルの偉大な『自由論』の大部分は、政治そのものの擁護だけといったヨリせまい基盤で推敲されるなら、迫力はおちるとしても、説得力はますだろう。自由は、ミルの意味では、政治によって達成されるものである。——論理的にも歴史的にも、政治の産物であり、その前提ではない。民主主義は、現代の条件では、強い統治の必要物である。統治は、政治に先行しなければならない。しかし民主主義は、政治的であるかもしれないし、ないかもしれない。民主主義は、全体主義とも政治とも、同様に結合可能なのである。

さて、どの社会にも、大争点について、自然の全員一致がありさえすれば、たしかに政治は不用となろう。しかし、純粋民主政であり、純粋民主主義者にみちみちているため誰も政府に楯つこうとしたりはしない——なぜなら全員が政府の政策に同意だから——と主張する社会の真相は、おそらく、あらかじめ全員一致があったから政治が衰滅したのであるよりは、そのような全員一致到達を試みるために政治が禁止されたということだろう。

十八世紀の民主主義者は、人を、もし何ら個別的利益をもたず・ただ全体の利益だけを心にかける(ありえない話だが)とみれば「純粋で腐敗をしらない民主主義者」(たとえばジョン・ウィルクスのために多くの居酒屋で乾杯がささげられたように)とよんだ。個別的利益は、つねに純粋な共同利益や総意を腐敗させる。しかし、心の奥の奥まで点検し・義務の命ずるままに特定の偏見や愛情から身を清めた真剣な総意希求者もまだ総意と一致しないとして、ルソーが何を要請したかは、注目に値いする。すなわち、彼は「自由へと強制される」ようさだめられる。もちろん、権力の結果として、人はおおくのものになることができる――ヨリ危険さがへるだろうし、不本意ながら安全に、不本意ながらヨリ空腹でなくなるだろうし、ある意味では、おそらく「改善」されさえするだろうし、確実なところ、道徳的再教育を待ちかまえ・その教材となるかもしれない。だが何になろうと、自由になるというのはタワゴトである。民主的(あるいはその他任意の体制作動)目的のために、権力者は機会あるごとに人民の自由を奪いさらねばならないとみとめる方がいい。――この剝奪行為こそ自由だ、と主張するよりもずっといい。さもないと、われわれは行動不能のばあいにさえ何が正しいかを理解する力をうしなってしまう。そして、ひとたびこれをうしなえば、われわれは、永劫に敗北をくりかえす。

民主主義と自由との同一視は、もちろん、別の方面からも可能である。ちょうど民主主義が自由を埋葬する可能性をもつように、自由の名において、民主主義が埋葬される可能性がある。民主主義は、ある人々によれば、個人の基本権が、多数派の意にそむいても、保持される自由な立憲体制を意味する。しかし、そのような体制を民主的とよぶのは、たとえほとんど確実に強度に民主的要素をふくむにしても、何の理解にも役立たない――この言葉がいかに偉大な威信をもつか以外には。この言葉が歴史的ないし社会学的に意味をなすため・現実事態を記述できるためには、あたかも、自由が存在できるのは民主主義の中だけだ、と論ずる必要があるかのようである。

けれども、バークが気づかせるとおり、政治における自由は「自由な諸制度」だけを意味できる。裁判所がある種の自由を制度として確認し・〈国家〉そのものにたいしてこの維持を命ずるならば、一片の法が一トンの弁論の値いをもつ。たしかなところ、どうひねっても「民主的」といえそうもない社会でも、あらゆる種類の、政治のためにきわめて重要な、自由の制度が、樹立され・維持され・庇護されることは可能である。一七七〇年代までにイギリスでは、安定した政治的体制に基本的とされたある種の自由をすでに制度化していた。つまり、国民は恣意的逮捕をまぬがれていた。その尋問には陪審があたり、国王任命の判事だけではなされなかった。それに陪審は、政治的訴追をきらって法を破ることもしばしばだった。国民の政府批判は、言論・出版ともに自由だった。議会の論議の模様を報告できたし、旅券や特許状なしで旅行できた――それなのに、選挙制度は腐敗し・不公正で・不適切だった。政府が、被治者の真の利益と真の力とを、その変動に応じて適切に代表できるためには、選挙制度がもっと民主化される必要があった。しかし、――ここでいうのは、たしかにわかりきったことだが、まじめにきかれなければならない――自由が民主主義に先行し・独自の生命を生きることには一点疑う余地がない。一九六〇年代の人民民主主義諸国よりも、一七六〇年代のイギリスの方に自由が多かったことは、悲しいながら歴然たる事実である。――ときとしては飢餓もおおかったかもしれないとしても。だがいわんとする点は単純だ。飢えていないことは自由ではない。それは別の価値なのだ。もっとたかく評価される価値もほかにあるだろう。独立戦争直前期の混迷と不正と軽蔑とにさえも、新しい連邦政府の統一への不寛容な熱狂にあった以上の臣民の自由があったともいえる。大部分の人々は、どちらが好ましいかをほとんど疑わず、懐疑派さえもがどちらか一方だけは可能であることをほとんど疑ったりしない。G・K・チェスタートンがかつて穏健派改革者の穏和型熱狂についていったことがある。「クソマジメなイギリスよりも自由なイギリスの方がいい。」さて「自治の方がいい統治よりもいい」ということを疑うものは誰でも、歴史の潮を嘲笑した反動的クヌードの再来にちがいない。だが、個人の自由と国民の自決とを理性をもって区別しないならば、その時機における必要が何であれ、新興国家が、政治的伝統にたちかえったり・政治的伝統を獲得したりすることは、まずありえまい。――そして、そのかわりに、一たび共通の敵がさったあとにも擬制の全員一致を維持するために暴力と宣伝とがつねにヨリ以上にもとめられることになる。このような国家を、だから、民主的とよぶのは正しいかもしれないが、自由とよぶのは、もっともひかえめにいっても、混同をおかす。だが、同様に、もし自由な国家をすべて民主的とよぶならば、自由な国家にも、変動する環境に生きのびる上でヨリ民主的となる必要があることを、ぼかしてしまうだろう。

イギリスのばあいをとってみよう。「民主主義」は、一九一四年以前の世代には、いま以上にずっとはっきりした意味をもっていた。人々はそれに、単純多数決原理の響きのなかに、次の意味をこめた。議会における労働者階級代表の増加・労組権力の増大・公行政全局面にわたる監察と公開との増大・教育機会の拡大・上院権力および土地所有階級の利益の減少。そして、自由主義者の左派と右派とへの分裂がますますふかまった瞬間に労働党が上げ潮にのって民主的制度の模範さながらに民主的習慣と大義とを結合させたとみえたとき、非教条主義型社会主義の響きをもしめしはじめた。だがこの言葉は、ますます尊重されはしたものの、イギリス生活一般をもイギリス政治だけをも指すために使われたことはない。民主主義には友も敵もいた。しかし、一九一三年には、誰も正気であるかぎり、ありのままのイギリスを民主主義であるとよぼうとはしなかった。それは、あきらかに民主的ではなかった。自由な社会ではあったし、人民のための改革可能性をますますつよめてきた代議政体をもっていた。だが、民主的ではなかった。ようやく第一次大戦とともに、イギリスは――まさに徴兵されたからこそ――民主主義を維持するためにたたかっているのだと了解した。ロイド・ジョージのレトリック、チャーチルとビーヴァーブルックの天才的なシニシズム、それにウッドロウ・ウィルソンの理想主義がよってたかってこの言葉からあらゆる正確な意味をうばいつくすのに協力した。この言葉は、真に政治的意味いっさいの剝奪という代価をはらって、戦争という至上目的のためにゆるぎない地位をあたえられた。民主主義の名でならば、ありのままの社会秩序のためのたんなる愛国心には期待もできない犠牲を要求できた。この言葉についてもっとわきまえているはずの保守主義者と、もっとわきまえてはいたがさらにわきまえたいと希望した急進主義者とがイギリスを(言葉の上で)民主的とするのに共謀した。それ以来イギリスは(言葉の上で)民主的なままでいる。(14)

あるいはアメリカ合衆国のばあいをとってみよう。ここにあるのはたしかに、まぎれもなく民主的であるといえ・大衆的慣用からは民主的でしかありえないところの政治体制の明々白々な実例のはずである。しかし、ここでさえも、この言葉が、独特に当初から民主的だった制度部分――(黒人排除という大例外つきながら)選挙権と他のどの国とくらべてもたしかに広汎に平等な社会条件――にだけではなく、全体としての制度にあてはめられるのはきわめておそかったことを想起する必要がある。この世紀になるまでは、政治的ツムジ曲り以外には、全アメリカ人がアメリカ政府をはっきり民主政とよんだわけではない。固有の力としての民主主義と混合政体の一要素としての民主主義との古来のアリストテレス的区別は、建国の父たちによく理解され、民主主義のレトリック化攻勢に耐えて生きながらえた。さらに状況は実態とかけはなれた政党名称のために錯綜してきた。民主党は、つまりは、十九世紀の大部分をとおして、反‐連邦政府党だった。この期間によく使われた言葉は「共和主義」「共和主義者」だった。(それが新党の名として「共和党」にとびつかせた理由だった。)この言葉はまだ真の公民の典型的あり方としての簡素・公民的徳・それに小所有者根性さえをもふくむローマ的響きをうしなってはいなかった。「共和主義」という言葉は、次第に曖昧になるにもかかわらず、「民主主義」の多数者支配の響きからまぬがれた。おそらく、アメリカ本来の民主的社会条件が疑問とされるにおよんでようやく、民主主義という言葉が、一部についてではなく、全枢要部をあらわすようになった。アンドリュウ・カーネギーの一八八六年の『勝ちほこる民主主義』がこの論争的転回点のいい標語となるだろう。アメリカの民主的諸勢力が資本主義の効果のいくつかについて抗議しはじめたときに、カーネギーは、資本主義と民主主義とを組織的に同一化した共和主義の物的成功にほこりかに讃歌を書いたのだった。この二つは別の力ではなかった。同じものだった！　民主主義は、条件の平等ではなく、機会の平等を意味した。民主主義は、自然淘汰、「最適者生存」その他この種の一切によって、最有能者が、物的事象を最高に指令する高みにのぼることを可能にした。しかも、カーネギーにとっては、最上の能才が、イギリスのように政界というムダな回路にではなく、実業界に吸収されることこそ、アメリカ生活の神髄の片鱗であった。こういう人たちは、政治を「たんなる政治」、貴族制的寡頭政の非生産的ヒマツブシとみる。しかし、対照的に、ジェームズ・ブライスのアメリカ政治についての大著は、二年あとに出版されたとき、『アメリカ共和国』というほとんど無意味な表題に慎重にもにげこんだ。ブライスは、その序文に名をあげて、トックヴィルが、その『アメリカ民主主義』で統治の現実体制のではなく、その「理念」の評価に終始したと批判した。しかし、ハロルド・ラスキがトックヴィルもブライスもともにのりこえようところみた一九四九年になれば、『アメリカ民主主義』以外の表題はかんがえられなくなっていた。

だが名前が何であるにしろ、有効な統治不能なほど自分たちの体制があまりにも民主的すぎる——国内面ではともかく、すくなくとも外交問題の大ジャングルについては——とみなすアメリカ人と、まだ民主化がたりない

——大衆民主主義は、憲法の抑制均衡原理・権力分立によって、とくに上院・ときとしては最高裁判所のおかげで、まだ中途で挫折している——とみるアメリカ人との間の論争には決着がつかない。単純・無邪気に民主主義を信奉するアメリカ人著述家のなかまはまだきわめておおい。彼らにとって統治の仕事は、たんに人民の願いを発見することにつきる。「民主主義は」ホームズ判事が嘲弄的にいったとおり、「群衆がのぞんでいるものである。」「ポピュリスト」的直接民主主義は左右両翼にとってアメリカ政治の壮烈・偉大な神話の一つである。たとえば合衆国のほぼ半数の州が、その憲法で人民発案・人民投票・人民罷免を用意している。彼らは、統治の第一の課題は統治であることをわすれている。——それは、ときとしてはアメリカにおいてさえ、不人気を、聡明さをもって、耐えぬかなければならないものなのだ。「職業政治家であって」とチャーチルは、アイゼンハウアー大統領が故上院議員赤狩りのマッカーシーの処置を留保していた頃にワシントン新聞大会にのぞんでいった。「不人気に耐えられないものは役にたたない。」彼らは、人民投票に適合する争点や輿論調査にもられる質問は、あらかじめ骨ぬきにされていることをわすれている。こうした争点や質問は、どの問題にも単一の輿論はありえず、その質問への答は他のあらゆる質問(そのいくつかは相互に両立しないし、そのすべてがそれぞれの観点から他に優先するよう値ぶみされざるをえない。——われわれが、生命は短く・資源は有限な世界にすまうかぎり)との関連で理解されなければならないという意味で、おおくは作為的である。政府だけが、真の社会努力と現実政策とに優先順序を確立できる。民主主義にできるのは、助言と同意だけ、それも間接的で間歇的にだけである。代表者は、政治的人間たらざるをえない。もし、彼らがたんにその直接選挙民だけを代表し、媒介せず・妥協せず・かたときにせよ統治の利益をかんがえないならば、彼らは生きのびることはできるかもしれないが、共和国が生きのびることはありえない。

とはいえ、次第次第にアメリカの著述家たちもまさにこれらを論じだす。「人民による統治」とは、不能事なので、人を誤らせやすい、あるいは統治と政治との一要素になれるだけだ、と。だが、あまりにもしばしば彼らはこうつけくわえる。だから「民主主義」が意味すべきなのは、強い実行力ある政府・責任ある二党制（どうもきわめてこまかい話だが）でさえあり・抑制均衡原理・輿論にたいしてさえも守られるべき国民の自由、等々なのだ、と。この寛大な用法には歴史がなくともさしてさしつかえない。意味は、現実のテコとしても・鏡としても、かわるから。だが、それでは政治的価値の優越がかくされてしまう。それでは、自分も民主的だと称する別の体制についての誤った期待をいだかせてしまう。それは人々に、あまりにもおおくを期待させる――ところが自由な政治には、非現実的理想を幻滅させる危険がつきまとう。たとえばガーナは、われわれ（よきパリサイ人）がおおくの望みをかけたし（ほとんど毎月こうした比較の志願者があらわれるが）、あきらかに「民主的」とはおもえない。それは急速に、従来なら「慈恵的専制政」とよばれたものになりつつある。反対派のおおくは入牢し、したがってあまり効果的でない。以前の植民地体制や低開発地域が民主的であると自己主張するごとに、われわれは、アメリカ流にいえば、それらが全然民主的ではないことをまなぶ。われわれはガッカリし、自由のためにいったい希望があるのかとおもう。だが、ほんとうの悩みは、ガーナが民主政でないことではない。あきらかに民主政ではないからだ。そうではなく、反対派を、批評としてさえも、ゆるさない政府の不寛容のゆえに、それが政治的でさえないことである。そして、体制がどれほど民衆的あるいは民主的であろうと、もし政治的反対派が（どれほど不人気にせよ）許容されないならば、国家は自由だとしても、その住民は隷従するままにとどまるだろう。人は、アメリカ流のリベラルな意味の民主主義を希望できなくとも、そもそも政治を希望しなければならない。同様に、民主主義概念のリベラルな用法は、あまりにもささやかにしか期待をいだかせないことになる。ある種の民主的制度は、アメリカでは発達しすぎているようにみえるとしても、イギリスでは発達しなさすぎていることもある。イギリスは、すでに民主的であるとみなされるからといって、民主的改革が不要なわけではない。だが、イギリス生活が、政治秩序を危殆に瀕せしめない範囲でヨリ民主的な慣行と方法とをかなり大量にとりこめると判断するために、人はわざわざジャコバンやアメリカ人になるにはおよばない。たしかに、アメリカ人の眼からみれば、イギリスの階級的拘束と欺瞞とが国民エネルギーをちぢこまらせる張本人であり、どの政党のにせよ現在の気兼ねいっぱいの経済計画によるよりも、民主的精神の一息によって矯正されるのをまっているようにおもわれる。それに、アメリカ執行部が民主的統制にあまりにも服しすぎているのに反し、イギリスでは執行部にたいする議会的ないし民衆的統制がすくなすぎるというのは、たしかにチンプでさえある真理である。強い統治はもし自由で実行力をもとうとすれば、強い反対派を必要とする。

それで、もし民主主義が全体制の特性としてではなく、自由な統治の一つの要素として、最良に理解されるならば、特定の環境について民主的制度あるいは民主的精神の必要な量の過不足論議がつねに可能となるだろう。またしてもアリストテレスは、近代人のおおむね複雑なだけか純粋にイデオロギー的な著述以上に明快に、政治と民主主義との関係を規定した。最良の統治形態は、彼にとっては政治による支配——「ポリティ」すなわち混合政体であった。そのような統治は、貴族主義的精神と民主的精神とをむすびつけた。いい統治は、経験・技倆・知識の問題であり——たんなる意見の問題ではなく、被治者の同意にしたがうものである。もし、民主的要素が存在しないならば、国家は寡頭政にか専制政にかなるだろう。もし、民主主義だけがはびこれば、結果は無政府状態——大衆煽動者が専制君主となる好機である。したがって民主主義は、固有の統治原理としてではなく、政治的原理、すなわち政治を構成する要素として、評価されるべきものである。思想原理、ある点で平等な人はすべてについて平等であるという信念としての民主主義は、そもそも秩序維持に必要な技倆と判断とをそこなうことになるだろう。協議しつつ政治的秩序を維持する特殊な困難はさておいてとしても。

おそらく、自由な体制において民主的教義による最悪の危険は、アメリカ合衆国におけるように、公式の政治制度一般にではなく、教育制度におこることだろう。不平等な才能の生徒を不平等におしえることは「非民主的」である(したがって悪だ)、という考え方がアメリカ公立高校にはいまなお根ぶかい。この考え方は、きまり文句でいうように、「児童」よりも「臣民」を教えたいという反動的熱望のためにではなく、現行学校制度が国民生活に奉仕し・これを維持するのに十分な才能の人々と専門家とをおくりだしていない憂いがあるという主として政治的理由から、いまや多方面からの自発的かつ猛烈な反撃をうけつつある。この議論にもそれなりの危険がある。だが、すくなくともこの反論は、おおくの人が(つねに誠心誠意をこめて)学校のつとめはたんに「公民精神」(これもはなはだはっきりしない言葉だが)をおしえるばかりでなく、きわめて特殊な形の「民主主義」をもおしえるものと思いこんでいる状況を衝撃する。これはあきらかに、大量移民の時代からの、しかしいまは全然不必要な名残りにすぎない。「教育の正しい目的は」と一政治学教授は書いている、「民主的社会の主要な諸価値を増進し・民主的選好態度を共有しない精神的放浪者群を減少しようとつとめることにある。[15]」いま以上の人々が、教育の正しい目的は教義をうえつけることではなく・教育することだと主張するようになれば、合衆国の政治はいま以上に豊かとなるだろう。自由な体制は、民主主義と権威とにともに席を用意する。公式の政治制度についてなら、人は、民主主義が、権威を排除しないまでも、それを凌駕するのがふつうであるとみる。しかし、おそらく教育については逆であるべきだ。政治的民主主義は、知性の民主主義を含意しない。知性の民主主義は、民主主義をほとんど作動不可能にできる。くりかえす。マルゴトの民主主義はありえない。何にせよそれがふれる活動の一部としてしかありえない。

きわめて簡単にいえばこういうことになる。いかなる政府も、権威も、同意――親衛隊あるいは士官団の同意にかぎられるにせよ――にもとづかないならば、けっして統治も生存もなしえない。だが、近代工業国家の、あるいは工業化をねがう国家の社会環境を前提とすれば、進歩とまでいわずとも、経済的生存のためには、肉体労働者の専門技倆が必要となる。このような社会を統治するには、いかなる政府も一般福祉を目的として統治せざるをえない。これは、これが一般福祉だというある一つの考え方を強制するか、人々が何をそれだとかんがえているかをみつけだし――バラバラな答えをできるだけ調停するかしなければならないことを意味する。ところで、人々に、みずからの政府を論議する真の選択権と、批判し・選択する真の自由とをあたえる以外に、どうして人々がかんがえていることをみつけだせようか。

そこで民主主義は、もしこれにステキな意味を任意にあたえられるとしても――もしわれわれが自由・自由な選択・討論・反対・民衆的統治、これらのすべてを一まとめのものとして尊重するとしても――やはり政治の一形態であり、一国の発展段階と環境との差異に無差別に、つねにのぞましいものなのではない。政治が提供するのは、しばしばわれわれの欲する以下のことでしかない。なぜならわれわれは、さらに、別のことを欲する他の人々からの暴力あるいは暴力の不断の不安なしに、生活したいと欲するのだから。しかし民主主義は、その歴史的・社会学的にもっとも明確な意味において、自由でも・不自由でもありうる近代統治の特性にすぎない。もし工業社会が比類なく力・活動・活力に富む統治を必要とするならば、能動的な同意に基礎をおかなければならないからである。

それで、民主主義の方は政治と共存でき、いまや政治も、民主主義なしではほとんど存在できないものの、なお政治には、人民民主主義の専制政やコンゴの無政府状態におちこみかねない民主主義概念の数多い意味のそれぞれ排他的な主張にたいし、くりかえし、自衛する必要がある。しかし、おそらく何よりも政治に必要なのは、人気のあるレトリックの空漠さに歴史的分析を適用するという最大の不人気に抗しつつ、擁護されることであろう。民主主義は、政治の一つの要素である。もし、それがいっさいであろうとするならば、それは政治を破壊し・「和音をたんなる同音に転化」し「主題をただの一打音に」還元してしまう。

第四章　ナショナリズムにたいする政治の擁護

現代においてナショナリズムは、政治廃棄か政治軽蔑かに人をむかわせるおそらく最強の動機をなす。人間的寛容の情が、自由をもとめる被抑圧人民の闘争に刺激されてふるいたつ。そして、自分たちを一民族であると感じている人々がもし抑圧されるなら外人の手ではなく同一民族の手で抑圧されたいとする時、その民族信念からの解放の説得は不可能だ。われわれのうちもっとも穏健な人々でさえも、民族の蜂起・待ち伏せ・爆破計画・暴動・暗殺行為等のニュースをよむたびに、熱血のたぎるのをおぼえる。しかも、ヒトラーのドイツ・スターリンのロシア・毛沢東の中国にみられるような極端な生活蔑視によりも、ナショナリストのヨリ小規模な非合法と暴力とに共鳴する方がはるかにたやすいことはいうまでもない。今日では、人民の自由の名で国内的暴政に挑戦するのでは不十分のようである。みうけるところ、一民族はつねに——現実の外敵が不在なら——外敵に頤使されているカカシにたいして戦っていなければならない。愛国心ならどんなレッテルをはってもヘキエキする自由な体制のわれわれの多くが、ナショナリズムならどんなしろものにでもコロリといくといえるのは、人間性をつきはなしているからか、人間性にあふれているからか。ナショナリズムのスローガンは、民主主義のスローガン同様に、被治者の利益には有利にも・不利にもはたらく。ナショナリズムは、ある事情の下では、政治的秩序の必要条件となってきたようだが、別の事情の下では、政治による体制をほとんど不可能にしてしまった。

けれども、ナショナリズムの主張は、民主主義以上に、手ごわく・制限がむずかしい。なぜなら、ナショナリズムは四つのかまびすしい声を自由にあやつりつつかたることができるからだ。それは、民主的ナショナリズムそのものと「人民主権」との見事な論理のすべてを頂戴できる。それは、帝国主義的あるいは外敵の抑圧と収奪の、したがって解放者のいかなる行きすぎにも弁解を用意するところの、全記憶を頂戴できる。それは、人種主義の恐怖すべき見事さを頂戴できる。そして最後に、その住民たちは政治による伝統を享受しているのがふつうだが、長期間安定した国家のナショナリズムでさえも、危機の時機には、あまりにもしばしば危機よりも生きのび・すくなくともその国家が他国と交渉する上での深慮をそこないかねない排外熱を頂戴できる。おそらくナショナリズムの主張に最善に対処する道は、それを、全体主義的民主主義の沸騰点から政治的寛容の平熱にまでひきさげるのに十分なほど冷静な懐疑主義でうすめることであろう。

ナショナリズムは、公共問題における力としては、民主主義と同じく、まさに政治そのものと同じく、ふつうみなされている以上に特殊なものである。ある聡明な現代人が最近こう書いた。「ナショナリズムは十九世紀初頭に西欧で発明された教義である。それは、まじりけのない自治を享受するのにふさわしい人口単位をさだめ、その国家における権力の正統行使をさだめ、国際共同体の適切な組織をさだめる基準を提供できると主張する。短かくいえば、この教義は、人類は自然にネイションにわかれ、各ネイションは確証できる一定特性をもち、統治の唯一に正統的な形態は自然な自治である、となす。(16)」おそらくケドウリーが、フランス人の侵入をむかえうち、抵抗諸邦を純化するためにドイツで生起したとみるナショナリズム発明の優先権は、最初の革命軍編制の時代から、フランス人にみとめられていい。しかし、これは、主要な点で傑出したこのような定義にたいするささやかな留保にすぎない。それは、ナショナリズムの主張の二大弱点を一挙についているから傑出している。すなわち、各ネイションを相互識別する客観的特性群の存在と、固有の自治享受に適当な人口単位を判定する何か一つだけの基準の存在を主張する二大弱点を。

注目すべきことに、ネイション単位判定の客観的基準はまだ一つもみいだされていない。困難は、たんに別々のナショナリズムが別々の道——共通の系譜・言葉・慣習や伝統・宗教・地理的近縁——をたどったことではない。たしかに、これらそれぞれも相互に他の全部に矛盾しかねないが、それ以上の困難がある。ネイション単位を自称する現実国家では、これら原則のどの一つも、それだけで他の原則なしですますことはまずありえないからだ。これは統治の理論としてのナショナリズムに最終宣告となる。それは、じつはそれ以外の考慮できめられた方向へはわれわれをうごかすかもしれないが、現実にわれわれがおかれている状況を理解する助けにはなりえない。しかしナショナリストは、それにもかかわらず、たんなる法的宣誓とか居住国土やなじんだ地方制度への当然の誇りとかだけでは満足しない。ナショナリストは愛国主義者以上でありたいとねがう。愛国主義者にとって愛するパトリアすなわち祖国は、ネイションでしかありえない。イギリス・ナショナリズムはなりたたず、ただイングランド人、ウェールス人、スコットランド人、(北)アイルランド人のナショナリズムだけがなりたつ。カナダ・ナショナリズムはなりたちえずイギリス系カナダナショナリズムとフランス系カナダナショナリズムとだけがなりたつ。こうした状態《ステイト》への執着は、じつのところナショナルではない。たんに郷土愛にすぎない。ナショナリストにとってみれば、イギリスもカナダも、ともにせいぜいのところやくざな国家《ステイト》にすぎず、政治による支配の名声たかい例でもまともな例でもない。「愛国者」きどりの急進主義者群やある種の民主主義者群の世代さえもが一七六〇年代と一七七〇年代とにイギリスとアメリカとにあらわれた。これは、祖国とそれと運命をともにする人民とを愛したローマ共和国的自由市民へ比肩する心意気の発露であった。これら愛国者ならば、特定の祖国をつくりあげるには、どれほどおびただしい偶然事が先行するかを認識しただろう。彼らは歴史を、民族史としてではなく、自由な制度の歴史として書いた。彼らなら、統治を判定するのに、誰の統治権を公認するかではなく、功利性の基準をとるだろう。彼らは、特定の忠誓宣言をした市民であるばかりか、世界市民としてみずから高く恃した。学芸の共和国はナショナルな境界を知らなかった。フランス革命派もまずこの古い共和主義的意味でみずからを愛国者とよんだが、たちまちフランス・ナショナリストとなって、模範としていると一人合点していた偉大な共和国には未知の、力と激情とを発明し・創造した。

真に共和主義的な愛国者、すなわち十八世紀にはルソーの――いわば――「集団心理学」の弟子としてよりもロックやモンテスキュウの立憲主義思想の弟子とみなされていた人たちは、正しい法によって統治されているかぎり、どのような人口単位も国家を形成できると信じていた。この見方は、ときによるとほうもなく非歴史的となったかもしれない。しかしこう誤ったからといって、すべての歴史を民族史としてとりあつかう理由にはなりえない。国家をつくる基準がそもそも何か一つだけあるとする理由はない。とすれば、民族をわかつ基準は、せいぜいのところ、その基準が提供する支配類型の実績に応じて個々にあつかわれるべきものだけとなる。

ナショナリズムは政治正義と何の特別関係ももたない。しかしまた不正とも特別関係をもってはいない。ナショナリズムにもっともきわだつことは、けっきょく、それが存在していることである。それは、国家とは何かの客観的基準をなにもさしだせないし――民族とは何かの客観的基準もなんら存在しないが――迫力をもって主観へとうったえかける。「したがって一民族は」とルナンがいった。「過去にささげられた犠牲の意識と将来にささげようとする犠牲への自発性とに基礎をおく偉大な連帯性である。」民族性は民族形成への決意によって形成される。ポーランド人・ドイツ人・ハンガリア人・アイルランド人・アメリカ人・ペルー人・アルジェリア人・ガーナ人・マライ人であるという意識は、説得しても解消できるしろものではない。――わずかに、その感激を共有しない人々までをも強制する客観的基準を発明しようとゆきすぎないよう、説得できるだけである。

近代ナショナリズムは、あきらかにある需要をみたす。それは別のかたちでみたせもしただろう。しかし、「公衆を擁護できる唯一の基準」は、新しい同民族支配者が昔の異民族支配者にくらべて「腐敗や貪欲の程度がヨリすくないか、ヨリ正義を守り・ヨリ慈愛ぶかい」とか、たんに同様に悪いかだけだというのでは十分でない。[17] 彼らはまさに前と同様に悪いかもしれない。しかし彼らは以前の体制の失敗から擡頭してきたのであった。これはけっしてわすれてはならない。彼らは、すくなくとも公共秩序を強制できる。――以前の体制なら、しばしば不可能だったが。トックヴィルが一八三〇年代のフランス保守主義者に民主主義を説明したように、ナショナリズムは新しい状況をつくりだした、問題は、これもいかにみごとに優雅に嘆くかではなく、それが政治化されるよう共働することだ、といったナショナリズムの解説者たちを想起する必要がある。[18] ナショナリストにたいし、君たちが政治の方法と価値とを破壊するのは、ナショナリズムをある先入観で固定しているからだ、と説得することはただしい。しかし、時流をおしかえすことはできないから、たんに今様アウグスチヌスよろしく「バビロンの流堤に腰をおろし、バビロンの河の流れに、このためにとおくながされてゆく人々や・その運命がバビロンへと幽囚した人々に思いをはせて涙する」のでは、さして人の心をうつこともなく、政治的でもない。

近代ナショナリズムは、フランス革命の所産である。その機能は、封建制の崩壊とともについえさったかつての公共秩序がもった帰属感にかえて、人心に投ずる代用物を提供することにあった。フランス革命は、建設もしたが、破壊もした。おおくの人々は時流のままにただよい、ときとしては以前よりも敬意をこめて待遇されもしたが、根なし草であり、どこに身を落着けるのか途方にくれていた。ナショナリズムは、一定地域の人々に、君たちの血は水よりも濃い、とかたった。国民皆兵制はヨーロッパの残りの国にも採用され、敗北してさえも市民軍は、第一に信頼できること、第二に、傭兵からはまるで不可能な敢為と犠牲とをもとめられることを立証した。ナショナリズムは、フランス革命の普遍主義の廃墟から生起した。民主主義が、権力と信念とにおいてその力をあかししながらも、統治体制としてはみじめにも蹉跌したとき、ナポレオン的ナショナリズムが登場したのだった。これはまた、イタリーにおいてのように、フランスの敵の弱体化をめざす運動として始まった結果であるばあい、他のナショナリズムを鼓舞したり・うみだした。つまりナショナリズムは、まず既成国家内部でそれまでえられなかった統一性と目的の力とをあたえるようにはたらいた。——しかも、政治がともなうはずのノロマさもマゴツキもなしに。

このナショナリズムは、たんに戦争と政治とで競いあうばかりではない。十八世紀には、フランスの言葉と文化とはヨーロッパ中の教養人の手本であり・紐帯であった。だが、十九世紀初頭になると、その実際の内容は、海外では無視されてきた。うらやましがられたのは、言葉・文化・国家の有機的関係という観念だった。おおくの国にとっての大望は、支配単位と一致するか・これを規定するような言葉と文化とをもつことであった。もし、このようなトリアーデのうち二つだけしかないならば、第三の要素がつくりだされなければならなかった。それで、あるばあいには、ドイツのように、歴史家が「真の民族領界」を発明した。別のばあいには、アイルランドのように、言語学者が死滅しかかった言葉を復活させた。(ところで、発明と作為的蘇生との区別はしばしば極度に微妙である。バルカンの言語学者ならどこでも、自国の後進的農民と同じ話し方をする必要を教養ある人士に納得させるのに、小銃をもちださなければすまないとさとるにいたった。)

十八世紀のヨーロッパの支配者たちは、——西欧中世の教会や教養階級のような——一種国際的な社会を目のあたりにして生きていた。支配階級は、同国の臣下ふぜいとよりも、他国の支配階級と、ヨリ共有するものがおおかった。しかし十九世紀の半ばになるまでにマルクスは、労働者階級が真の国際主義者であり、ナショナリズムはブルジョワ的イデオロギーの一部にすぎないと論じることができた。マルクスがこれ以上に誤ったこともめったにない。ナショナリズムは社会のあらゆる水準できわめて人気と力とをもつ観念であることがはっきりしたため、今日の共産主義者はいたるところで、その廃棄を予言するよりは、その驥尾にふして濶歩している。——ただ、共産主義者が圧倒的な権力を掌握し、固有の土俵でナショナリズムを粉砕できるか・これを民族舞踏や民俗曲芸におしこめることができるところは例外だが。

つまりナショナリズムは、フランス革命と、いわば専権正統性の二重の失敗と——フランス革命に先行するものと・一八三二年と一八四八年の頃までこれに後続するものと——がともに残した真空にそそぎこまれた権威の体制を代表した。一八一五年憲法は、一七八九年以前に、民主的・民族的情熱が断乎登場する以前にさかえていた権力体制への復帰をねらった。二つの情熱を無視しようとする試み、たんに保守的なばかりか・文字どおり反動的な試みの結果、両者の同一化がつよめられた。これ以来、おおくの人にとって自由とは、民族自決獲得を意味するにいたった。抑圧された人々は、その解決を、十八世紀の反政府派のように、正しい憲法をかちとることとはみず、民族国家をかちとることだと感じた。しかも、抑圧されていない人々でさえ、一民族であることをゆるされない公然の侮辱がすすがれるまでは、その安楽を断念しようとふるいたった。「われわれは自由をもとめた」とマッチーニは書いた。「目的としてではなく、それによってヨリ高い・ヨリ積極的な目的を達成する手段として……われわれは一つの民族のいしずえをきずき、一つの人民を創造することを求めた。」

一九一九年のヴェルサイユ会議で、民族自決原則が、勝利した連合国によってゆきすぎにまでおしすすめられたことについてはおおくのことが書かれてきた。オーストリア＝ハンガリア連合帝国の解体は、しばしば、中欧および南東欧を無政府状態と無力とにおいやった遺憾な愚行とみられている。けれども、当時どういう代案があったかを理解するのはむずかしい。ウッドロウ・ウィルソンがナショナリズムをもちこんだのではない。――彼がヴェルサイユにもちこんだのは、アメリカとイギリスとの歴史から抽出された、民族国家は自由な国家である、(ところが事実は、アメリカはナショナリズムを経験するはるか以前から自由な国家であった)という参戦国の楽観主義だった。一九一四年までに打撃はくわえられていた。戦時をつうじて民族主義精神をヨリ寛容にできたような事件は何もおこらなかった。それどころか、アベコベだった。――そして、おそらくそれが一九一九年までに希望できる唯一のことだったろう。ナショナリズムでむずかしいのは、それが実際のところ、まるきり主観的な理論でも・マッカなウソでもない点にある。もし共通な支配下の、明白にくぎられた領域内部にあるさまざまな人々が突如として、南北戦時下・戦後の合衆国でのように、自分たちを共通ネイションと意識しても、なにも大きい実害はおこらない。しかし、いったん言葉か・宗教か・人種かの基準がうけいれられるならば、この基準に適合しはするが・まさに国境の彼方にすむ人々――在外ドイツ人の大問題――を囲いの内へとつれこまざるをえなくなる。

さて、もしもたとえば、人種資格ではナショナリスト試験に合格し・宗教資格では落第した一団が地理上の資格では合格したにもかかわらず、実際に合流するまでまてないとすれば、どうなるだろうか。「アイルランドを全島にわたって自由にしよう」とシャン・ファン・フォホト紙はいった。一九五七年にカトリック青年十四人の解放「班」が越境して、プロテスタント・北アイルランドの一警察署をおそった。――結果は、彼らにとっては――手ひどくブザマだった。その一人のための大葬列の後についてダブリンの街々ではパンフレットがうられていた。「赤毛をいただく彼のスラリとした・しまった身体と、闘いの開始とともにのばし・アイルランドが自由となる日まではそるまいと誓ったヒゲとが、いま彼について同志がいだくおもかげなのだ。北アイルランド出身の同胞よ、アイルランド語をまなぶ機会を奪われている人々よ、彼にはどの命令も、まず古代アイルランド語であたえられ、しかる後に便宜上翻訳されたことを銘記せよ。」このお話、ある見地からはオソマツな座興の要点は、たんにこの狂気のワカモノが言語理論の殉教者だったことではなく、まったく単純に、どう表現しようと、彼が人殺しだったということだ。

なぜ、その祖国を誇りとし、これを一民族とおもってはならないのか？——「誇り高い男は愛すべき男」とある詩人もいう。だが、なぜ、ある島(一定規模の？)やある広野・ある谿谷・いくつかの川にかこまれたある地域が、その大半部分の住民たちは別々の忠誠観念の下で自治をいとなんでいるかもしれないのに、必然的に、一民族国家をつくる、と考えなければならないのか？　そこに、民族言語がただ一つしか存在してはならないと考えるべきではあるまいに。(ただ一つの民族言語では、自分たちを一民族に属すると感じている人々でさえも、その大部分ないし多くにとっての日常用語とはなりえまい。)もし、ナショナリズムが意思の・意識の問題であり、客観的・合理的基準の問題ではないなら、そのままにまかせよう。一地域内にさまざまな民族感情があるならば、なぜ、それぞれ平等に重い、とみなされてはならないのか？　もし地域分割でも——言語地域のように——有効なら、それを実行するがよい。不正がおきるのは、そのような地域の多数派が、支配者のために、権力か詐欺かによって政治的統一組織結成をさまたげられるときにかぎられる。しかし、このような多数派が、さらに少数派の民族宗教や民族言語制度を攻撃し・破壊するならば、同様に大きな不正が生じることになる。

ナショナリズムは、前にいったが、四つのかまびすしい声でもってかたる。民主的ナショナリズム・人民主権の神話は、少数派にとってもっとも不寛容となりうるものであり、民族統治を衆望による統治と混同するところにはびこり、二つの杖を――両極端が牛耳るままに――もちいて、分裂した人民を一体性にまでうちまとめようとする。いま〔一九六三年〕からわずか三年前にセイロン政府は、その言語の弾圧をねらって、タミール少数民族内部に対政府不服従運動をそそのかした。セイロンは一つのネイションであるべきだ、と。一九六一年四月二十六日に、非常事態宣言を正当化するために時の首相はいった、「このような時機には、われわれは政治的・宗教的相違をかなぐりすてなければならない。これは、各人にとって、ネイションと人民との敵にたいし、一体となるべき時なのだ。」ここにナショナリズムの最低のレトリックがある。首相バンダラナイケ夫人は、ナショナルな一体性のために政治を抛棄すべきであり、政治運動をのぞむものは人民の敵だという。この分類範疇はジャコバン派のおそるべき発明であり、まだぬくぬくとはびこっている。「人民の敵」はいっさい市民権をうしない、文字どおり法外者であり――正義の彼方になげすてられる。そこから、いっさいの人権をうしなうまでは、ほんの一歩にすぎない。すすんで・よろこんでネイションと人民との二つながらに敵となれるのはいったいどんな種類の人間なのだろう。答えはもちろんあっさりと、――政治人だけなのだ。一九六一年五月三日のタイムズ紙は、上院議員S・ナデサン、卓越したタミール指導者がこういったとつたえている。「セイロンが直面している問題の真の解決は、武力に訴えることではみいだされえないでしょう。もし、セイロンが前進を欲するなら、言語問題が政治的に解決されなければなりません。」この事例の真相が何であるにせよ、これは何が政治であり・何が政治でないかをまざまざとてらしだす。――さらに私は、このようなばあいには、誰にも、政治的解決をよしとするのにたんなる偏見以上のものがあることをみとめることができるとおもう。タミール人は、ユダヤ人と同じく、彼らがそれでありえないか・あるいはそれであることをねがってもゆるされないことのかどで、処罰されようとしているのだ。

異民族による抑圧と搾取とは、おおくのばあい、民族主義をおさえつけるよりも、むしろつくりだす。新興アフリカ諸国の過半は、どういう基準をとっても、「客観的な民族性」らしいものをもちあわせていない。――抑圧とたまたま異民族支配の行政地域となった事情との重合をのぞいては。「新しいナショナリズム」はヨーロッパの支配以前にさかのぼるどの歴史にもまず共通基盤をもとめられない。ナショナリズムは、ヨーロッパから産業主義と同じく口うつしにおしえられて、異邦人からの脱却という消極的大望に積極的性質をあたえることになった。この大望はまったく正しいし、あるばあいには、ハバひろくさえあるある種の民主的路線にそった政治代表制要求の当然の副産物であった。被抑圧者の共同意識が凝集して情熱の共同体をつくりだす。いま唯一の問題は、過去は過去として、ひとたび異民族がさったあかつきに、この凝集が多様性を寛容するか、なのである。あまりにもしばしば、解放運動においては美徳だった規律・一体性・忠誠・暴力の習慣が、新生政府の悪徳となる。連帯性が(永遠に)じつに自己目的になってしまう。帝国主義にたいする闘争は、帝国主義者がさったずっと後まで、継続されなければならない。なぜなら、外敵の存在だけが、支配政党に永久政権の希望を可能にする一体性をつくりだすからだ。統治の全領域にわたって、これはネイションなのだと納得させなければならない。――たとえ以前の異民族統治権力がふるったのと同程度の中央権威で統治されているとしても。そしてこの新権力はつねに待機し・活動的でなければならない。畏怖と服従とをえるためにひきだせる海外予備資産をもたないからだ。政治代表制への要求が「民族解放」の絶対的主張に先立つところでは、占領権力は統一政治制度をつくる余裕をもつほど賢明でもありえた。もしこれが、ナイジェリアのように、適切な時機になされれば、自由な政治は、政府の変更によってつよめられよう。ガーナやケニアのように手遅れならば、結果はうたがわしい。――政治表現を否認されれば暴力にうったえる人々の習慣の方が政治的叡智よりもつよく、わずかにせよ存在していた政治を働かして「妥協をこととしていた」人々の習慣よりも大衆の心にヨリくいこむだろうから。だが、もし政治制度が、コンゴのように、全然つくられないならば、結果は無政府状態となるだろう。占領権力の撤退は、宗教的・人種的・部族的・地域的不統一をあらわにするだろう。これに秩序をもたらすのは、実在する政治的装置だけである。もしこれに失敗すれば、中央集権的民族イデオロギーにたよらなければならない。――国民軍に援護されつつ説教するところの。だから、政治がすぐさま可能とはならない環境もあるかもしれないが、共同体があまりにも一心同体となるあまり、政治が望まれもしなくなるような環境は、その共同体が本心を自由にかたることができるかぎり、ありえない。

人種主義は、かならずしもナショナリズムとむすびつくとはかぎらない。両者はじつはタテマエの上では対立する。人種主義は肉体の神話であり、その表現様式は擬似科学的である。ナショナリズムは精神の神話であり、その表現様式は文化的かつ歴史的である。それは、合衆国のように、黒人がその全習性と全身の渇望とにおいてまぎれもなく「アメリカ人」であるところ、あるいは、ドイツのように、ユダヤ人社会が、十九世紀半ばからナチがそれを不可能にするまで一貫して、戦時にも・平時にも、りっぱな・熱心でさえあるナショナリストとなるところでは、ネイションを分裂することもある。人種的思考と階級的思考とは、歴史の唯一のカギと人間の条件の全欠陥救済構想とをにぎっていると主張する二大方策なのである。人種主義は、マルクス主義同様に、まさにナショナリズムの道づれか・その寄生虫であり、その前提となるものではありはしない。人種主義理論は、ある型のナショナリストには有用とみえるだろうし・彼はそれをいともやすやすと利用するだろうし・彼の目には区別がみえさえしないかもしれない。彼は深淵から悪霊をよびおこし、それからのがれられなくなるだろう。人種主義は、倒錯したナショナリズムの特性をもつ。真のナショナリストなら、逆に、諸民族の平等を信ずるはずである。マッチーニはどの人民もネイション国家を形成する権利をもち、いかなる民族も他民族を抑圧してはならない義務をおう、といいた。このようにナショナリズムは、厳密にいえば、イデオロギーではない。すべての歴史は民族史であるが、どの民族史もそれぞれに比類がない。民族生活の究極・真実な唯一の型はありえない。あるのは、最悪のばあいでも、並びたつ民族的偶像神である。しかし、政治活動を過小評価し・空洞化するならば、公私の区別を廃棄し、あらゆる行為がナショナルな行為であるべきだ、というかたちでイデオロギー思考へとかたむいてゆく。何ごとをなすにも、ナショナルなやり方があり、何ごともナショナルなやり方でのみなされるべきだということになる。人種主義は、一民族にそれをたんに平等者中の一者・あるいは同輩中の第一人者でさえもなく、最優秀犬・雑種にぬきんでる純血の王者にするイデオロギーをたっぷりと提供できる。人種主義は、一民族に、世界史においてはたすべき独特の役割、他の人種や民族に冠絶する優越性を主張できるといった擬似科学をあたえることができる。さらに、民族間の同盟結成にもちいることもできる。英米同盟にあらわれたアングロ・サクソン人種主義や十九世紀後期のドイツ歴史学著作のように。あるいは血統・名跡・遺産継承をとくアラブ・ナショナリズムのように(統一への他の訴えよりも虚構が目立つ程度はすくない)、または白人人種主義に対抗してアフリカの一部に擡頭するかにみえる黒人人種主義のように。もし、一民族がその自然上の境界とおもうものからふみだしたり、その主権下の住民の大多数に民族としての地位と市民権を頭から否認しようとするならば、ナショナリズムの理論範疇をこえた正当化を必要とすることになる。すべての民族は独立国をつくる平等な権利をもつとすれば、領土拡張の余地はほとんど残らない。そこで人種主義は、一民族が他民族を抑圧する屈強な理論となる。民族主義の時代以前には、帝国すなわちイムペリウム、一統治単位内部で異なった人々を支配する体制は、正当化されるのに宗教的根拠——帝王は神から統治の義務をおう——によるか、あるいはたんに功利性の根拠――帝国が強制するのは公正な法と秩序である――によった。だがナショナリズムがこれら服従根拠を二つながら破壊した後には、人種主義だけが一人民の他にたいする自然の優越性をおしつけることができた。帝国主義は、帝国形成のナショナルな形式である。もし、経済的動機が帝国主義へとむかいつつも人種差別の正当化からきっぱり絶縁できたならば、世界はもっとすみよかったことだろう。だが、現実はそうなってはいない。

長期間安定した国のナショナリズムは、あたらしいナショナリズムの危険のいくつかをまぬがれている。イギリス、合衆国、オランダ、スイス、スエーデンは、すべてナショナリズムの擡頭以前、まさに新興国に特有に困難な政治風土をつくりだした人種主義以前、産業主義以前に、堅固な法的・愛国主義的基盤をもつ地域単位をつくりあげていた。すでに国家となっていたから、ナショナリズムによって統一をつくりだす必要がなかった。――たしかにナショナリズムが登場したばあいにも、国内的には愛国主義とまるで見分けがつかなかった。ドイツ帝国主義がドイツ自由主義の成長をしめつけてカタワにしたようなやり方で、イギリス帝国主義が既成の国内政治制度を本気で加害したのはたった一度にすぎない。イギリスのナショナリズムは、実在する経験の総括にすぎず、革命的な力ではなかった。このネイションは支配単位で規定された。なぜなら、ウェールス人・スコットランド人・それに一部アイルランド人をふくんでいたからである。ネイションによって国家が規定されたのではなかった。もちろん、アイルランドは大きな・恐るべき例外ではあった。それは、じつのところ力で圧倒された被征服地域であり、一八〇〇年のアイルランド議会の廃止によって政治の方法がまず抛棄され、ついで公共生活からのカトリック信徒シメダシによってお笑草になり下ったのであった。アイルランドは、おおくの点で近代民族主義の実験場であった。一八四八年以前の古いナショナリスト理論の継承者であり、植民地終焉期の新しいナショナリスト行動の先取者であった。簡単にいえば、それは征服され――こうして統一された――植民地の事例と他民族の国家領域にとりこまれ・抑圧された少数民族の事例との中間にあった。イギリスの政治にたいする一大脅威は、アイルランド問題について一九一三年と一九一四年におきた。保守党反対派がたんにアイルランドの騒擾に媚態をしめしたばかりか、士官たちがプロテスタンティズムを奉ずるアルスター州への「自治法」強制を拒否すると声明し、カレの反乱に際しては、軍隊がその義務遂行をサボるよう誘導するのに力をかしさえしたのだった。このとき、イギリスは内戦寸前であった。カトリック・アイルランドのナショナリズムが突如、つかの間とはいえ同様に不屈なイギリス保守主義の、この時点では文字どおり疑問の余地なく非愛国的なナショナリズムに面とむかいあったのだった。

アメリカ・ナショナリズムも、やはりおそく成長した。革命十三州をたんなる会議体から連邦に発展させた偉大なる政治手腕の成長よりもはるかにおそい。独立のはじめっからこの統一体は、言語・宗教・系譜の独特の共通性などには依存しなかった。これらはすべて、派生物であり・無秩序であり・雑種であることが、アメリカではあまりにも明瞭だった。ナショナルな一体感のよりどころは、憲法そのものと独立宣言の政治原理にもとめられた。それは、政治制度の同意されたセットによって統治されるという、圧倒的に政治的な協約であった。政治そのものがアメリカの国民的統一の基礎となった。文明的ナショナリズムがおこったのは、なお生存している人々の記憶の中にだけだった。ながいことアメリカ共和国の生活には民族性さえかけていた。ナショナリズムは、この政治的協約が奴隷問題をめぐって崩壊したときにはじめておこった。このときでさえそれは合衆国ナショナリズムであった。合衆国は正確には「国家」ではない。（十九世紀をつうじて旅行者たちは、ヤンキー愛国主義の獰猛さについて、しかしまたその「国家感」の「欠如」について書きとめている。）合衆国は維持され、自由な国家は自らを防衛できることを立証した。そしてこのナショナリズムは、高度に多元的な国家における主権権力の行使正当化のためにおこったのであるが、実際には人種主義と戦ったのであった。もし、南部諸州の反逆が成功していれば、人種主義の門徒たちはゴビノーやヒューストン・スチュアート・チェンバレンの体系化された狂気の交響曲よりも、南北戦争前に南部大学教授たちからあふれだした不協和音にききいることになったろう。

カナダでは、ナショナリズムがナショナルな統一の必然的前提ではないということがますますはっきりする。一八六七年の統一運動への動機は、軍事的かつ経済的だった。アメリカの膨脹主義という現実の恐怖があり、もし巨大な隣国に全面的に依存したくないならば、バラバラの植民地間に大陸横断鉄道の合同事業をおこして貿易拡大をはかる現実の必要があった。統一運動の成功は、バラバラな植民地・属領にすでに政治制度や習慣が存在していた成果であった。それは、いくつかのあらっぽい――ただしけっして革命的ではない――挿話の後に、世界中でもっともガンコ・もっとも排他的なナショナリズムの一つであるケベックのフランス系カナダ・ナショナリズムさえも包含できた。だが、フランス系カナダはきわめて偉大な政治的人間群をもっていた。サー・ウィルフリッド・ローリエは、その仲間のフランス系カナダ人に単純な政治真理をかたった。たとえば一八七七年に「諸君は全カトリック教徒を、共通の宗教以外に何らの紐帯も・何らの基盤もなしに、一つの党に組織したいとおっしゃる。だがこういうことをおかんがえにはならないか。まさにこの事実によって、諸君は、プロテスタント人口をも独立の党として組織したのであり、そうなれば、いまカナダ全住民の異なった要素間にゆきわたっている平和と調和とのかわりに、戦争へ、宗教戦争へ、もっともおそろしい戦争へと門戸をあけはなつようになることを。」

こんにち、単一のカナダ・ナショナリズムの必要をとく人々は、たんに愛国主義、(事実上二大民族をかかえている)祖国への愛情を意味しているか、さもなければ、不必要でバカげた仕事にたずさわっているわけだ。――バカげているのは、それがたんに一種の負けずぎらいであり、よそではすでに危険な威信をおびるナショナリズムにたいし「たんなる政治」を防衛するうえで無用であり、現実環境を異民族支配の理論で説明するあやまった判断だからである。

危機の時機にのみ、政治によって成長した古いネイションヨン国家は政治抛棄を必要とする。これは、明白・現在の危険に直面しつつなんとか自己維持をはかる国家の基本的必要以上ではあるまい。だが、これがナショナリズムの名によってなされるならば、このような激情は危機をこえて生きのびる危険がある。異邦人への憎悪は、ナショナリズムなしでも存在できる。しかし、ナショナリズムをともなえば、異人嫌いはりっぱな理論となって、正常な政治叡智を荘重にゆがめてしまう。戦争目的がどれほど冷徹に限定されてのべられたとしても、闘争の性格はナショナリスティックとなりやすい。そうなれば、闘争は、敵のある行為やある政策にむけられるのではなく、敵の人民そのものにむけられる。その結果、平和条約はさっぱり名に即さず、政治的平和よりも民族的復讐の道具にふさわしい。ヴェルサイユ条約がヨーロッパに平和をもたらしえなかったのは、ある人々が論ずるように、自立するには弱すぎるネイション国家をつくりすぎたからではなく、フランスとイギリスとのナショナリズムが経済賠償によってドイツ人をひどく罰したあまりに、ドイツ内に政治的不安定を保証してしまったからである。復讐の政治なら政治ではない。復讐は、もはや過去となった苦しみを現在からとりのけようとむなしくこころみつつ未来をのぞむムコウミズなのだ。ナショナリズムが、連合国にほんらいの国益にそむいて行動させた。ドイツを、罰せられるべき罪ある人民としてあつかったため、連合国が確実にしたことは、すくなくとも、全ドイツ人がヴェルサイユ条約が破棄されるまでは民族的誇りをうばわれていると感じる屈辱だった。ナショナリストは全体主義者とことなって、被征服国を完全にのっとり・粉砕し・全面的に再建しようとはしない。——これもマキァヴェリがみたとおり、一つの解決ではある。しかし、ナショナリストはあまりにも激情にかられているために、被征服国からキバをぬき・あとソッとしておくだけですまず、その急所をふみつけ・心臓を裂き・その存在そのものを侮辱し・つぎの世代が復讐にたちあがるタネをみずからまくことになる。ヴェルサイユ条約を非難するのは、もちろん、その破棄をもとめた人の動機をだれかれなしに容認することではない。——その中にはドイツではナチが、イギリスでは宥和論者がいた。また、ナショナリズムは、一九一九年にはそのほんらいの国益にそわなかったと論じても、ドイツがナショナルな道徳の伝統的境界以上に戦争をおしすすめたこと——Uボートの無制限作戦やポーランドにドイツ人を植民し・ポーランド人をずっと東方に「おきなおす」計画でもって——を否定するものではない。だが、権力をもつものは責任をおう。そして、政治権力とは権力の拘束なのである。ドイツ軍は、ドイツ民族がではないが、敗北した。連合国は、平和を命令する権力と権利とをあわせもった。だが、永続するような平和をつくりだすという、ヨリ大きな責任をもおった。「それは法律家が、私に、してもよいということではない。」とバークはさけんだ。「そうではなく、人間性と理性と正義とが、私になすべしとつげるものなのだ。政治的行為は、寛大であるからといって、ヨリ悪くなるであろうか。」

それればかりではない。一九四四年と一九四五年のドイツにたいする無条件降伏の要求が、戦争を残酷にもながびかせ・再建をヨリ困難にし・またしてもまともな政治感覚を一時的になげすてたナショナリズムの所産であった、とおもわずにいるのはムリなのだ。たしかに、この要求は、全体主義者の敵と同程度に絶望的な論理によっていたようだ。これは、ほんもののドイツ人なら全員がナチだ、というういいかげんな全体主義のスローガンにもとづく報復への耽溺であり、政治家のなすべきことではなかった。このコロシ文句にもかかわらず——それは成長しつつあったドイツ内部の反対派に打撃をあたえるのには十分だった——もしヒトラーのタテとなったテーブルがあれほどケタはずれて厚くなく、シュタウフェンベルグ大佐のしかけた爆弾がヒトラーをころしていたならば、米英がすくなくとも「無条件降伏」という非政治的前提をうすめるために何らかの政治的条件をみとめたであろうことは想像にかたくない。だが、ヴァンシタット卿以上にゴリッパな多くの人たちがいて、われわれに逆の想像をさせようとやっきになる。たとえば、当代のうるさい論争書の一つ、クィンティン・ホッグの『左翼《レフト》はけっして正しく《ライト》なかった』(一九四五年)をとりあげてみよう。彼は一九四四年の下院演説から二つの文節を対照させた。まるで、公平な人間なら第一の引用文の野蛮な理想主義とくらべて、第二の引用文の醒めた常識の価値を理解するはずだ、というように。彼は、まずアヌーリン・ベヴァンを引用した。「全ドイツ人を特別ちがった人種とみるかわりに、ドイツ人大衆をわれわれとまったく同じくナチ体制の犠牲として、戦争が終ったならばわれわれとほぼ同じやり方ではたらきたいと願う人々としてみようではないか。」これはいささかゆきすぎたかもしれない。しかし、ついでこのすばらしく浅薄な御仁は、のどを鳴らさんばかりにサー・アンソニー・イーデンを引用する。「われわれが将来の計画をさだめる上でわすれてはならない本質的要因は、ドイツ人の性格には、国家の不動の権威がもっともきくということだ。……このことをはっきりつかまないならば、ナチの教義があんなにやすやすとおおいかぶさった基礎を理解できない。それが平均的ドイツ人にうけいれられたのは、平均的ドイツ人が二百年以上にもわたっていだいてきた信念を、攻撃的形式で表現したからだ。」ここには、戯文にみえることなしに解説不能な過度の悲劇的単純化がある。だがもちろん、これはさいわいなことに、戦時ナショナリズムに面した多様性という政治感覚の全面的崩壊の例ではなく、この政治感覚にくわえられた部分的危害の例にすぎなかった。政治的習性は――勝利とともに――「ドイツ問題」がみせかけの単純さをうしない、全ドイツ人が絶対的におたがいウリ二つとはかぎらないために、あらためて自己を主張しはじめた。

このように、ナショナリズムは、政治的であるかもしれないし・ないかもしれない。それは、自由な統治に特有の、おそらく克服不可能ではない危険を数多くつきつける。ジョン・スチュアート・ミルのナショナリズム観にくわえられたアクトン卿の有名な批評がある。「一般に」とアクトンはミルを引用した。「統治の境界が主要な点で民族の境界と一致すべきなのが、自由な制度の必要条件である。」アクトンは、これを無価値な理想であり、一般原則としても無効だとかんがえた。だが、ミルはまたこう書いた。「民族感情が何らかの力をもって存在しているところは」民族統治をつくりだすのに「一見ふさわしいばあい」である、と。また――さらに――「さまざまな民族から構成される国家では、自由な制度はほとんど不可能である。」ミルが問題にしたのは、民族性あるいは愛国心についての昔気質のホイッグ的見識以上のものであった。しかし、彼は、現象を認識していたのであり、これを是認したのではなかった。彼のネイション国家認識は、実用的・状況的であり、ナショナリスティックではなく・原理の問題としない。それで、アクトンの有名なきり返しは、はたしてきり返しになっているとしても、どうもマトをそれている。「もし、われわれが自由の確立を……市民社会の目的とするならば、イギリス帝国やオーストリア帝国のように、さまざまに異なった民族を抑圧することなく包含する国家こそ実質においてもっとも完全なものと結論せざるをえない。……種々の民族を満足させられない国家は、みずからを呪うものである。諸民族の特性を抹殺し・これを併呑し・あるいは放逐しようとつとめる国家は、みずからの生命力をからしつくす。諸民族を包含しない国家は、自治の主要な基底を欠く。」ミルの批判者がこのアクトンの断章を全部ひくことはめったにない。なぜなら、おわりの二つの文章は、アクトン自身、ナショナリズムの力を「自治の主要な基底」とみていたこと、ただ彼は実質において地方自治をみとめるオーストリア連邦制やイギリス帝国制といった型をのぞんだことをあきらかにするからだ。彼があげた二つの例は、彼の理想を例示するとしても、国家形成の典型例とはなりにくい。したがって論議は、民族主義・対・政治的自由ではけっしてなかったし、またけっしてありえない。問題は、むしろ、圧倒的に民族主義的な背景のもとで、政治を維持することなのだ。

ナショナリスト、あるいはむしろその追随者は、民族的自由と政治的自由とは両立できると証明しなければならない。だが実際には、革命者の正義の時期は永久にはつづかないこと、ナショナリズムは、一たびはネイションン国家こそ個人の自由がのびのびと発揮できる最良の基盤だと主張したことを、ナショナリズム追随者に想起させる必要の方がヨリ多い。これは、まだ立証を必要とする主張なのだから。全世界をとおしてみても、答えは微妙に不定である。反証された事例もしばしばだった。たとえばイスラエルは、もっとも激越なナショナリズムによって構想され・暴力をもって底礎され・恐怖の中に生活しているが、それでもみうけるところ、自由な政治を維持している。ところがガーナは、その誕生が、難産であったとはいえ、イスラエルにくらべればずっと楽で、誰からもおびやかされてはいないのに、それでもみうけるところ、自由をうしなうか・破壊するかの危機に瀕している。何故か？ おそらく、このような二つの歴史と事情との間の広大・明白な差異をすべてみとめても、なおのこる単純な事実がある。つまり、一方の国には政治的自由と民族的主体性とをあわせ維持したい意思がヨリ大きいということだ。おそらく、もっとも強暴な抑圧を底の底までしった人々こそ、個人の自由にあこがれ・これに献身するようにおもわれる。これに反し、わずかに軽蔑と不正とだけをしった人々は、民族的復讐と民族的威信への願望にかまけて、自由を過小評価するようにおもわれる。パドレイグ・パースの、自分は異民族支配の下で自由人であるよりは、自由なアイルランドで囚人となりたいといったホラ話は、あまりにもしばしばほんとうになっている。

第4章　ナショナリズムにたいする政治の擁護

パーネルが道をおりてきて、
喝采をおくる男にいった、
「アイルランドは自由となろう、
それでもお前はやっぱり石屋だ。」

第五章　工学主義にたいする政治の擁護

確実さを価いかまわずに望むのは、政治にとってははなはだ危険である。確実さの観念は、きわめて抽象的・一般的にみえるものの、強力であり、おおくの単純な信念とおおくの精緻な教義との、強く・深い根底をなしている。これまで、われわれは、現実にある・あるいはありそうな支配類型事例をかんがえてきた。これらは、政治による支配にかわる望ましい代案ではなかったとしても、すくなくともさまざまな度合で具体的な行動指針を提供してきた。だが、これらすべてに共通なものがある。それは自由な体制にさえも認められる高度に抽象的な一組の観念であり、きわだって近代的で、一見不可避で、社会を政治的に秩序づける方法へのいかなる信頼をも根こそぎにできる力をもっている。このような観念は、すべてあまりにもあきらかに特定集団群の利益をめざすものであろう。――この集団群が他集団におしつけたがるのは彼ら自身の確実さなのである。しかし、これら観念の追求は極度に洗練された無関心による。理由は単純だ。人々がそれを真理とみなすから。――「これは真理にちがいない。だってわが全近代世界は――そうじゃないのか？　――科学の上に築かれているからだ。」

本章は、「科学にたいする政治の擁護」あるいは「管理にたいする……」と題してもほぼ変りはなかったろう。「科学」「工学」「管理」は、これら活動に現に従事する大部分の人々から、政治にかならずしも反感をもたないものと理解されている。だが、おおくの人にとって、これらは関連しあうコトバであり、彼らの想像によれば、政治における確実さの不足と妥協の放埒とから、人類を救済できる思考様式を一団となってつくるもの、とみえる。この信念は、おおくのばあい、科学・工学・管理といった活動の現実内容に驚くべく無知であるままに抱かれるようだが、それにはおかまいなしに影響力も説得力も大きい。ところで工学はおそらく、たんなる政治をたて直し・発展させ直そうとするあらゆる空想的未来図のカナメの石をなす。工学は、科学知識を社会管理に応用する幻想をつくりだす。おおくの人が科学の恩恵について語るのは、じつは工学のことなのである。おおくの人が、管理は政治から離れても存在するかのように語ろうとする。なぜなら、じつはそれがたんに技術の問題にすぎないと信じているからだ。もちろん工学は科学法則を――これら法則の理解度はともかく――道具と商品との生産に応用する活動にすぎない。だが、それはまた社会教義に歪曲されてもきた。「工学主義」は、人間文明が直面している重大問題はすべて技術的であり、したがって――もし十分な資源が入手されるならば――現在ないし近い将来の知識を基礎に、すべて解決可能である、とする。この教義はきわめてひろがっている。あまりにも強力なので、おおくの人々から、デトロイトでもハリコフでも、ホンコンでもバーミンガムでも、自明かつ完全に明白とみなされることになる。――勝手で・風変りで・特殊なものとされるかわりに。

いまや、率直に承認しなければならないが、その同盟者の性質を顧慮して、攻撃をはばかる立場もいくつかある。これは、科学にたいするのではなく、「科学主義」にたいする、また、実践活動としてのではなく、教義としての工学主義にたいする、政治の擁護である。私は、科学にたいする攻撃にならどんなに大ざっぱで的はずれであろうと、優しい同意のうなり声をあげる底の、島国的イギリス知識人をよろこばせるつもりは毛頭ない。おそらく彼らは、ある種の政治破壊的教義の「科学的」であるとする自己主張をあまりにも本気でうけとっている。(あとでみるように、教義信奉者と伝統主義者との間には、たがいにお世辞をいいあう気味がある。)本章の行論は、別の脈絡におきかえれば、まるきりアタリマエで月並みな野心を「科学」・「工学」の名を魔法の呪文として使って覆いかくす行商人・あやつり師・救いがたい流行かぶれにたいし、ズバリ科学的精神の擁護ともなれるものなのだ。

産業技術体系の勃興は、国家の強化にいたった。――都市化・集積化社会を規制するために。そして、これは国家にたいする要求の強化にいたった。――工学の成果をヨリ公平に分配するために。だが、さらにこれは、まったく新しい思考様式、教養としての「工学主義」をうみおとした。社会のすべては、もし権力と生産との技術が理解されるならば、合理的操作可能なものとみなされる。たしかに、権力と生産とは同じことなのだ。マルクスは論じた、国家は生産が拡大するかぎり、その権力を保つ。近代国家はブルジョワジイの統治委員会にすぎず、権力はすべて経済的であり、経済は生産である。生産拡大能力をもつ階級が権力を獲得する。そして生産を拘束するようにふるまう階級のためには、すでに壁に、その権力の基礎がもはや朽ちはてたと予言のことばが大書される。社会秩序衰退の一つの兆候は、その成員が大部分の時間を経済生産の実務によりも、政治に投入し、こうした体制の「内部矛盾」からすでに生じた亀裂を弥縫しようとつとめることである。政治はたんにこれら内部矛盾の産物にすぎないか、あるいはせいぜいのところその最終解決にむかう途上の過渡的装置にすぎない。だから「工学主義者」にとってみれば、国家全体が、何よりも社会のための商品生産工場の姿をとってあらわれる。権利の保護者や相異なる利害の裁定者としてではなく、幸福――消費財――の生産者の姿をとって。だが、これでさえも、純正「工学主義者」にとっては生ぬるく・自由主義的・政治的なのだ。――下僕としての国家が主人としての社会にかしずくだけで、福祉国家観であることにかわりはない。完全な「工学主義」概念によれば、全社会そのものが、国家をその管理人とする一工場をなす。この工場は、全労働者の必要と幸福とのために生産するものとされ、各人が労働者である。(幸福とはたんなる生存に必要な以上の消費財のハンランをいう。)だが、かの管理人の手腕・指示・あるいは許可なしには、何ごとも生産できない、とされている。自己目的とするのに値いするもの、芸術・愛・哲学・さらにたんなる休息と区別された余暇そのものさえも、(アリストテレスにとっては、まさにこれらをすることが余暇の目的だったのだが)生産に無関係で、したがって無用となる。——かの管理人が管理する生産のための宣伝活動をのぞいては。

あらゆる文明とそれに類縁する統治教義とは、それぞれもっとも必要とし・もっとも価値ありとする典型的公民像をつくりだす。ギリシア・ポリスの世界は、英雄・有徳の人・公共領域における活動的「行為者であり弁論家である」人を。初期クリスト教は、へり下り・悩み・超俗の人・聖者を。中世クリスト世界は、騎士と僧侶とを。その理想的融合形態は十字軍勇士あるいは信徒騎士団員であった。近代イギリス人の理想像は、アメリカ人のそれが普通人と実業家とに分裂したように、紳士と実業家とに二分された。ナチはアリアン種の超人を、共産主義者は共産主義党員を(その一種がスタハノフ労働者)。いっさいの産業文明を「工学主義」の共通道程にあるものとみる人にとっては、典型的公民は技師である。技師は、現代の真正英雄公民と目される。もし彼が、事情におうじて、政治家・実業家・官僚・将軍・ないし僧侶の干渉からまぬがれて「仕事一筋にまかせられている」ならば、政治と飢え(それに嫉み?)の激痛とのディレンマから、われわれを救いだしてくれるだろう。技師は、どの子供にも憧れのマトである。技師は、どの父親もそうでないことを恥じる存在である。技師は、社会が学校制度を通じて生みだそうと自己強制するのであり、——故意にか偶然にか、他の型の教育にたいし、一種貴族主義的距離と軽蔑との中で訓練されるものである。技師は、いっさいの教育を技術と訓練とに還元しようとし、その目標は、社会工学者を生み、社会を根元的に高度な能率・効果器に転化することである。技師は、日常政治に興味をもたない。彼が思うのは、創意と構想であり、守旧と管理ではない。だが、彼が、「たんなる政治」を攻撃する教義と、工学的大進歩をしめし・科学的であると主張してすべてに容喙するイデオロギーとをもつ体制とに魅力を感じていくのは自然なのである。

その未来社会観はいまでは古臭く、ここではその歴史にたちいらない。だが政治は科学に還元することができるとするこのごりっぱな社会観は、近代技術主義の諸成果によって強められた。それは、ふつう、発見可能でしたがって社会に即して観察・実行・強制可能な社会と歴史との発展法則があるということを意味する。そのような強制は、しまいには自然に行動することにすぎないとうけとられるようになる。「自由とは必然性の認識である。」人間社会が不安定で葛藤でいっぱいなのは、いわば、われわれが社会の重力法則にさからって飛ぼうとしてきたためである。「民主主義への唯一の保障は……」と一アメリカ社会科学者ジェームズ・ショットウェルが書いた、「社会管理に科学法則を適用することなのだ、自然界におけるその適用を学んできているとおりに。……われわれは政治科学では自然科学が二百年前にあった水準にとどまっている。」しかもこれと同じ叫びは、なお一八二一年――ちょうど百年前――のサン・シモンの立場でもあった。「新しい政治秩序では……決定は、全面的に人間意思から独立した科学的証明の結果でしかありえない。……かかる秩序の下では、現在の政治体制の三大不便、すなわち恣意・無能・陰謀が消滅するだろう。」さてすぐにもあきらかなことは、きわめて単純なことだが、もしある物理法則を無視すれば、マッサカサマに落っこちる、ということだ。だが、社会法則とされたものの一部はしばしばもののみごとに「破られる」外はない。――しかも、太陽めざして飛ぼうとし、地上にたたきつけられたダイダロスほどのめざましい結末もおそらくないままに。だから、社会の科学が提供するものは、社会の生存にそもそも必要なものではない。それは、もし完全な「民主主義への保障」(のたぐい)があるとした暁に、あるいは「恣意・無能・陰謀」がもはや皆無となった暁に、はじめて社会に必要なものである。サン・シモンが憎んだ「恣意」は、多様性の産物に外ならず、「無能」は、たんにある種の制限の感覚であり、「陰謀」は、どの自由な国家にも自由の程度如何にかかわらず存在する相異なる諸利害の対立に外ならず、「保障」が実現されるのは――ホッブスの世界におけるように――恐怖からする自由の献呈によるだけだとすれば――この時われわれがもつのは、政治そのもの、まさにすぐれたといえる特性規定なのである。「科学者」は、すくなくとも、政治家がその擁護するものをわきまえている以上に明晰に、その攻撃するものを、おおくのばあいわきまえている。じつのところ、政治科学を夢みるこれらの人々をとまどわせるのは、日常政治における対立の要素にすぎない。彼らを鼓舞するのは、科学の威信、その「統一性」――とみなされている――への名声なのであった。ハロルド・ラスウェル教授は一九三〇年のシカゴ『社会科学百科事典』の「対立」の項に書いた、「社会対立は相互排他的価値の意識的追求に由来する。……妥協の哲学は、社会目的の真の無矛盾セット不在をあらかじめ容認する結論といえる。……科学の威信をたかめるために大衆の意見を操作すれば、人びとを統一するこの感覚に寄与するものと思われる。」科学的に操作されたこのような統一性は、たしかに対立から免れるだろう――そしてまた自由からも。[19]

政治は科学に還元できるし・またしなければならないという主張は、一見するほど明確ではない。それ以上にふみこむことをせず――「またしなければならない」が、この主張の正味である。ところが、それはすぐに、道徳的ないし政治的決定を導入することになる。政治を科学にすることはできる、しかし、同時に、するべきではない、と論ずる立場をもとれる。あるいは、もっとありそうではないが、政治を科学にしなければならない、しかし、同時に、嘆かわしくも事実は、なれない、と論ずる立場をもとれる。だがそれはともあれ、この主張には、かなりちがった三つの意味をもることができる。科学は、予測を可能にする法則の一団として考えることができる。あるいは、知識の開発を追求する共通の方法として考えることもできる。――そうした法則がどの領域にも存在するかは別の問題として。あるいは、たんに証明の論理として考えることもできる。科学は、真なる知識のいっさいであり、真理は、実験か直接観察かで検証できるものにかぎられる。――法則ないし方法の存否はともかくとして。これらはきわめて抽象的な――選挙民集会で手がけるよりも、大学教師の手品にふさわしい――事がらとみえるかもしれない。しかし、これらは、あるありきたりの・大衆に即した見方に、まさしく見合うものである。第一の意味は、未来の確実性を求めるきわめてふつうの願望をみたす。おおくのひそかな占星術信者がその愛らしい実例であり、王城の荘麗からパレードの熱狂までさまざまながら、真理は一つと思いこむ人とイデオロギー信者とのすべてが、そのあまり愛らしくない実例をなす。第二の意味は、技師の誇りを代弁する。――またしても、すべては方法であるか技術であるかなのだ。(そして、奇妙な見方だが、科学的方法は一つしかないとされる。)第三の意味は、具体的事実の抽象的圧制に悩む男をあらわす。――一切は「事実」から証明できなければならず、つねに「事実」はある特定政策が遂行されなければならないと「求める」。

この第三の「ニセ科学者」が、抽象度は最高で独創性は最低だが、おそらくもっとも危険である。というのは、彼は、孤独な理論家や無装備のテクノクラットに権力を与える追随者であり――ファシスト・イタリーで定時に汽車が走れば「これが事実だ」と感銘する男、――自由な体制は全体主義社会よりもヨリ非能率・ヨリ自衛不能であると「事実は必然的にしめす」ことに「ツユほども疑いをいだかない」男なのだから。彼は、フルシチョフの最近の「これはたんに頭でばかりか、いうなれば胃と全存在とをもって、資本主義以上に進歩的体制であると理解できる」イデオロギー礼讃に感動する人間である。ソ同盟は勝つだろう、とフルシチョフは論じた、「たんにもっとも進歩的・かつ科学的に基礎づけられた理論をもつばかりか、人民に物質的福利をいやますゆえに」と。きわめて勝手で・不合理な経済用語で一資本主義体制と一共産主義体制とを対照しても、「まさに事実によって」

感銘する男は頭からのみおろす外はない。それは政治的に有効な議論かもしれないが、印象的な「事実」は、生産性の事実であって、イデオロギーの事実ではない。

全体主義的イデオロギーは、たいていは、科学の歪曲である。それは科学時代にのみ生起できたろう。権力の技術がこれまで欠如していたからではなく、社会の完膚なき改造という全概念が科学法則——の社会理解への応用——という観念と、科学的法則——の社会変革への応用——という観念から派生したものだから。イデオロギーは、科学が人知の唯一の形式であると考えられ、こうして、完全に一般的であろうと志すある種の社会理論の名で、統治に誤って応用される時に生じる。「なぜならイデオロギーは」とハンナ・アレントは書いた、「歴史を開示する鍵か〝宇宙のナゾ〟全部にたいする解答かをもちあわせていると主張する点で、たんなる意見とは異なる。」だからイデオロギーは、本性上、ニセ科学である。それは、自然科学者が自然認識のために、技師が生産性向上のためになしつつあるものを、歴史と社会とにたいしてなそうと主張する。たしかに、イデオロギーは、認識と行動とを完全に融合する。イデオロギーは、つねに行動への計画である。イデオロギー信奉者は、技師行政官にふさわしい講壇科学主義者なのだ。イデオロギー信奉者は、その理論が倫理的配慮にではなく、客観的要因にもとづくといってきわめてトクイである。二つの「客観的要因」だけは、既述のとおり、権力者の手中にあって全体的説明を提供するものとして出現するのに、十分見事に、十分ニセ科学的におもわれる。人種闘争と階級闘争、血と経済とがこれである。科学的だというマルクス主義の自己主張は有名で、おかしなことに、疑わしいとされるときにさえも、不適切とかバケモノ的とか、あるいは本質的にバカげているとはみなされない。ところが、人種主義に科学的地位をもとめるナチの主張が真面目にうけとられることはめったになかった。「ホンの」宣伝ではなく、真正のニセ科学ではあったにしろ。というのは、宣伝は、もしそれが、ふかくいだかれている信念に、かりにドロボウの不法な信念のばあいでさえも、ふれることがないならば、けっして効果を発揮できないからである。おそらく人種主義がそのニセ科学性にふさわしい待遇をうけないのは、ナショナリズムと同じく、マルクス主義イデオロギーにも、自由主義型資本主義イデオロギーにも、適合しない範疇だからだろう。だが人は、人種主義のマジナイをかけられると、その経済利益にしばしば反して行動する。人種主義はかつて、イギリスにおいてとくに、あるいはイギリスにおいてさえ、ほとんどすべての帝国主義の尖兵らの行動信念であるとともに、その歴史的説明の正統であった。それが尊重された記憶は、痕跡もないほど慎重に抑圧されている。これをたんに下水溝の政治としてあつかう方が、三世代も昔のホコリのつもった歴史叢書をひもといて発見する事実よりも、ずっと気もちはいい。トックヴィルはゴビノーに、お前の人種理論は「多分ダメ、たしかなところ有害だ」と書けた。だが彼は、この理論をまじめに科学的仮設として採用した。というのは、人種理論は十九世紀思想の主要主題の一つ、生物学と社会学との二つの新科学を結合し、ダーウィン理論を政治にまで拡張する、一つの明快・誘惑的な方法だったのだから。

こうした真に科学的な活動の歪曲、科学をその固有領域をこえて適用しようとする試みのいっさいを「科学主義」とよぼう。科学主義は、その主張の規模において、イデオロギーと好一対をなす。科学法則は、一般化の対象とされた事物のあらゆるばあいについて、あてはまらなければならない。ただ一つでも矛盾するばあいがあれば、科学理論は根底からくつがえる。全体主義のイデオロギーは、世界秩序の基盤であり、万象の包括的説明を提供すると自己主張する。これらは、独特に巨大な射程をもたなければ、無価値でしかない。もし、理論があらゆる事情に適合しないならば、どの事情にも適合しない。政治理論の相対性は、イデオロギー信奉者の眼でみれば、まさに誤謬なのである。ある制度セットはあそこよりもここでよく働くかもしれず、政治のどの形式もがあらゆる事情において可能とはかぎらないといったことは、全体主義者にとっては、いまいましい譲歩となる。彼は、この種の中途半パ・コマ切れの屈辱には興味がない。彼が興味をもつのは、認識にではなく、たんに説明になのである。彼は歴史の科学的鍵をもっており、いやしくも彼が直接的政治争点のかたちで考えるとすれば、それは、たんに戦術、まさに歴史の戦術、のこるくまなく合理的な世界秩序にむかう前進の大戦略の一部だからである。彼は、規模と普遍的一般化の美しさとに憑かれている。イギリスや合衆国のようなかなり安定した政治体制においても、人はこの心理の名残りを大学人や青年――大争点だけに興味をもつ人たち――の間にみいだす。彼らは、まだ包括的イデオロギーをいだきはしない。しかし急速に政治を見放しつつある。これら大争点は重要争点である。――人種差別、「原水爆」、「窮乏への戦い」、「低開発国問題（どの？）」。だが、そもそもとりくまれるなら、これらはしっかりと政治的にとりくまれなければならない。理由は簡単だ、これらはあまりにも大きく、あまりにも大規模な協力組織をもとめるからであり、おそらく一挙に把握されるのは不可能なのだから。これら大問題全部を一挙に御そうとする人々のおおくは、日常政治にわずらわされ、クサクサしてしまう、とかたる。――実際には、政治的経験些少か皆無かでしかないのがふつうなのに（デモ行進を勘定しなければ）。だが、現実政治遂行者が何といおうと、政治が人をわずらわすことはめったにない。たしかにある種の政治人は、デモ行進者と同じく、そのハタラキそのものを楽しいと感じるのをほとんど恥じない。だが大争点一点ばりで明け暮れするものは、現在を楽しむ用意も・現在を寛容するだけの用意もない。イデオロギー信奉者と同じく、彼らは未来に生きようとする。したがって予言あるいはニセ科学的予見が、その生活に大きな役割を演ずることになる。もし私の薬を大急ぎで服用しないなら、つねに何らかの破局が到来する、というわけだ。

　科学主義は、自由社会にも、講壇社会科学の荘重な擬装の下で存在できる。その十九世紀の先蹤とは異なって、正義の社会への壮大・精緻な予定表を何らもちあわせず、そのいい草によれば「市民として」、その余暇に非学究の資格で、ふつうの政治的動物のようにふるまい、しかもなお、社会の科学的解明は一種の治療効果をもち、いっさいの深刻な政治的緊張をきっぱりと一掃するであろう、と教える人々がいる。政治は、きわめて多くの社会科学者にとって、一種の病気であり、社会は、緊張にかられる患者であり、政治的出来事は、非現実的・神経症的固定化であり、社会はこれを利用してその矛盾を合理化する、とされる。これぞラスウェル教授が、「工学的科学文化」が世界大におよぶところになりたつという「未来の予防的政治」とよぶものである。「予防的政治の理想は、社会緊張の水準を効果的方法で決定的に低めさせ、もって対立を消去することである。討議はその方法の一つにすぎない。[20]」これら緊張の原因がえぐりだされ・患者の目の前におかれれば、治癒がもたらされるだろう。ここにあるのは、いわば一つ一つのささやかな事実がある大秩序の中に自分の席をみいだし、社会を純粋に客観的に学ぶことが可能ないし望ましいとおもう人々の深層心理の底にある経験主義者の宗教なのだ。だが、こうした「予防的政治」はまるで政治ではありはしない。それは政治の消去である。また、科学でもない。——イデオロギーなのだ。純正認識、真正学究精神、純粋科学、われわれすべてがおかれている状況認識にあたって可能なかぎり醒めて・距離をおく試みは、不可避的に政治的価値をふくまずにはすまない。そして、政治的関係は、いかに不完全であろうとも、政治のあらゆる不確かさ・多様性・自由をともなう。客観性への主張は一種の不遜さであり、説得と討議とをもってする改良と改革とのノロノロさを侮蔑させやすい。管理者のこのような科学主義も、直接には自由社会に有害ではないかもしれない。しかし間接には、枢要というにはあまりにも瑣末なことがらをすべて、見事というにはあまりにも大まかにすぎる社会の一般的ないし全体的科学理論の標本であるかのように研究する結果、真の政治教育を空洞化することになる。

政治学徒の間でたたかわされる政治学科学化可能性の有無をめぐる議論は、明々白々に不毛だ。有無のいずれかをえらぶ必要は全然ない。政治的認識は、おおくの学科の知見をまとめあげつつ、いかにして人間の目的が統治活動の中で実現されるかを理解しようとする。いかなる「客観的」統治研究も、隠然あるいは公然に、ある政治的オノをふるう機会を避けるほど愚直ではすまされない。（人間を、好奇心ばかりか不満のカタマリにも神がつくりたもうた。）いかなる精神主義者も、自分の処方箋がきいていそうな証拠を提供しないまま超然とはしておれない。（あの世でのゴホウビは、悲しいことに、この世の統治のさしせまった責任には無関係でしかない。）いずれも、不可避的に教義にかかわる。政治教義は、それが政治的に実現できると納得可能な目的をのべるか、あるいは、政治目的のためにつくりがいのある政府についての一般化をのべる。統治活動の客観的研究をこころざす方法論のどれも、つまり、経験をふかめる知識を発見すべき規則の予備セットのどれも、それ自身——政治的にか・政治破壊的にか——教義なのである。これは、政治そのものにかきまわされる人々をかきまわすだけだろう。統治と政治とに関する思考のいっさいは、ある経験水準で教義に結晶する。そして教義の弁護者は、のこらず、法廷における弁護士のように、陪審・裁判官席の人々を納得させようと証拠をさしだす。証拠は、弁護士自身の判断とその依頼者の利益とにしたがって形をととのえられる。弁護士は、一山の事実をテーブルにぶちまけ、ご自分でおえらび下さいと裁判官を招待申上げたりはしない。弁護士は、どの政治家とも同じく、争点を予断せしめるように奔走する。しかし、ただ無能弁護士と無能政治家だけが、重要とも・説得力あるともおもわれず、結局批判に耐えられないような証拠をさしだす。統治論研究者は、たしかに、弁護士や政治家以上に、醒めているようつとめなければならない。しかし、自由社会の生活にまったく無関係とならないかぎり、情念を喪失することはできない。（全体主義国家の統治論研究者は、いうまでもなく、局外者とみえることさえ許されない。）もし彼が聡明ならば、時務的争点についてあまり頻繁にも・あまり声高にも語らないよう注意するだろう――彼の仕事は政治家の仕事とはちがうから。だが時代の争点について語ることがないならば、彼はそもそも政治を研究していることになりえない。

だから、政治が科学に還元可能だという信念は、判断としても・行動としても、科学的推論の帰結ではなく、ことに、その知的欠陥と政治的ムコウミズとによって科学を不信するものでもなく、たんにニセ科学をつかって工学的思想の社会への適用を正当化するイデオロギーにすぎない。(21)

工学主義はまさに、認識の統一性を回復し・思想と行動とを遺憾なく統合する科学的社会主義を提唱するマルクスの偉大な試みをつらぬく指導概念である。抽象的ながら現実的意味でマルクス主義は、まず権威の単一源泉としての宗教の、ついで「理性」の挫折の中からたちあらわれた。デカルトやヒュームを通じて啓示された世界、数学的真理のみが客観的で、道徳的真理はすべて主観的か相対的かにみなされる世界は、哲学者の神経ばかりか実践家の神経にも苛酷にすぎた。人は、その感官のしめす証拠が、啓示宗教とも、「理性」とも、さては自然界の数学的秩序とも一致しない存在であることを感じるにいたるや、恐怖に似る何ものか、現実への神経症的無力感で惑乱した。二元論は、つねに一種の恐怖をひきおこす。――人々は叫ぶ、「なんで、こんなに－赤い血のながれる－ここに－いる－おれが、ずっと－かけ離れた－はるか－むこうの－すべてに属する一部なのか」と。カントなら、「わが上なる星のかがやく空とわが内なる道徳律と」の二つへの、彼の尽きない驚嘆を語ったかもしれない。しかし、おおくの人にとっては、この驚嘆は、この二つの間の架橋不能な深淵への畏れにみちた恐怖なのであった。こうして、彼らは単一の真理の説教師にならば誰にでもとびついてききほれる。ところが、社会の世界と科学の世界との、「それ」と「私」との、対象と観察者とのこの原初的切断を、科学の限定された目的のための切断にすぎない、とはみない。――人間経験の流れの全体は、たがいに両立不能ではないが・当面の目的にてらして異なる抽象化水準ごとに実在する多数の方法で、区分ないし区別することができるから、切断もまた可能なのである。科学や政治・さらに芸術・歴史・哲学は、共通の現実を別々の目的におうじて別々にみつめる方法である。諸目的が混同されたり、それぞれが無制限なものとみなされたりする時にだけ、これらは対立し・矛盾するにすぎない。これらのハタラキの限界線については、誰もが同じ意見ではありえまい。しかし、ここで問題にしているのは、科学や政治のようなある特殊なハタラキは、つねに一定で・無制限だ、とする主張に関する。

単一の真理をもとめつつマルクスがサカ立ちさせたのは、ほんとうはヘーゲルではない。アリストテレスである。アリストテレスは、既述のとおり、政治は、社会資源への要求権をもつ他のすべてのハタラキを一つもそこなうことなしに、制御し・協同させるという意味で、「究極の精神活動」であると教示した。マルクスの科学的社会主義は、科学的社会学を科学的政治学の上におく。社会は、もはや政治だけがちょうど必要な程度の統一性をあたえられる、多様な利害関係としてではなく、自然な統一体として、目される。それを分断し・かきまわすのが政治だということになる。科学的社会主義の主張は二重である。それは、社会学的経験次元が唯一の経験次元であり、かつ、科学は不可避的に工学化する、と主張する。――こうして、いかなる認識も行動への前奏曲となり、進化法則は、社会変革と環境制御との方法を開示するものとなる。

マルクス主義的「工学主義」は、たいていは暗黙にとどまる主張を明言する唯一の事例である。「工学主義」は、理論化できないものをも理論化する。「純粋に実際的な男たち」が、自明とみなすのを自明としたものごとについての、茫漠とした前提がそれである。彼らは、すべての問題は技術であり、科学知識の前進がどれも、ある独特さで新しく・適切な応用範囲を規定するのは自明である、とみなす。これは、たんにレーニンの有名な「共産主義は社会主義プラス電化である」やヒトラーの強制的画一化のように全社会を単一送電網、電力の同一源泉にむすびつけるばかりではない。（ところでこうした工学的主張や比喩は、どれも何と早くカビ臭くなることだろう！）さらにまたおおくのアメリカ社会科学者のキマジメな・いささかもっさりした主張でもある。「いま世界中にわだかまる問題のおおくは、自然科学者や技術者が、政治科学者や政策決定者よりもはるかに効果的に、理論と事実とをむすびつける術をよく心得ているズレからおこる。(22)」これは、イデオロギー判定者として、フルシチョフの胃と——知性的にも政治的にも——りっぱに肩をならべる。真理とは、たんに作動するものであり、消費財の生産と分配とにおいて最高の「体制」が、究極には勝利するであろう。これはけっしてつつましい主張ではない。これが実現すれば、テクノクラットと精神主義者、技術者と政治家との完全な和解もみられよう。かつて投票《バロット》は弾丸《ブリット》よりもいいといわれたように、いまやバターは投票《バロット》よりもいいといわれる。だが、バターか投票《バロット》かのいずれかを、われわれはほんとうにえらばなければならないのか？

いまやいささか勇気をふるい——あえて誤解される危険をおかし——後進地域への経済的・技術的援助は、どれほど大きな・緊急問題であろうとも、それはけっして自己目的にはなりえないといいきる必要がある。他の人々の危難回避をたすけるのは、餓死の危難にせよ、動機にかかわらず、善行である。他の人々の上品な生活水準の観念獲得をたすけるのも、動機にかかわらず、善行である。だが、そもそも生きることが人間の生理学的第一緊急事であるとはいえ、それだけでは、かつて達成され・現に達成可能な文明のどの水準からもはるかに遠い。絶望的貧困の現実ないし記憶も、経済効率の最大限追求へとたえず人々を組織化する口実とはなりえない。——もしその効率が、政治と・別の選択可能性への批判と・自由な討論との弾圧をふくみ、あらゆる自発性・アソビ・軽みの抹殺をふくみ、たまさかの贅沢さえもの禁圧をふくむならば。富ないし生産性でまさる社会が、その点でおとる社会よりも、そこに生活する人々にとって、必然的に幸福さでまさる社会であると速断するのは、おそるべきバカバカしさである。後進国の急速な工業化にさいし自由を代価とすることは、支払うに値いすると合理的にかんがえられる。——だが、なぜそれを永劫に支払わなければならないのか？　この代価は、そうなれば、あまりにも高くつきすぎる。全体主義はたんに急速な工業化にもとづくと説く人もある。——だが、そうだとしても、なぜ全面的となる必要があるのか？　「革命は選挙にさくヒマをもたない。」カストロ博士は一九六二年のメー・デーに百万以上のキューバ人の行進にこう語りかけたとつたえられている。おそらく——しかし、その代価はあまりにも高い。「彼はたずねた、〝諸君には選挙の必要があるのか？〟群衆は叫んだ、〝ない、ない〟」。というのは、代価を払うことの自覚とその無自覚ないし無反省とは、何といってもちがうから。そのちがいはこうだ。もし犠牲にするものの真価を知っているならば、事情好転のばあいには、かつて犠牲にしたものをとりもどそうとするだろう。——ところが知らないならば、後の世代は、昔の犠牲が何を意味したのかさえ知らないだろう。さらにまた、経済的必然性からの自由の否定と原則からの自由の否定とは、また、進歩の代価は支払うに値いすると人民を説得するのと自由なかわりに進歩をえたのだとだますのとは、いずれもちがう。「ソヴィエト油送船をみるたびに私はレーニンを想起する。ソヴィエト・トラクターをみるたびに、私はレーニンを想起する。ソ同盟から何かをえるたびに」とカストロ博士はK・S・カロルに語った、「私はレーニンに感謝の念をおぼえる。[23]」レーニンが感謝されるのは、カストロ博士の指摘によれば、レーニン主義はスターリン主義となんのゆかりもないからだ。このゆかりを信じている人はおおい。エルネスト・ゲバラ、この体制の「理論専門家」は、彼らにオマケの論拠を提供しようとする。彼はカロルにくりかえし保証した、「われわれが……あなた方のいわゆるスターリン主義的全体主義にすべりこむ……ような危険は皆無です。」スターリン主義には「孤立無援のまま、自力でその経済発展に必要な基幹工業をつくりだす必然性」があった。しかし、と彼はつづける、「われわれは工業化のためにそのような犠牲をはらう必要がないのです。欲するすべてのものを、他の社会主義諸国からえることができるからです。」これは、精神魯鈍でこのような非必然的「必然性」の巨大さを理解できない男の言葉か、自虐のおそれをおかしても金をムシリとろうとする狡猾な男の言葉か判別できにくい。圧迫と貧窮とのさ中では、第二の動機が働いてもいい口実は数々ある。しかし、第一の動機なら、傍若無人の盲目さをみせつけるものであり、人類の未来のためにはほとんどいかなる現在の圧迫や貧窮よりも恐ろしい。政治には絶対的必然性はありえない。必然性を語れば、自由を死へと、――一般には人間をも死へと呪うことになる。「いま私にははっきりわかっています」とゲバラは語をついだ、「マルクス主義はたんなる教義ではないこと、科学であることが。」――しかり、この程度の科学なのだ。

たしかに、工学的成果(あるいは所有)は、近代的主権象徴である。――科学の威信が、たんなる権力に尊厳をあたえる。キューバのような小さな国までが、いずれもすくなくとも自分自身の工業を――経済におかまいなしに――持ちたがる。それに、スプートニクは、自由諸国のために、たとえば大統領選挙や総選挙の一ダースもの光景がなしうる以上のことを、共産主義のためになしとげた。工学の威信をまったくかりなくても、人々は、やっぱり複雑な観念よりは単純な観念を好む。宇宙飛行士は、自由選挙の采配をとる能力よりも、ずっとたしかなものとみなされる。だが、工学主義はたんに政治をおびやかすばかりか、科学をもおびやかす。科学は、権力の座にある体制の威信にテコいれするために、直接の・めざましい結果を披露しなければならない。科学は、もはや無党派的活動ではなく――「ダーウィン主義」とよばれるものがソ連の学校で教えられるように――党の指導の下で自然にたいする人間の闘争となる。いっさいは、環境の操作ということになる。悲しくも有望らしい考え方だが、もし工学が純粋科学なしでは実際は繁栄できないならば、自由は、科学者のために自由をまったく管理上の必要から求める結果、生きのびるか、息をふきかえすであろう。——おびただしい自由人の「無責任な行為」同様、そのいくつかはどのように非能率的で、成果は疑わしく、贅沢なハタラキであるとしても。技師と管理者とのエリートは、純粋科学者を十分に「生産」できないかどで政治家あるいは党機関を非難するようになるかもしれない。だがこれは頭で描く空想にとどまる。しかし、政治において工学主義的思考が力を増大していくのは、事実なのである。

科学主義とほとんどゆかりもない型の工学主義的思考もある。行政はつねにきっぱりと政治から切断でき、切断された以上、政治家にできることで、行政官にもっとうまくできないようなことは、まずほとんど、ありえないと考える人々の思考である。これはきわめておなじみの見方といえる。それは、たんに主人と同等であろうとするばかりか、自分が主人になろうとする下僕の、あるいは、よく見当ちがいに理論家とよぶ政治家の干渉で、自分の作業にしょっちゅう邪魔がはいると感じている行政官の見方である。理論家というコトバで彼は、彼の経験ももちあわせずに彼に何をすべきかを教えて下さろうとする人々よりも、自分の経験の方がずっといい指針をあたえるといいたいのである。経験なくして発言するのは、このように理論をもてあそぶことである。政治は、国家の仕事をほんとうに果している人間にまかせればまかせるほど、ずっとうまくいく。「なぜなら、政府の形態を論ずるのはバカにまかせれば足りる。最上の行政をもつ国家が最上の国家」がこの政治嫌いの御気に入りの・ヘソ曲りな座右銘である。そこまでは、専門家におなじみの見方である。公行政の科学を教えることのできる訓練があると信じているような人もおおい。そうなれば、公僕は、技師であるばかりか工学者でもあるわけだ。彼は、いっさいの問題は技術的だと思っていることを公言しはしないかもしれない。彼は、ある上級「民主的政策決定体」の「手段－方法」専門家と自任するかもしれない。――社会科学者のおきまりの言葉だが、だが、そのいわんとすることは、政府の全決定は「科学的」に、あるいはあたかも所定かつ予定の技術によるかのように、下すことができるというのではない。政府がなすことは、このような技術に還元できることがらに限られるべしというのである。「モノの管理であり人間の行政ではない」というレーニン主義の未来社会像は、人がモノとしてあつかわれるかぎりで現実となるにすぎない。「国家はたんなるファイル・キャビネットとなるだろう。」人をファイルの内容としてだけあつかえるならば。

こうした「専門化」にはハナもひっかけないんだと、きわめてたけだけしく主張する、巧妙に擬装した型のテクノクラットもある。彼は、多面な教養をもち、聡明で、政治家にも「いわゆる専門家」にも経験を対置する、円満なシロウト像という信仰をつくりさえする。彼は、みずから反専門家をもって任ずるので、高級公務員にたいする特殊訓練にはどんな形にせよ反対しさえする。(24) この視点はまさに前政治的である。彼は、政府の第一義務は統治することであると心得ている――ただし、まったく正当にも彼が感じているとおり、これは改良主義者をもってしては、実現がしばしば不完全におわる。だが彼は、この政治不在の前政治的政府段階にとどまる。もちろん、政治による社会では、彼はこのようになすべきなのだ。公務員は政治の中に深くはまりこんではならない。だが彼は自分の重要性を過大評価してはならない。「統治の本来的性格とそれによってのみ統治が実効的となる行政の本来的性格とは、政治集団の一体性を維持する過程である。」と一イギリス公務員は書く。統治一般についてはいかにも正しい、だが――われわれの全テーマの――政治による支配についてはいかにも的はずれだ。われわれはきいた、公務員は「実地で腕をふるうべく訓練された人間である。」それは「国家の維持に外ならない。公務員は、武人にも劣らず、一命を王冠に捧げる人間である。これが政党政治の交替のさ中に、ある不変の感覚をその仕事にただよわす。」[25] これはまさに紳士のインギン無礼というもので、国家の下僕こそ政党政治の交替のさ中に不変な要素である。（「政党」政治は、察するところ、日常政治よりもオソマツといいたいらしい。）行政官は、正直なところ政治的に選挙された政府から雇われているにすぎないのに、王冠に一命を託するといえるようなど んな仕事をしているのか？　人々が仮象のためにみずからを犠牲にさし出すことはめったにない。彼らが仮象にしがみつくのは、非政治的な・あるいは政治的に操作可能な、なんらかの位置にありつくためである。どんな体制でも、秩序を維持しているのは、行政ではなく、統治である。そして政治による体制においては、交替のさ中に何か不変なものを供給するのは、政治のハタラキそのものなのである。行政官は、政治家を、まさに政治家がリッパにできること——秩序の下で多様性と変化とを許すこと——のかどで告発するのだ。

なぜこの見方が工学主義的なのか？　それが工学主義的なのは、この見方をとるものが、技師のように、何が望ましいかを知るのが自分の本職だからこそ何が望ましいかを一番よく知っている、と自負するためである。彼が技術を、本や公行政というニセ科学から管理術を学ぶという意味で攻撃するとしても、同様である。なぜなら、彼はなお経験の成果として、政治なしで応用でき・統治できる独特の知識をもっていると信じたがるからである。彼は、恣意的ではなく・しかも政治的でもない支配の技術を会得している、と思っている。

このマンダリン型にしろ、社会科学者にしろ、ともに、みずからの不偏不党性とみずからの知識の実力とをとほうもないまでに主張したがる。これは、政治の一部として必要な活動が政治全体であると主張するもう一つの例であり——既述のとおり——じつは政治を否定する。彼らが真剣な顔で一片の教義もイデオロギーもなく、ただただ国家のタメとその悠久の利益とを心にかけるだけだと主張するせいで、彼らは真価以上に信用されることがおおい。われわれはすべて、政治の渦中では不信されても仕方ない。そして誰よりもとくに、行政官は不信をうける運命にある。はっきりいえば、もしこの不信に耐えられないとすれば、その職務をかえるべきなので、技術的必須性といった神話をつくるべきではない。

「工学主義」は、つまり、資源のアテハメの問題をそのワリアテと混同する。このアテハメは技術による。しかし、アテハメられるのは、生産物と生産に投入される資源とのワリアテにつき、政治的権威が決定を下すあとにかぎられる。これらの決定が政治的であることを、めいめいの机ですます日々の仕事の一々については知らなくとも、数ヶ月も数年にもわたってわきまえないならば、人々はみずからを欺いていることになる。ある自由社会では、これら決定は実際は「市場」が下す、とされ、――経済学は科学である、なぜなら非人格的決定について語るから、と思われているようだ。だが、経済学が科学であるのは、どの社会的需要の価格をも、断念された選択肢の値打ちで計算できるという、重要だがきわめて単純な意味においてだけなのだ。だが経済学は相異なる需要の正統性に――「限定された意味で経済的」あるいは「経済的に無意味な」需要についてさえも――口出しはできない。経済学は、資源のアテハメについてのいかなる政治的決定にも枢要であるゆえんを立証できるし、いかなる合理的決定一般にも必要なゆえんを立証できるとさえいえるかもしれない。しかし経済学は、いかなる決定をも、あらかじめ規定はできない。すべての資源が経済的であるとはかぎらない。すべての断念された選択肢が評価できるとはかぎらない。たとえば自由は、つまりは値いを絶するといってさしつかえあるまい。認識への欲求は――それがもっとも予断を許さぬ結果をうむことは神ぞ知りたもう――まったく評価不可能なのである。

政治的決定作成の制度的手段を廃棄ないし禁圧した不自由な社会の人々は、わがイデオロギー――たとえばマルクス主義科学――がこれらワリアテを規定するから、のこっているのはただアテハメ問題だけだ、と思うかもしれない。だがこれは、どんなにふかく信じられようとも、あっさりとまちがいなのだ。それは事実上何が起っているのかを記述していない。彼らがしていることの実際は、乏しい資源をいかにワリアテるかについてのあらゆる複雑な選択と選択肢と格闘しつつ、現実の社会需要を率直に確定する制度も手続もなしに――自分自身についても・自分の集団の利益についてもはばからず発言できる場がないままに――政治的に決定することである。

それで、政治による社会にあって工学主義的思考様式を統治の仕事に応用する人々は、じつは、あるものごとには問題として姿をあらわさせ、あるものごとには無関係として姿をかくさせる政治装置を、あたりまえのこととみなしているだけのことである。政治は、一国の住民が何を解決必要な問題としなければならないかを規定する。それらはすべてが解決可能とはかぎるまい。だが、情ないことに、おびただしい専門家や工学主義者が、これら問題のいくつかを解決するためによびだされては、自分たちがこれらの試みにどう優先順位をつけるべきかをもっともよく心得ていると感じ、政治は、彼らの技術駆使のために道を清めるどころか、邪魔すると感じている。おおくの問題は政治的にだけ解決できる。だから政治家は、技師の誇りや工学主義者の傲慢さにたいし、防衛される特別の権利をもっている。クツ屋はその最後の一針にまで専念すればよい。われわれにはみごとなクツが絶望的なほどにも必要なのに――悪夢ばかりがあまりにもおおすぎる。

第六章　その友にたいする政治の擁護

政治は、その友のある人々にたいしても擁護される必要がある。しかも、彼らは真の友である。たとえ彼らが政治の値打ちをわきまえていることをつねにこのんで自認するとはかぎらないにせよ、ふだんならば彼らの行動は政治的であり、相互にアツアツになって議論しても、暴力を避ける一定の習律を遵守する。彼らは、それぞれ固有の存在であることを誇りとし、みずから恃むことときわめてあつい。しかしふつうは、自分以外の政治の友との共存が、すくなくとも行きすぎを抑制すると認めるのにやぶさかでない。だが、もし政治が何らかの危機にいたるや、これら好敵手たちは、政治に、自分だけが嫉妬ぶかく、しがみつこうとする。——ありきたりの友情と同様に、これが政治の泣きどころである。こうしてめいめいは、患者の本質を尊重し、保全するよりも、それぞれの方式にしたがって変革することをもって治療とみなす方に熱中し、それぞれ劇薬をさしいだす。保守主義・自由主義・社会主義といった、ふつうならば尊敬すべき政治的教養の諸要素が、不幸な面をあらわす折りもあるわけだ。ただし、彼らの正当な論争課題であるところのどれか特定の政治秩序との関連においてではない。——政治のハタラキそのものとの関連において。これら、ふつうなら政治の同盟軍をなすものが、ときとして我れをわすれる結果、ウェリントンが麾下の軍団についてかつていったようにふるまうことになる。「余は彼らが敵を恐れさすかは知らない。ただ——ちかって——彼らはたしかに余を恐れさす。」

政治超然的保守主義者

政治を超然すると主張する御仁を考えてみよう。彼は、政治が、他の人々の間ではいとなまれざるをえないと知っている。しかし彼自身は政治を超えている。彼は、じわりじわりと私利を浸透させ・国政にわりこもうとする政治家・廊下トンビ・立身出世主義者のやからにたいし、国家の本質的秩序を保守しようとする。彼はたしかに、これらのイヌどもにいくつかホネをなげあたえ・統治の道具として利権を積極的に利用するのを辞さない。それも政府をなんとか運営させるためなのだ。彼はジョンソン博士とともにいう、政治は「世に出る」方便にすぎないと。これら成上りどもや掠奪者どもから縁をきれないと観念しても、自分がこうした政治から超然としてどっしりとかまえておれること、国家のつりあいをたもつ術を心得ていること、神経がまいらないかぎりは、これら「小イヌども」をあやつっていけることを確信している。彼は、自分自身と自分の階級からもっとも信頼され、他人と他階級とからもっとも底意地悪く眺められるとき、勇気がわく男なのである。彼の国家像は、船長の堅実な操舵を必要とし・たえず荒海と乗組員の怠惰とにおびやかされる船の姿をとる。ぶあつい壁の背後にながく定住した市民が都雅な習慣と趣味の折衷とを身につけている都市の古典的な姿ではない。

この保守的人間は暴君的な男ではない。――すくなくとも自分自身の人民にたいしては。彼は規律をたっとぶにしても、ワガママあるいはワガママという評判を憎む。彼は不寛容な男ではない。――どんな種類の観念でも、大衆を従前以上にゆさぶらないかぎり、徹底的に論じてかまわない。検閲は、社会統制に必要な方法ではあるが紳士やそもそも大衆向きでない作品にまで適用するにはおよばない。そして、一般的な観念にはどれもさして注意しないから、真理のための犠牲をうむこともない。彼はどのような狂信症も嫌悪することによって政治のために基盤を用意する。しかし、政治家を侮蔑する。イギリスでさえも保守主義者はかつて考えた、いっさいの政治は「党派的」であり、いっさいの反対派は不忠者だ——陛下の政府の敵だけが政治をもつ、と。彼は、公定祈禱中で神に願いまつる、「彼らの政治をうちひしぎ、彼らの奴隷じみた奸計を破産せしめたまえ。」この型の保守主義者は、専門家を不信するが、たんなる政治的ハタラキをしのぐ深遠な知識や行動規律を鼻にかける行政官とは、おおくの共通点をもつ。彼が軍人のばあいもある。——一九三一年にドイツ国防軍を「政治的流動世界の決定的安定要因」と記述したグレーナー将軍のように。また、国教会の牧師のばあいもある。ここでも彼は、政治とは無関係な悠久の国益を一身に体現しているとうぬぼれる。無神論者ゴビノーはうやうやしき保守主義者仲間をみごとに代弁して、「世俗政治体にたいするクリスト教の有用さ」をたたえたのであった。

だが、何はともあれ、保守主義者は大土地所有貴族政の丹精こめた産物とみられたいのである。だから、所有権を、政治の埒外の、政治的立法措置にさわれもしないものと考える。彼は、みずからを所有権の神秘でつつむ。所有権は、そもそも土地所有権を意味するから、小作人をいたわる経験と責任とをさずけてくれる。——それはほとんど「魂の治癒」になりえさえする。それに、所有権だけが、知識と独立との条件である余暇を許す。この論法はつねにくりかえされる。「余暇は」とホッブスはいった。「哲学の母である」「学識ある男の叡智は、余暇をまっておとずれる。仕事をわずかしかもたないならば、聡明となるだろう……」バークは『伝道の書』を引用した、「鋤をにぎるものになんで叡智がえられようか……?」これから次の結論がひきだせる。つまり、クロムウェルとアイアトンが一六四七年のパットニイ会談で麾下の造反士官に語ったように、いかなる選挙権拡大も「所有権を重視」せずにはなりたたず、「土地に関係」し・こうして「悠久の国益」に関心をもつものだけにかぎってあたえられるものなのだ。なぜなら「もし万人が平等に投票すれば、おおくのものがやがて他人の所有権をおかすようになるだろう」から。たたきあげた腕ではたらく小売商や職人がいる、とまた『伝道の書』はいう、そして「こうした人に頼らなければ町でくらせない。」それでも「彼らに公けの席で意見がもとめられることはない……」だがこのおなじみのたいくつな論法をあまりおしつけすぎれば、事情が変り・熟練労働者がその必要労働の果実配分に参加を要求する時代に、不動の原則として固執されるならば、それへの答えは、レインバラ大佐のアイアトン将軍への返答にならざるをえない。「閣下、私は、全所有権の撤廃なくしては自由はなりたちえない、とおもいます。」政治の上に所有権をおこうとする試みは、政治にたよらず所有権を撤廃しようとする試みを挑発するだけだ。こうした不動の原則はどれも、ほんらい非政治的である。社会の所有権関係をめぐる論争が、どの国家でも対立をひきおこす大原因の一つであり——政治が調停すべき大任務だと教えられるのにはマルクスをまつまでもない。だが、不動の線を引くわけにはいかない。たしかにいえることはただ一つ、「所有権問題」は政治的にのみおちつく(まぜかえされてはまたおちつく形で)ということである。保守主義者は、その所有権感覚はことばにつくしがたく、格別政治超然的尊敬に値いして当然と思いこむ。それで、他利益がおうおうにしてそうはみないといってはあきれ・心をいためる。しかし、それは理由のないことなのである。

また、政府の第一任務は統治だということを金科玉条とする保守主義者がいる。これはけっしてまちがってはいない。だが、自由主義者には、これが必須の真理だと想起させる必要があるのと同じほど、保守主義者には、これが十分な真理ではないと想起させる必要がある。何らかの秩序かまったくの無秩序かについてだけ選択するならば、たんに統治するだけでも十分だ。だが、きわめてしばしば、国家保持の課題はよく統治することとみなされる。よく統治するとは、被治者の利益に即して統治することを意味し、つきつめれば、何が被治者の利益なのかをみきわめる確実な方法は、政治主権団体がそれを代表するしかありえない。そして、人民に、その利益全部が、全部あるいは一挙には実現できるものではないと納得させる確実な方法は、人民自身にまかせ、どの国家にも不可避な利益対立を、自分の眼でたしかめさせるしかありえない。くりかえす。政府が強くなるためには、こうした政治が社会の根底そのものをつつみこむまでに根をおろさなければならない。強力な集団ならば、反乱においやられるかその精神を粉砕されるかしないかぎり、選挙権を永久に排除されることはありえない。政府が統治する以上、いい統治をしない口実は存しない。革命は、まぎれもなく、政治の挫折であり、加速された政治といったものではない。しかし、革命は、アメリカ・フランス・ロシアの革命の例のように、結果としての無政府状態に乗じて権力をにぎった党が、後に公式の革命前史として強制する理念志向運動にもとづくよりは、無為無策な現存政府が挫折した渦中から、おきることがおおい。もし、保守主義者が、政治は体制内諸利益操作の問題だといいたいならば、革命の原因は「抽象的理念」「息つく間もない革新」「哲学的誤謬」[26]だといって教条主義者にこびても無益となる。なぜなら、もっともふつうの革命原因は、畢竟、熱情にもえるある結社が、——革命過程中にか以後にか権力をにぎり——革命の結末と経過とを片時たりともあやまらず見通した結果、旧体制を一掃した活劇(革命政権の特命をうけた革命史家は事後にそうかたるが)ではない。たんに旧体制が、おそらくきわめてさまざまの理由で、統治するのをやめただけのことにすぎない。そして、統治に失敗するもっともふつうの原因は、被治者に適切な代表制度をあたえなかったむくいで、何を被治者が欲し、何の解決を求めているかがわからなかっただけにすぎない。あまりにもおおくのばあい、保守主義者の失敗がのこした混沌中に秩序を創造するよう余儀なくされた人間が革命家となる。同様に、「教条主義者」とは、保守主義者がそのもっともよく心得ている——にもかかわらず、じつはやりそこなっている——任務への信任を請求するあまりアイソをつかされたときに、いろいろリクツや説明をかってでる男にすぎないといえる。

だから、政治についての教条主義者と保守主義者とのいさかいは、しばしば、たがいに信用しあいすぎていることの反映である。彼らはともに、ある種のスローガンを、実際の値打ち以上に重要だと主張する。保守主義者は、反教条主義者として、自分の「政治的教義」軽視は、これらがまるできかないからか、あるいは、あまりにもよくきく可能性をもつからかをしばしばきめかねる。「平等権」を例にとれば、実現不可能な独断、綱領の所産であるよりも誤解の所産である、と笑殺することはできる。だが、これは、歴史の具体的所産として研究すること、そもそも、合理的な・あらかじめ頭で考えられた第一原理ではなく、後進——といってもいいだろうか？——社会集団の抑圧された渇望を要約したものと理解することもできる。もしそうなら、もし、権力の座にある教条主義者、おおくのダントンやおおくのロベスピェールは、じつはそれと知らずに古いレンガで建設しているのであり——フランス旧体制にすでに芽ばえていた中央集権化傾向を完成しているのだとすれば、彼がどれほど誇らかに書いたり、かたったりしても、それはどうでもいい。現実に何をなしているのかをみてみよう。言論からは結果が生まれるとはかぎらない。われわれはあまりにもしばしば、歴史の所産としてしか説明できないものごとを、理性や教義の所産として説明しようとする。それに、教義そのものについていえば、政治的教義が「教条的」となるのは、他の路線の存在、針路変更の可能性の基礎を、その提唱する図式で排除する——あるいはもちろん、たんに非実践的にすぎない——ばあいにかぎられる。もし、ある特定の秩序ないし結縁がつねに維持可能とか・維持されるべきだとか、あるいは、つねに支配者は正しく・慈愛ぶかく、つねに人民は支配者を信じ・恭敬である(あるいは、それがふさわしい)と考えている保守主義者なら、彼自身、教条主義者なのである。

反教条主義者としての保守主義者は、政治を純粋に実践的なハタラキとして、純粋に経験的ないとなみとしてあつかうので、ヨリ堅固な基盤の上にたつようにみえるかもしれない。コトがおきるや、すばやく反応し、理論を敬遠し、経験が一切であり、経験だけが求められる(あるいは、すくなくとも、賞讃される)。ここにいるのは、絵にかいたような実践的人間である。彼は、政治における工学主義者のように、外見をとりつくろったりさえしない。ただ「風格」と「ハラ」とだけを標榜する。エドマンド・バークでさえ「制度ではなく、人が問題」といったものが、最高の政治的価値とみなされる。だが、いうまでもなく、誰にしても純粋に実践的であったり純粋に経験的であったりする上で、自己満足を尺度にできるわけではない。そもそも実践的であること、たとえば木片にクギをねじこむことは、その行為がなんらかの目的(たとえその目的がたんなるアソビにしても)に有用であることを前提とし、金ヅチとクギとの作用と木の反作用とをある程度予想することである。政治において純粋に経験的であることは、予想と期待との閉じた体系内部での作業を前提とすることである。だが、政治の実践についていちじるしい点は、どのドアもついに完全にとじられてはいないことであり、政治の理論についていちじるしい点は、閉じた社会がものの用にたたない、あるいは不寛容だとわかった時に、これが出現することである。

政治について——じつに政治学についても——純粋に経験的であると主張するものは無批判に既成秩序を護持しているにすぎず、教義なき保守主義者にすぎない。この意味での「経験主義」は、まさに「イギリス的誤謬」とよんでいい。イギリス経験主義者は、きちんととのえられた島国-庭園の草をはむ目かくしされたウマである。この庭園には、緊急問題はわずかしかないと思う何か一般的理由があるかもしれない。だが、他の土地では、あまりにも荒れはてているので新思想や一般的観念が現実に重要なのに、それまで理解しそうもないのは奇怪なことだ。この目かくしされた経験主義者がなげくのは、他の人々が教義をあまりにもマジメにとる事実なのである。

すべての保守主義者がこのように経験主義を信頼しているわけではない。その奥にひそむ軽率さに気づいている人もある。マイケル・オークショット教授は告げる、「実践的観点からすれば……われわれは純粋経験主義にちかづいてゆくような政治を否認してよい。なぜなら、そこには狂気への接近が認められるからだ。[27]」（おそらく記憶喪失症の精神異常者だけが、いちいちの出来ごとに、あたかもそれぞれまったく独特のものごとであるかのように、おこるにつれて反応しようとし、あるいは、反応せざるをえないであろう。）何かが必要なのだ、と彼はいう、「経験主義を有用ならしめるには」。そして、この何かとは「伝統的行動様式」への依存である。そうなれば政治は、いわば、「伝統との語らい」、われわれが人間の条件の一部として、単純にいとなんでいるものとなり、新しい発見のための論議でも・方法でもなくなるだろう。われわれはかずかずの第一原理にもとづいて行動していると思っているが、歴史を一瞥しさえすれば了解できるように、それらは第一でも・原理でもなく、現実の政治的経験に根ざすものである。つねにヨリ大規模で・ヨリ複雑な主題の局部的縮刷版だったということになるとしても。われわれは、自分は高く・はるかな目的を抱いていると考えるかもしれない。しかしじつは、たんにその場その場の行動をたのしんでいるにすぎないかもしれない。――ウィリアム・フォークナーの『秋の燦めき』中の妊娠した少女のように、ほんとうは逃げた恋人や未来の恋人などをさがしているのではなくて、「旅行しているだけ」かもしれない。――ただ惨めさをたのしみながら。「自由は」とオークショットは告げる、「かがやかしい理念なのではない。」逆に「具体的な行儀作法の形ですでに親しみぶかい」ものなのだ、と。さてこの見解には、うなずかせる点が数々ある。それはあきらかに、イデオロギー的政治理解にも、どのような「純粋経験主義」提言にも、たちまさる。またそれは、どの政治的教義にしろ、その熱心すぎる主張を矯正しもする。だが、ぴったりなこころよい事情の下ではあまりにも真理でありすぎるのに、別の事情の下ではさっぱりあてはまらない、それなりの難点をもつ。それが政治的ハタラキの一般的特性であろうとする意味では、あまりに真理すぎる。――それはげんに、政治の一般的特性である。だが、あまりにも一般的すぎて、空疎ではないにしろ、自明の理なので、政治的行動への指針とはなりえない。さて、もちろん、このような見解をとるものは、正義の大尺度を奉じつつ、卑俗な行動指針をしめすつもりは毛頭ない、と主張するだろう。彼は、冷笑をたたえつつ、つつましく、政治家に忠告するのは大学人の「ガラではない」——なぜならこれこそ大学人的見方だから——というだろう。政治はたんに政治にすぎない。そのとおり。だが、それは政治で何を意味するかによる。そして、後述のように、政治がつねに伝統と親密な同盟関係にある、というのは全然ただしくない。伝統は、ある意味では、政治の必要条件をなす。しかし、十分条件にはきわめてほど遠い。

ところが、伝統そのものが、こうした政治の見方に——ものごとを詩化してうけとる以上の——意義を認めるには、最大の障害となる。なぜなら、政治的伝統は、一様な制服としてよりも、色とりどりな上衣として、考えられるべきものだから。それを、船としてみるのさえ不適切であり、慣用の比喩にあわせるなら、むしろ、たがいにかばいあいつつ航行する船団として、みるべきなのだ。あきらかにその任務は、国家を一隻の船にたとえる修辞家たちがいうような、「まっすぐに浮かばせる」だけではない。——見捨てられた船のばあいには、うかんでいるだけで偉大な成果だとしても。なぜなら、各船の指揮者たちは、たんに過去の航路を記憶するばかりか、目標とするところについてある見通しをもっているのがふつうなのだから。——しかも彼らは、風向きにおうじて航海中に針路をかえるばかりでなく、交易条件の変動におうじて目的地をまるきり変更できるお墨つきをも、近代技術のおかげで、もっている。そして、この政治の高貴な比喩のどこをとっても、われわれが船団を問題にしていることこそ、肝要な点である。政治を伝統とみる観念が人をあやまらせやすい理由の一つは、政治的秩序には意識された目標が存在しないどころか、あまりにもおおく存在することなのである。どの船も、共通の危険にさらされているあいだは、独自の判断で操舵しないよう、拘束されなければならない。

どの高度ないし複雑社会にも、つねに伝統は複数で存在する。イギリスには、保守主義者の伝統がある。しかしまた、レイモンド・ウィリアムズ氏が「長期の革命」とよんだところの民主的伝統、あるいは絞首台上のアルジャノン・シドニイが「その下にわが青春の日よりはせ参じ、そのために御身がいく度となく奇蹟にみちて御身自身をのべたもうた、あの古来の大義」とよんだ、宗教と政治的非同調主義とが同盟する古来の民主的伝統もある。フランスには、革命そのものの伝統が、本質において反伝統主義的であるとはいえ、数多い。そして、アメリカでは、反伝統主義的伝統主義が、錯綜したおびただしい根からやしなわれつつ、きわだっている。アメリカの政治的伝統は、本質において、自由主義的である。伝統主義者は正しい——あまりにも。もっとも狂態をしめし・もっとも極端に左翼的で・もっとも理論の創意に富み・もっとも歴史に無知な青年——でさえ——ずっと長く忘れさられていた政治的聖徒や殉教者たちのスタイルを、おどろくほどにまで、再現しているにすぎない。たとえば政治的には、自由国家における左翼政党の弱点は、おおくは、——ナショナリズムと区別された愛国主義さえも恥じるほど——自分たちがいかに伝統的なのかを理解も認識もしないことである。だが、伝統的か・反伝統的かを保守主義者流に選択するのは無意味で——わざわざ決断するにはおよばない。なぜなら、どっちをとっても、結果はかわらない。保守主義的学者は、自分が、政治的決定とはほとんど直接の関係なしに、たんに知性的立場からの一般的警告をしているにすぎない、あらゆる思想と行動とは、何らかの行動の伝統に属することをつねに想起しなければならない、と考えるだろう。だが、この論法は、徹頭徹尾月並みである。まさに、こうして全内容をはぎとられ・たんに政治研究の方法として弁護されるなら、論法は循環し・同じことをくりかえすだけとなる。つまり、もしすべてが伝統ならば、すべては——まさしく——伝統である、と。だから、われわれは、この経験の全流量を認識と利用とが可能な次元に還元するために、何か別の基準を必要とする。ヨリしばしば、この学究的保守主義は、たんに方法・教育・哲学を語る扮装の下で、内容と本質との一大密輸入をなしている。「伝統」は、個々の伝統としてではなく、全伝統として無規定に放置されるなら、イデオロギーにスレスレの概念となる。一方はいっさいを理解する方法を提供し、他方はいっさいを説明する方法を提供する。いっさいが相互関連するゆえに、伝統主義者も・イデオロギー論者もともに、いっさいの変革なくしては核心の変革はありえない、とみる。彼らは、同じ誇大な前提から、別々の結論を引きだしているにすぎない。

伝統主義者としての保守主義者は、伝統が明白に多元的である事実にたいし、伝統なるもの、ふつうには、政治行動の「具体的」伝統について語ることによって、かろうじて防戦できるだけである。——そのコトバは、ヘーゲル主義者が頭をかかえているシルシなのだが。だが、これは総意や共同利益にもとづき・はかりしれない予感と感受性とをもって決断する神秘な触覚があるという主張を、「政治超然」的保守主義に混ぜあわせる、正当・純良な伝統がある、という話になるだけにすぎない。しかし、自由国家の一体性保持には、総意でも共同利益でもなくまさに政治によるということこそ、簡明率直な真理である。政治のヤッサモッサを通じて、一国の諸伝統はそれぞれ、固有の記憶と目的とをいだきつつ、ただ政治によって拘束されながら、権力へとめざす。政治は、じつは伝統主義者が称したがるほど繊細なものではない。——もっと無骨で・無細工で・お調子のりで・破滅しやすい。それで伝統主義者はいいたがる、すべてが虚栄なのだから、政治はたんに伝統との対話にすぎない、と。だが、オークショット流のつきはなすイロニーのかげに実際きこえてくるのは、ききなれたおしつけがましい声である。どんな政治にも、支配的伝統が存在しなければならない、と。さもなければ、政治的保守主義と伝統主義との同一視はほとんどダジャレにすぎない。もしあらゆる政治が伝統的ならば、現実の保守政党ないし教育は、他のどの政党や教養同様に、特定の時と処とにおける特定の社会的・経済的教育の弁護者と解されなければならない。そうなれば、伝統なるものは、たんに支配階級の伝統にすぎないということになる。

保守主義者はふつう、政治の実際と国家の歴史とに、つまりはヒョッとした偶然がはたらくのをみとめるのに、もっともやぶさかでない。――それは、氾濫した川のように、もっとも安定した政策も・もっとも綿密な計画も突如としてくつがえす、マキァヴェリが「運命」の名で意味した一切である。だが、保守主義者は、伝統にはこうした衝撃もふつう吸収可能だといった、まるで根拠のない楽観をするか、さもなければ、肩をすくめていうだけだ、「アトハ野トナレ山トナレ」と。――これは、おおむねノンビリしているものはそもそも無能だという病める現実主義であり、現実造形の術を知らない想像力の欠如である。伝統の概念は、どんな国家の生存にも、創意・革新・意識的巧緻のどれほどがそもそも必要かを描くのに、きわめて貧しい。人類学者は政治哲学者に、山ほど教えることができる。どんなに原始的であろうとも、そこに人類学者が、その共同体生存への新しい挑戦にこたえる底の創造機能発揮的慣習をみいださないような社会は稀有である、と。慣習の概念は、第一次生存必要と、適切にも文明とよばれるものへの成長との関係を、伝統の概念以上に明確に説明する。国家は、変動する環境への不断の適応をつうじてのみ、生きのびる。出来事が、われわれに選択を強制するかもしれない。われわれは、自分の選択のすべてを正当化できないかもしれない。しかし、われわれは、たんに腰をおろし、経験の流れに身をゆだねはしない。伝統は指針となるかもしれないが、伝統だけでは、生存にとって貧弱な刺戟にすぎない。――というのは、そもそも生存するためには、高度の意識的変革を、農業技術であれ・軍事戦術であれ・交易様式であれ・産業所有権であれ・統治制度の枠組であれ、しばしば要求できるのだから。合理主義者と教条主義者とにたいする伝統主義者の論陣は、ほとんどつねに、りっぱで正しい。しかし、それだけで十分とはなりえない。合理主義者が着古した服のつくろいには限界があると主張しなければならない時がある。教義も伝統も、それだけでは十分でない。両者をつなぐもの、そして、時におうじて両者がとる多様な形態をつなぐものは、政治そのものなのである。われわれは、政治が「究極の精神活動」だとあえて主張しよう。それは習慣と安全とを結婚させる。だが、好運がさしだすものに対処できるほどの生き生きした創意への愛も、忘れてはならない。

つまり、バークの偉大な格言のとおり、「維持するために改良する」必要があるばかりか、維持するために現実に創造しなければならない政治の季節があるわけだ。ジョン・アダムズは、一七七五年の大陸会議の討議を、イロニーをこめた正しさでかつて回顧した。

私は、当時友人の誰ひとりとして、政府といえば行政高官と判事との委員会をともなった一院制立法府という唾棄すべき形態しか思いつきもしない事実を知った。……私は、憲法制定会議に採用可能な計画のあれこれを、キビキビと即座に素描しつつ答弁した。……私は、脳中にも舌端にも、バーク氏が語り・シェイエース師が書類箱に書きためたような、政府についての構想をどっさりともっていた。ただ、そんなに巨細でもなく、彼らほど深遠な彫琢をくわえてもいなかった。だが私が注意したのは、抑制なき政府が提案されるたびに、その一つ一つにたいしつねに反証することだった。

伝統だけではなんの力にもならない事情の下にある、真の政治家がここにいる。ここでは、複数の計画が提出されてたがいに競争しあう。人はその最善のものを選びさえすればいい。ただし、計画なしですますわけにはいかない。経験は、ある抽象的原理、あるいはすくなくとも、計画判定のある基準にまで、蒸溜されなければならない。イギリス保守主義者たちが、アメリカ政治をまるで存在しないかのようにあつかわざるをえなかったのがつねだったとしても、ほとんどおどろくにはあたらない。ある初期アメリカ神話を訂正し、アメリカ建国の父たちが、畢竟、いかに伝統志向的であったかをいうにせよ、なお伝統についての保守主義神話と逆に、アメリカ政治制度の思慮ぶかい創設が、まさに政治的手段により、政治的秩序のために、おこり・かつ・おこらざるをえなかったのは、水晶のようにきらめく真実である。

すなわち、政治的結合を、保守主義者にとっておおくのばあい耐えがたいまでの政府基本枠組の改良ないし変更もないまま維持するのが、つねになりたつとはかぎらない。思慮の深さも・慣行の重さも、けし飛んでしまう時がある。アメリカ植民地の処理にあたって深慮をもとめたバークの偉大な訴えが、いかにしばしば政治的真理として、真の保守主義の言葉として、とりあげられてきたことか？　彼は論じた、誇りとか法律問題とかをあげつらわず、協調し・心をひろくもて。「くりかえし、くりかえし、御身の古き原則にたちかえれ。——平和を希求し・確保せよ——アメリカには、課税可能な物件を有するかぎり、みずから課税せしめよ。余はここで権利の区別にも立入らず、その境界画定をもこころみない。余は、かかる形而上学的区別には足をふみいれない。余はその言葉をすら嫌悪する。……」だが、法定権利をさておけとのこの種の訴えが、被治者に、保障なくしてたんに信託せよとの訴えでもあることは、何とたやすく忘却されてきたことか。しかも、一七七五年までには、それがもはや無効な訴えとなったことはあまりにも明瞭である。信託が完全に消滅してしまったのだから。アメリカ植民地人が要求したのは、みずからの代表によらないでは課税されえない保障であり、たんにイギリス議会をヨリりっぱな人々が牛耳れば、自分たちも息がつける、というのではなかった。議会主権のドグマが邪魔をしていた——ノース卿ばかりか、バークにとっても。連邦制による解決を考えたがらない保守主義者の反撥は、可能な政治的解決をどれもさまたげた。成文憲法による保障が意味したのは、政治の終焉ではなく——政治のある型の終焉だけであったろうに。そして、アメリカとの結合保持をはかる唯一の別案は、イギリス自身が「アメリカ問題」で政治的に分裂していた以上、必要量の軍事力が結局不可能だったために、成功しなかった。

保守主義は、このように、他の教義と同様に、政治の教義なのである。それは、ほとんどつねに、部分的には真理である。しかし、事情につれて変化して、はじめて正確に真理となるだろう。それは、反教条主義を公言するかもしれないが、どのように具体的に定式化されようとも――オークショットの「伝統」やバークの「主権」のように――恣意的独断をいくつかふくむだろう。もしそれがたんに経験にたずねるよう忠告するだけならば、あらゆる型の政治についてあてはまり、さして遠くまでわれわれをつれさるものではない。それが遠くまでつれさったとすれば、およそ普遍的からはほど遠い事情の下にかぎられる。この政治の良き友は、格別の注意に値いしてきた。理由は簡単だ。保守主義者は、他の教義よりも、私が擁護する意味での政治をよく心得ているときわめてしばしば主張するからである。――たしかに彼は、おおくのばあい、心得ている。しかし、おおくのばあい、あまりにも嫉みぶかく・あまりにも狭い執心を露わにしすぎる。保守主義者は、他の万人と同じく、自分の利益獲得ないし維持につとめる結果、政治に寄与する。――だが、その政治超然的であるとの自己主張は、彼がつねに政治的態度で行動しているとはかぎらないのではあるまいか、という疑惑をまねくだけである。彼は政治を超越していると思われたがる。彼は、公共問題を、私事として解決するのを好む。

政治無視的自由主義者

あまりにもわずかしか期待しない保守主義者がいるのにたいし、あまりにもおおくを期待する自由主義者がいる。彼は、政治の成果を、代価の支払いや苦痛の顧慮なしに、のこらずたのしもうと望む。彼がこのんで讃美するのは、なった果実であり、ならせた木ではない。彼は、果実――自由・代議制・誠実な統治・経済的繁栄・無料教育ないし普通教育等――を一つずつ摘みいれては、それ以上政治との接触なしにすませたいと望む。彼は、一定のものごとを自然権としてあつかい――こうして、定義上、政治の外におく。あるいは、政治はたんに政党と政治家との行為にすぎないと考え――こうして、政治の範囲を乱暴かつ非現実的にちぢめる。この自由主義者は、政治と行政、まさに国家と社会との間を画すきっぱりとした一線があると信ずる点で、どこかテクノクラットに近似する。しかし、この一線をどれほどふかくひこうとも、彼は、政治のために、かならずある余地をのこしておく。彼は政治というテリアをこすりたて、みがきたて、梳きあげるあまり、ついには、りっぱにしても、ほとんど生気のない愛玩用小犬にしてしまう。彼は、理性の力と輿論の凝集力とを過大評価する。彼は、政治的情熱の力と、自分たちにまぎれもなく有利なことにしばしば目をふさぐ人間のツムジ曲りとを、過小評価する。彼は政党をこのまない。――もし、政党に参加する時には、実践のため原則が腐敗するのに、断乎として抵抗する。彼の思考傾向は、明白・単純な代表制度にはたらきかける開明的な輿論といったおもむきがある。政治家はシメだされる。なぜなら、たんに媒介力にすぎず、創造力ではないからだ。まさにアメリカ語では「政治家《ポリティッシアン》」の言葉そのものが、十八世紀のおぞましい意味をとどめている。政治家は「周旋屋」であり、実業家からさえもなんとなく卑しまれる。この自由主義者は、あれやこれやを粛正する政治的十字軍には積極的に参加するが、政治の職業的常連を嫌悪する。もし彼が、目下のイギリスにおけるように、そもそも政党をつくるとすれば、それは反政党的政党なのである。彼は、自分が大統領よりも正しいという気骨を賞讃するが、この態度にともなう危険と無責任とにはまったく無知である。ここにあるのは、別の言葉でいえば、自分は正しいという信念と淑女きどりとの痼疾症をもつ政治人タイプなのである。「われわれはすべてこの地上にあってたがいにたすけあう」W・H・オーデンは皮肉につけくわえる、「だが、なぜ他人がここにいるのかは、ただ神のみが知りたもう。」

政治的経験は、このような淑女きどりですむにはあまりにも多彩である。政治は、真に他者であり・われわれの償いのための課題でもなく・われわれの人類愛の対象なのでもない人々との、真正な関係をふくむ。彼らは真にいとわしいかもしれない。しかし、彼らに依存しなければならない以上、われわれは、彼らと共存する術を学ばなければならない。自由主義者はこれら不愉快ないっさいを無視しようとつとめ、あまりにもしばしばたんに統治するだけにも失敗する。自由主義者は、どの争点も第一原理の問題ではないとみとめられるかぎりで、統治すること、あるいは責任政党の一員となることを欲する人間である。これは、危険な行動不能——政治的価値を擁護するのにさえも暴力行使を拒否する不能にみちびきかねない。ルイ・ナポレオン、さらに一世紀あとにド・ゴールに直面したフランス議会の悲劇的誤算、アイルランド保守派の反乱に直面したアスキス自由党内閣の行動不能、ナチに直面したワイマール共和国の恐怖と法的形式主義、それに、世界政治の次元では、有色市民の法的権利保証にアメリカ行政府がしめした恐るべき怠慢さ、これらはすべて、自由主義的尻ごみと淑女きどりとの古典的実例である。一九三一年に偉大な自由主義的マンチェスター・ガーディアン紙は、ナチは一党として最大であるからその政府からの排斥は非民主的だ、とおごそかにヒンデンブルグ大統領に忠告した。そして、ドイツの「無邪気な自由主義者」と「上品な保守主義者」との多数は、ともかく法的権力を行使させれば、ナチも正常な政治作法にのっとった行動を不可避的にとらずにはすむまい、と信じた。[28] 自由主義者の見通しの浅薄さが、「たんなる政治」の擁護に権力を行使する不快感を助長した。

政治についての自由主義者の淑女きどりは、また、あまりりっぱでない要素の社会的必要性を理解不能にさせもする。彼らがみるのもイヤなものがある。イギリスでは労働組合であり、アメリカでは新移民である。イギリスの自由主義派編集長W・T・ステッドが、ある大西洋横断の折りにデッキ・チェアに腰をおろしたら、となりはアメリカのボス「タイガー・ディック」クローカーであった。ステッドは、タマニー・ホールについて正直な人間なら疑いもなくふつうにいだく見解を披瀝したが、クローカー市長の返答を記録にとどめるほどにキマジメでもあった。「あなた方イギリス人がわれわれの国でまっさきに注目する事実は何でしょうか？　そら、それは、いま話題にしていた群衆です。教養もヒマもある少数者は、政治の仕事に——小指でさえも——手をふれません。あなた方のゴリッパな原理がタバになっても、ドクリツ人間には時折りの選挙に発作的興味をいだかせるのが関の山です。上流の人間なら、政治の仕事にたえずホンキでかかずらわってはいられません。彼らはそれを自認します。誰だって知ってます。ドクリツ人間の原理さえもドクリツ人間をうごかさないとすれば、同じ高邁な動機が大衆に政治をおもしろがらせるのにたりると期待するわけがありましょうか？」

「だから」と私はいった、「あなた方は彼らに利権の口輪をはめる必要があるわけですね？」「だから」と彼は答えた、「われわれは彼らに利権の口輪をはめる必要があるわけです。もしそうおっしゃりたければ。利権の口輪は国がちがえば品かわりますが、ここでは官職の形をとるのです。しかし、われわれは、政治のつらい日常業務をおもしろがらせる刺戟剤がいるのです。ことにわれわれの群衆が相手なら、やつらにピンとくるにはこれしかありません。……」(29)

これは瞠目すべき断章である。なぜなら、政治はありのままにうけいれられるべきであり、さもなければ、抛棄されなければならない、と想起させるから。だが、政治は、クローカー流でさえも、何かいい目的に奉仕する。それは、アイルランド移住貧民を国民生活にとけこます方法、アメリカ先住移民が歴史的に形成したのと同程度の力を形成する方法であった。政治は、社会的に疎外された人々を前進させる方法——彼らに、ヒネくれていようといまいと、その力への敬意から、彼ら自身への敬意をかちとらせる方法であった。クローカーのような腐敗した民主主義の政治家は、政治を擁護するにはつらい事例といえる。彼のような人間は、アメリカのリベラルからは、すくなくとも政治的労働運動の擡頭防止に有用だと感謝されるに値いするものの。——イギリスは自国のクローカー的人間をあまりにもさっさと追放した。しかし、彼は、現実の政治的問題に手をだせないお上品な自由主義者からも——彼には、階級的・人種的差別も「現実には存在しない」——率直な専権支配を腐敗した政治よりも望ましいとする人間からも、擁護されなければならない。大部分の自由主義者は、ジャスイすれば、腐敗よりも専権支配がお好きなようだ。こっちの方が、ゴセイケツだし、個人の徳——率直さや誠実さ(これに自由主義者はこよなく信頼をおく。「もし率直で誠実なら、すべての政治は無用となる」——が自由主義者の口癖だ。)——をヨリ尊重するらしいから。だが、腐敗は、すくなくとも人間的価値であり、すくなくとも選択や僥倖をゆるす風穴なのだ、献身的精神主義者たちが護持する不変な政府のおそるべき硬直さとくらべるならば。政治の腐敗にたいするほんとうの反対は、それがほんらい不道徳な行いだというのではなく——同胞を殺すのだって不道徳だ、たとえ制服に身をかためていたとしても——政治の代表性を歪曲し、有効なフィード・バックを不可能ないし極度に困難にすることによる。全体主義国家でならば、腐敗が、現実に自由の萌芽を保持することもある。

つまり、自由主義者は、政治の終焉、自由と秩序との宥和を希望する。しかし、しばしば、その手段を欲することを欲しない。彼は、うやうやしく、「個人の利益」のために、政治の——ああ——地方自治・学校・労働組合・企業連合・新聞所有権・教会と、まさに議会ないし国会以外のほとんどすべてからの、除去を願う。さらにいまなお政治から政党を除去したい、あるいはむしろ、あらゆる被選出代表体を政党から独立させたいと腐心する理想主義者たちがいる。この最後の要求は、政治から政治を除去したいという(統治から政治を除去する意味で専権支配者ないしテクノクラットにならないかぎり)明々白々な不条理を避けるための・道具立てに外ならない。代議士は、と彼はいう、一個人として自由に意思を決定しなければならない。——けれども、政治の現実において、なぜ誰もが無政府主義者か世捨人かのマネをしなければならないかは、つねに明白とはかぎらない。

だから、自由主義者の道具立ては、政治をかたづけたい一念で八方手をつくす。自由という純潔な乙女への彼の嫉妬はすさまじく、政治のような海千山千を彼女から遠ざけようと苦心する。彼の自由への愛情は、あらゆる点で見事でゆるがない。ただし、政治そのものとの関係では例外となる。なぜなら、教義としての自由主義は、価値目標をもつにもかかわらず、政治についてのその記述と理解とは、見当ちがいなのである。自由主義者が政治的意見にもとづくどの個人的迫害にも抗議するのは正しい。しかし、これら意見が尊ばれるのは、個人的なためである。——まるで政治的意見は、精神的ないし宗教的意見と同じ経験水準にたつように。政治的意見は、真に政治的ならば、ある集団の利益ないし理想に由来する事実が嘆かれる。「個人主義」は、たんに政治行動をあやまって記述するばかりか、ドグマ——どの人間存在も独特だという経験的事実からの完全に不当な推論となる。自由主義者は——かつての功利主義者と同じく——自分自身の私利に相談するように、あるいは——後期の自由主義者と同じく——共同善を欲するようにと要請する。しかし、彼は、これら世界観を事実上可能にした集団的手段の除去を望む。厳密にいえば、私利も・共同善も、政治的ではありえない。たまたま私利であるものも・かつて共同善と考えられたものも、自由な共同体の統治を十分に保障できないからこそ、政治が生起する。個人主義は、本性上、政治的教義ではありえない。人は、それ以外のものではないから、人なのだ。主体性は、人間の条件の一部をなす。政治がこれをあたえるのではない。だから、政治はこれをうばえない。政治は、イデオロギー信奉者がこころみる個人性解消よりも、その尊重を余儀なくされる。だが、具体的政治スタイルは、主体性という偉大で単純な事実からはうまれない。政治そのものはある肯定的主体性によってたつ。それも、行為はすべて個人の行為だからに外ならない。ところが、政治をつくりだす多様な諸利益は、まるごと精神的・社会的統一体とはあつかえない、一定領域内の、集団利益なのである。おおくの自由主義者たちは、この事実にけっして直面したことがない。なぜなら、あきらかに集団利益というものは、粗野で・間にあわせのシロモノであり、もれうけたまわれば、ある人々がその良心の書を読むのにもちいる甘美と精巧とには似ても似つかない。自由主義者は、既述のとおり、ネジ曲った木への手入れを望まず、それもツヤツヤした果実を好むのだ。

もちろん、ある意味では、われわれはほとんど一人のこらず自由主義者である。——われわれは、自由を愛し、寛容であろうと努力する。ちょうど、ある意味では、われわれはほとんど一人のこらず保守主義者であるように。だが、自由主義は、今ではおおくの人が参加するにはあまりにも限定された政治教義となっている。そして、自由主義者が拋棄したがる独断の残骸のおおくは、政治局外性をもとめる作業そのものにかかわる。自由主義者は、個人としては、保守主義者よりも慎しみぶかいが、公共面では、ヨリ創意に富む。彼は、ある種の自然法や憲法を政治の局外におこう、自分自身さえ拘束しよう、とつとめて倦まない。一時は、ロックとともに「生命・自由・所有権」を、あるいはジェファーソンとともに「生命・自由・幸福追求の権利」を、政治・統治局外的自然権だと信じていた。史上、どの政府も現実の立法にあたっては、その国民の生命・自由・所有権を、なにほどかうばわずにはすまない。自由主義者は、自然権の観念をすてるにしても、そのかわりにある自然秩序の観念をもちこむだろう。——もし国家干渉から実質的に解放されるなら、政治をほぼ不要にするほどにいやます繁栄を約束する自由放任経済制度のように。経済は政治から独立に存在するという自由主義的構図は、経済は政治に優越するというマルクスの主張のために道を舗装したにすぎないが。または、自由放任政策からの激越な自由主義的断絶の例のように、社会調和を保障できる単純な選挙制度の配合法があると信じるかもしれない。いつのばあいにも、自由主義者は、成文憲法、ないし、すくなくとも基本的国法の観念にきわめて大きい力点をかけてきた。

自由が存在するためには、政府のある不作為義務が法的に定められなければならない。自由主義者は、最終改革——選挙権改革、経済生活への政府干渉範囲の法的確定——を、くりかえしこころみては、やぶれさる。しかし、いっさいを一挙に処理するのは政治的に不可能なことが政治の本質だとはいうものの、特定の人間活動領域を、政治的干渉ないし影響のいかなる可能性からも遮断しようというのはまったく恣意的である。じつに、まったく不可能なのである。政治は、既述のとおり、優越する社会活動であっても万能でない。ただし、生存のためか、放置不能で・何らかの調停が必要な利害衝突のためかを問わず、必要におうじてどの方角にも自在に向かえるほど優越しなければならない。宗教は、と自由主義者はいう、政治から救済されるべきものである、と。合衆国憲法は、〈教会〉と〈国家〉との間を大きな「隔ての壁」で仕切る。だが、人々に宗教を政治的争点としないよう禁止するまでいけるのか？　あきらかに否。自由を破壊しない条件では。〈国家〉が教会を直接援助するのは妨げられる。しかし、同心の信徒団が——物的見返りの期待からではなく、ただ代表を、種族上・宗教上、正義がおこなわれるのを期待して——特定政治家を直接に援助するのを妨げるわけにはいかない。もし、アメリカで、カトリック教会とカトリック政治家とが教区立高校に連邦援助を求めて運動するならば、どれほどこれが憲法違反だといってみても、それが政治的に処理されるべき政治的争点となるのを妨げられない。そして、もしこれほど大きな集団のどれかがその全野望にわたって不満足であれば、たとえその野望は高校問題よりもずっとたやすく解決ないし譲歩できたにしても、政治的行動抑制をやめる危険がうまれる。(所与の事情の下で)不可能な要求を可能な代案に転化する能力こそ、政治の力量なのに。

政治のこの転化傾向は、高度・複雑社会では、はるかに円滑にすすむ。ここでは、大部分の人が二つ以上の集団に同時に所属し、所属各集団の政治的利益は衝突しかねないからである。この事実を反省すれば、まだ自由主義のレトリックに余命をたもつ、国家は社会の下僕・社会はバラバラな個人の合成体・全個人は国家と直接に関係するという自由主義が描く伝統的構図の不条理は倍加する。この文脈でのマルクス主義は、自由主義の肩車でチョコンとたちあがり、(経済的)社会それ自身の実効的支配、偉大な自由主義哲学者や経済学者が要求した、貧弱な(政治的)国家装置からの究極的解放を予言するだけである。もちろん、この意味での社会は実在しない。それは、所与の領域内の多様な集団利益間にある関係が存在するという事実の抽象的表現である。社会それ自身は、他の集団のような集団ではなく、関係であり、一般的関係を主張するかぎりでは、政治または他の支配形態の産物なのである。自由主義者は、その社会理論を保守主義的ないし社会主義的社会記述より拙劣にするからと集団利益に反感をいだく。「社会」という彼の広大なキャンヴァスでは、社会問題はカスんでしまう。ところが、彼の、社会は、論理上国家に先行するとの主張は、政治が多様性をそこなうことなしに分化した諸社会をまとめるのは何故か、という全問題をよびおこす。

自由主義者の国家不信は、おおむね、公共的利益・投資部門を無視させる。全体主義的イデオロギー信奉者が、いちいち私的争点について公権力で強制するのにたいし、自由主義者は、私的利益への奉仕を例外として、全公権力の切り捨てをはかる。自由主義者は、公共部門を無視し、こうして不可避的に、公共の援助と公共の保護とが必要な人々を刺戟して、あげくには全政治体制を不信させ、これに抵抗させる。ガルブレイス教授が論じたとおり、自由主義者のきずく豊かな社会の基礎は、私的豪奢と公共的汚穢となのである。自由主義者は、あまりにも自由を愛する。それで、外的社会条件を維持するために政治的公権力を利用するのをしばしば忘れがちとなる。抽象的自由がおおくの人に有意味となるのは、その条件の下であるにもかかわらず。

だから政治は、自由主義者が正しくいうとおり、限定されたハタラキである。しかし、彼は、この限界をある一般法則にきっちりと表現できると思う点であやまっている。具体的な時と事情との下で、敵対する諸力の妥協と協調とをはかる政治そのものこそ、そのような法則なのである。政治にはいっさいを包含できない。しかし、何ものも、政治から完全にまぬがれることはできない。

政治破壊的社会主義者

政治理論としての社会主義は、最小限、保守主義の狭量と自由主義の度量とのきびしい批判者である。保守主義政党がイギリスにおけるように、権力の座にとどまるのは、社会主義的法案の同化によることは、意味ぶかい。——「人は保守主義、法案は社会主義」という政治的方式はよくうける。しかも、社会主義者も自由主義に同化し、その破壊よりも充足のためにしばしば語る。自由は、実行できる時にはじめて意味をもつとされる。貧困が多数者の生活を生存するだけのせま苦しさに制限するあいだは自由は無意味である。機会と条件とがそろってひろく平等となるかぎりで、はじめて自由は意義ぶかい。政治による体制の安定には、自由の習慣を利用する機会が、少数から多数へと拡大されなければならない。人間的苦悩への無関心が自由体制を不信させる。もし、「所有権」や「自由企業」を保護するドグマが生産の拡大と財貨配分の公平志向とを妨げるならば、これらを約束する別のドグマがもとめられるだろう。これらはすべて、著者の趣味から評価すれば、このましい。だが、社会主義政党や思想家につきものの危険は、確実さをもとめては政治を軽蔑しがちな気短さにある。彼らは、政治的方法の緩慢さにイライラし、こうして、政治とは平等化の前進を攪乱ないし遅延させるブルジョワジイの擬装か陰謀だとするマルクス主義の魅力的立場を再発見する。J・S・ミルはその『代議政論』で書いた。

イライラし、あるいはガッカリした改革者たちが、大衆の無知・無関心・ガンコさ・ヒネくれた執着・それに自由制度のおかげで強力に武装した私的利益の腐敗した結合によって、もっとも健全な社会改善も阻害されてうめき声をあげるとき、彼らがこれら全障害をなぎたおし・腰の重い大衆をヨリよく統治されるようにと強制する強い手を時としてもとめて嘆くとしても、ほとんど驚くにはあたらない。(同書、第三章、R. B. McCullum's edition, p. 140)

社会民主主義的行政の現実記録は、ユートピア主義からも・進歩の名における自由への大規模襲撃からも、きっぱりと無縁であった。この現実記録は、きわめてささやかで、西欧的経験ないし影響の国々に、ほぼ全面的にかぎられるといっていい。たとえば、スカンジナヴィア諸国、イギリスの一党安定政府、ニュー・ジーランドの顕著な事例、ワイマール・ドイツの不安定な事例、フランス第三共和国の短命な諸挿話——一般化がきわめてむずかしいラテン・アメリカのいくつかの体制は別として。だが、イギリス人なら、一九四五—五一年のイギリス労働党政府の事例を、とくに重視してもゆるされよう。なぜなら、それは指導的産業権力をにぎった史上最強の社会主義運動だったのだから。その擡頭の背景は、他の社会民主主義体制と同じく、すでに政治的であった。社会民主主義は、いわば、既存の政治的習慣と価値との拡大であり、非政治的体制への復帰や不意の挑戦ではなかった。自由社会における権力の行使は責任の偉大な教師である。イギリス労働党の指導層は、体制変革の感覚をことごとくは喪失しなかったにもかかわらず、政治は可能性の技術だという注目すべき感覚を、たしか一九五〇年までには会得した。彼らの行政についてもっとも不思議なのは、国有化にまでつきすすんだ敢為ではなく、社会改革、とくに教育関係における、はなはだしい、創意不在である。

つまり、社会主義者の行為ではなく、そのレトリックが(恐怖のタネをまいた者には)おそろしい。レトリックは、反対のための偉大な剣なのだ。だが、これは、長期におよぶ反対が政治破壊的精神を孵化することを否定しない。「抑圧は聡明な人をも狂わせる。」(『伝道の書』第七章第七節) ながすぎる反対は、まともな人をも、絶望的・空想的にする。イギリス労働運動の底辺は、まさに「聖者たち」でみちている。「聖者」とは、自己犠牲に値いする原理発見を願う人間である。彼は、すでにこうした原理をもっていると思うばあいもあるが、ヨリおおくは、まだなにか新しい、かがやかしい光の「探究者」であることを自任する。彼は、政治家にたいし、剛直・現実主義的である外見をこのむ。しかし、ハラのすわった政治超然的保守主義者に似て、「聖者」は、ひたすらすべてを完膚なくあきらかにする未来の光明への希望に生きる。しかもこの心理は――固有の歴史と伝統とをもって――労働運動の現実組織の外部にまでも浸透する。目下イギリスのいわゆる「新左翼」では、社会主義的原理の純粋な精神を腐敗させるものとして、現実政治への関与がいっさい拒否される。労働党が再生しないかぎり、聖者たちは、あえてその王国に入ろうとはしない。したがって、実際政治の経験や影響を希望しながらも、あえてこれから断絶し、政治的方法を嘲弄し、理論的思索と称する幻想的思弁にもっぱらふけることになる。こうして「現実主義」は、真に善なるものが到来する準備として、大規模・暴力的な自由の抑圧、反対派の破壊が必要だとする確信になりはてる。彼らはお好みの夢魔のような革命の孵化をまち、くりかえし表現を新たにしつつ、ロベスピェールの、タマゴをわらずにオムレツはつくれない、という警句をくり返しては、オレは現実主義者だと自惚れる。これは、とくに彼らの行動(それはみずみずしく・よろこばしげで・たのしい)における情熱的自由愛を否定するものではない。しかし、彼らは、革命・「過渡期」・「世界創造」を、その才能にこよなくあてはまる正常状態だといいはる。彼らは、ソヴィエトや、最適例としては、カストロのような武装したボヘミアンが政治的に不必要な不正や流血をおかすたびに、これも経済的進歩のためには必要だというア・プリオリな主張でもって弁護しようとかけつける。彼らは、実際政治をどれほど不信しているかに無自覚なため、政治と自由とをシン底から憎悪するイデオロギー主義者に、たやすくコロリといかれてしまう。彼らは、善か悪かにわりきって考えるから、各政治的争点は、誰かを気高くする悪行として道徳化される。――イギリスのスエズ攻撃が呪わしいからこそ、独裁者ナセルに讃歌が歌われた。不成功に終ったキューバ侵攻のアメリカによる黙認が呪わしいからこそ、カストロが祝聖された。

彼らは、『ヒュディブラス』でサミュエル・バトラーがずっと昔に戯画化したピューリタン騎士、「さすらいの聖者たちの不屈な一団」の伝統にたつ。

その信仰をかけるのは
銃剣と銃口という聖書、
一切の論争を決するのは
不可謬の砲兵隊。
その教義が正統な証拠は
使徒よろしくのヒラテとゲンコ。
火と剣と荒廃との名は
神さながらの徹底改革……

この暴力の大部分は純粋レトリックである。だが、それでも彼らの行為にある痕跡をしるす。もし彼らが、保守主義者のようにおさまりかえらず、あるいは自由主義者のように淑女ぶらず――のこるくまなくかけめぐり・社会各層にじかにふれるなら、その同情はヨリ鋭く・ヨリ広くなる。それでもなおその態度は偽善者にふさわしい。もし人民が彼らの基準と原理との水準にまで達しようとしないなら、人民の方が悪いのだ。人はきく、「次の選挙で労働党が負けても、社会主義原理をすてるよりはいい。」と。この話をもっとすすめるにはおよぶまい。要点はきわめて簡明で、このような態度は政治的ではないというにつきる。彼らは、マックス・ウェーバーの区別によっていえば、責任の倫理ではなく、究極目的の倫理をおいもとめる。彼らは、「純粋に政治的な」考慮を嘲弄する。しかし、どの政治共同体にも、利益と道徳目的とのさまざまな多様性が存在するのは事実である。もし、いやしくも政治的に行動しようとするならば、この多様性は調整されなければならない。さもなければ、一定期間無視されるか、永劫に破壊される。彼らは政治的行動を信じない。——それは、たしかに、妥協である。たとえ、過去における全最良要素にたいする広く・論評力ある共感に発して、ヨリよき未来をつくりだす創造的妥協となるにしても。そのかわりに彼らは、道徳的ジェスチュアと示威とを信じる。彼らは、人民《ピープル》の前に姿をあらわすが、彼らは大衆《ピープル》に属さない。政治における究極目的の倫理は、最良のばあいにも、平和主義にひそむパリサイ主義であり、最低となれば、スターリン主義の無慈悲さとなる。彼らはものごとを、結果によってではなく、コトバによって裁く。——こうして、ソ同盟について、ほとんど償いがたいまでに感傷的なコトバをはく。「未来構想力のないところでは」まさに「人民がほろぶ。」しかし、この未来構想力は、騒々しく・不寛容で・否定的な未来構想力ではなく、説得的未来構想力となる必要がある。この未来構想力は、ありのままの人民に即さなければならない。それはどうにも愛せそうもない。カケも・テレビにウツツをぬかすことも・自動車の質入れもサッパリとやめるといった抽象的人民像をあてにして、現実の人民を怒らせ・否定する、逆立ちした願望ではじまらない。彼らは人民広場をつくりたがる。しかし、現実の人民が住みたい家はつくらない。彼らは、人類の愛におぼれきる。しかし、現実の人間は迷惑なのである。

この種の政治的政治破壊のトコトンまでのバカバカしさは、「学生政治」とよんでも一般に通用すると思われる行動スタイルである。それは、ほかの国のほかの時代にも発見できるスタイルである。それは、(現実の政治的作業を避ける)シロウトのスタイルと(おおくの教義と大義との判定基準よりは一つの教義と「一つの大義」とを欲する)熱狂者のスタイルとの結合である。それは、選挙民に選挙戦の現実の勝利がもたらすはずの、ありふれて、限られてはいるが直接の福利を考えるよりは、「イギリスの緑なす楽しい土地に新しいエルサレム」の樹立を考えるやからのスタイルである。「学生政治」は、断言の政治である。名目上の目標はともあれ、集団を、典型的には学生集団そのものを、獲得しなければならない。一定の原理あるいは現代の大争点の一つ一つについて「われらの立場」を、断言するためである。もし必要なら、集団を発明しなければならない。ただただこれをはたすためである。このような断言過程は無限につづく。思いつくかぎりの重要な一切について、判断をあたえなければならない。この断言は、ふつうある不遜さをともなう。それは、われわれは——青年として——傾聴される特別の権利を——青年として——もっている、なぜなら、われわれは、次の世代である。すなわち、無経験が積極的力となって、腐敗と虚飾との時代に、無垢の瞳、ルソー的純潔さをもつからだ——といったたぐいのタワ言になる。しかも、結局、このような政治はおよそ真の政治ではないことが、完全に忘れはてられる。彼らの政治参加にたいする態度は、物語りの内気な乙女の結婚にたいする態度にそっくりだ。彼らは、あまりにもふかい恐怖とあまりにもたかい希望との間を往き来する。学生政治以上に人畜無害・無益あるいは政治的に無力なものは、まずありえない。彼らはたしかに、時としては断言から示威へと進み、こうして現実警察問題をつくりだし、絶望的に——ほとんど自己目的として——「公衆の眼をとらえよう」ともがく。しかし、夕刊に一葉の写真を提供するのがオチである。ジェスチュアづくりが自己目的となったのだ。この型の政治教育からみれば、政治は、一連の偉大な道徳的機会ということになる。すなわち、ここで人は、抗議のためにか——もっとタイクツでももっとマットウな社会では――その指導者ないしは外国代表団の同様な断言家たちへの訣別演説のために、声をおしまない。神のおかげでもあり・痛ましいことでもあるが、政治の現実はこれと似ても似つかない。だから、ここにあるのは、またしても、大きな争点をめぐるニセ政治なのだ。注目に値いするのは大争点にかぎると考えられている――原水爆だけ、人種問題だけ、低開発国問題だけ、等々――。寛大な精神状態にはちがいない。だが不定で、まったく非政治的である。政治人は、迷惑とかたんに非道徳的とか思われようが、主張しなければならない、これら争点は、すべて重要であるからこそ、真の前進または真の制御のためには、時間も忍耐も苦痛さえをもかけて、いまどこに努力すべきかを、つねに他の何かを犠牲としつつ、えらばなければならない、と。われわれは、いまなお、時間もエネルギーも資源も有限で、要求は無限な世界に生きるからである。

イギリスの学生政治は、たとえば「原水爆禁止」を、核物理学の科学的・工学的知識水準を無視して、熱狂的にさけぶ。ところが、「禁止」の合理性は、死刑を不可能にするために、あらゆる麻綱・鉄・電気の廃棄をせまるのにほぼひとしい。原子力軍事利用の問題は、制御の問題であり、すべてか・無かの問題ではない。だが、制御は、複雑な政治的問題である。――だから、まさに一方的に、政治を抛棄し、「原水爆を禁止せよ」。そうすれば、どんな形の政治にも外交にも関心がないというのはウソだ、とわかる。「学生政治」、この満身政治破壊的社会主義タイプの特性は、その信奉者たちが、おおかたの予期に反して、制御の計画や枠組を製図するにも、あるいは、おびただしい現実選択肢を選別する行動基準を論ずるだけにも、ついぞその手腕をもちいないことである。むしろ彼らは、争点をつかまえるごとに、「原理」の問題として、政治的妥協のワク外におき――あげくには、これを捨てて、次の断言行為へとうつる。彼らは、「軍備体系」の使用と制御の研究をしていると公言する人なら、誰でも猜疑する。それは、政治超然的保守主義者に似る。両者の不自然な同盟は、「戦略研究」の大部分の使徒たちがアメリカ人だという事実から強化される。(これは、政治破壊的社会主義者と政治超然的保守主義者とが、原理の問題として手をつなぎ、政治の現実責任にはいかなる中間領域も認めまいとする、偉大な円環上の数箇の点群の、じつに一点にすぎない。)

いっさいを原理の問題とする人間は政治とサシでは幸福になれない。「われわれは〝x〟か〝y〟をえるまでは、妥協できない」とか「〝a〟と〝b〟とをけっして断念しない」とかいう人間は、たとえ政治による舞台で役を演じているにしても、非政治的に行動している。「われわれの理想はけっして妥協させない」というものは誰でも、自分自身に願望の挫折を宣告するか、権威主義への加担を誓うかすることになる。理想は理想としてたっとばれるのであり、目先のものごとを新しく秩序づける計画としてではない。そして、理想をその達成手段と混同してはならない。われわれは、けっして真正な理想――おそらく「真の平等」や「社会正義」――には妥協させたくない。しかし、だからといって、「国有化の拡大」や「民主主義」を抛棄も修正も全然不可能な第一原理のようにはいいたくない。なぜなら、これらは絶対的目的とするものへの相対的手段にすぎないからである。(後述のとおり、こうした絶対的目的や理想について、その意味の有無を政治擁護者がきめるにはおよばない。)その適用可能性は、時とトコロとともに変らざるをえない。絶対的要求――たとえば「最低賃金の保証」や「財産権」(あるいは「被収用財産への補償権」)――を論じるものは、すくなくとも、これらの獲得も断念も、ありとあらゆる形でなされることの理解を期待されなければならない。それらは、一言でいえば、商議可能な――政治的約束事であり、全体的誓約ではない。そもそも政治を楽しむ以上、大望のみか犠牲を自覚する道徳世界にはいらざるをえない。(そして、「絶対的原理」も、物的財貨や個人的快楽同様に、犠牲にされなければならない時がある――やり甲斐のある目的のために。)人は道徳の世界では、個人の良心ばかりか、公共の責任をも自覚する。誰かがかつてリンカンに、何故「そんなに悲しそうで、そんなに賢こそうに」みえるのかとたずねたということだ。彼は答えた、「私は、欲しいもののすべてを手に入れられないと知っているからです。」

ここで政治の敵や偽りの友への攻撃をやめて、ヨリ直接に政治的水準におり、しばらく政治をくっきりと思い描いてみても、こうすることで政治への讃歌をはじめられる以上は、許されるであろう。イギリス労働党は、一九五九年の選挙に敗れた後は、比類ない危機の真只中にあるものと考えられた。ほぼ二年の間も毎週、この党の四肢は、外部の力をほとんどかりるまでもなしに、コナゴナに分裂してゆくようにみえた。社会主義の「第一原理」にもどれ(あるいは進め)というものと修正主義や近代化を論ずるものとの間にはイサカイがたえなかった。——そしていまなおつづく。いずれおとらず教条主義的にきこえ、いずれもわが党の真の立党精神を語り、いずれも運動の真の本質ないし真の歴史を表現すると主張した。そして「いずれも」これやあれやの原理にもとづいて形成される数多くの敵対的党派の単純化であるために、議論の土俵がかわるにつれて、ある時にはある派閥と同盟し、ある時にはこれと対立するありさまであった。おもしろいのは、これをまさに比類ない危機とみたジャーナリストを論駁する評論家の不在である。ところが、わずかでも歴史的展望をもてば、イギリス労働党も、労働運動も、いつでもこうしたものだった、と得心するにちがいない。「左派」とか「右派」とかが存在する以上、党が生存するなり選挙に勝つなりするためには、そのどちらかがはっきり勝利することが必要だとかできるとかいう信念には、ほとんど喜劇的といえるものがある。なぜなら、労働党は、その支持をありとあらゆる立場に見出してきたのだから。それは、かつて単一教義をいただく党であったことはない。それに、たとえその単一教義を社会主義(社会主義の教義は事実上いくつもあるが)とよぶにせよ、これが現実の労働運動の一部にすぎないことは明々白々だ。動機をうみだす主要な力はつねに、党設立時と同じく、議会に組織労働者の代表をもっとおくりたいという単純な願望であった。——きわめて非社会主義的労働組合をもふくめて。イギリスの労働運動は、利益と理想とにわたりいちじるしく広汎な連携であり、保守党と自由党とのかつての権力独占と労働者階級の必要とメンツとへのその同情ないし対応欠如とが不正を生じたという共通感覚によってむすばれている。イギリス労働党が「真に社会主義的」——単一教義の党——であったことはついぞない。非同調主義者と反体制運動との大合唱が労働運動の連携に合流したのであった。(30)

イギリス労働運動の成長と・生命力とを思うとき、単一教義の効力にではなく、政治の不思議さにうたれる。政治的に行動することが、これら諸力を一つの党にまで結束させた。しかし、理論として社会主義をとるものがその一部分にすぎないことは、あまりにもあきらかだ。それは、本質的な部分であり、かつて推進力であったし、将来も推進力となれるかもしれない。だが、それだけで全体はつくれない。また、大部分の政治的機構や政党は、まずこんな具合である。イデオロギー主義者の眼からみれば、これらはたしかに連携であり——その統一はつねに不完全でしかない。(それで、政党についての誤解のおおくは、政党自身が、相手を、現実ありうる以上に教条主義的にえがきあっては相互不信したがる、自然傾向に由来する。) 連携は政治による支配を必要とする。これが政治の真理なのだ。神を信じない老教条主義者ジミー・マクストンもかつてこれを理解した。しかし、「聖者たち」ばかりか、故ヒュー・ゲイツケルも、あからさまにこれを無視しさった。「血気さかんな二頭の馬を同時に御せない人間には、血みどろの闘争場裡ではたらく権利はない。」政治の作法はあらっぽい。しかし政治はきわめて有用なことなのだ。

*

われわれがここで批判したのは、保守主義・自由主義・社会主義の教義にみられる一定のスタイルないし傾向である。どの教義も頭から否認されたのではない。それに、たとえこれら諸教義が、単独で考えれば、政治による支配方法に挑戦しているかにみえるところでも、実際に単独であらわれることはまずありえない。そのだれも、イデオロギー的思考と全体主義的教義とを特徴づける、真の政治憎悪を永久には持続しない。彼らは、反対派の説得または排除にはつとめるが、その破壊まではもとめない。彼らは、ふつう政治による体制内部で、他の政党や教義と、ささやかにしろあっちこっちと、おしたり・ひいたりしながら協力することに満足している。政治による体制は、十分に歴史・習慣・信念に底礎されるなら、無意識的な非政治的行動あるいは政治破壊的行動さえをも防止できよう。(経世家は自分の行動はあるイデオロギー的原理にのっとるとさえ思うかもしれない。しかし、もしいい彼が政治的圧力に屈するなら、その現実行動は、そのレトリックよりもずっと合理性をますだろう。) 政治諸教義は時間と環境との産物である。その諸要素が全部必要におもわれる時機もある。しかし、だからといって、全教義を綜合すれば、完璧な政治を一つうみだせるわけでもない。なぜなら、彼らが代表するのはことなった利益であり、政治による方法の受容では共通でも、それ以上何か根本的なものへの一致をいささかもふくまないのだから。これが、ほぼ、われわれのいいたいすべてである。

第七章　政治を讃えて

すべて勝を争うものは何事をも節し慎む
聖パウロ『コリント前書』第九章二十五節

自由人に教えなさい
日常性にとらわれたまま
讃歌をうたう方法を
W・H・オーデン「W・B・イェーツ追憶」『全詩集』より

政治はおおくの賞讃に値いする。政治は、自由人の本来の関心事であり、その存在が、自由をためす。自由人の賞讃は、うけるに値いする。なぜなら、それは、追従からも卑屈からも自由な唯一の賞讃なのだから。政治は——アリストテレスの言葉でいえば——「究極の精神活動」として、賞讃に値いする。必要悪と弁解するどころではない。なぜなら、それは、他のすべての「精神活動」やハタラキの善をめざし、何ものをも破壊せず、むこうがうけいれるかぎり、すべてをやしないそだてる唯一の「精神活動」ないし社会活動なのだから。つまり、政治は文明をつくる。それは、国家を、つねに残酷な海という環境の敵意におびやかされる船であるとみる悪しきディレンマから人類を救済し、かわって、国家を、母なる大地の堅固・豊饒な基盤上にすえられた都市としてみる可能性をあたえる。それは、海からせまりくる嵐にたいしては何の保障もできないが、緊急事態や災難の脅威の只中にあっても、擁護に値いするものを提供できる。

政治は保守的だ。――既成秩序の最小限福益でも保全するから。政治は自由主義的だ。――個々の具体的自由から構成され、寛容を要求するから。政治は社会主義的だ。――慎重な社会変革のために条件をととのえ、もって諸集団に、共同体の繁栄と生存とに公正にあずかっていると実感させるから。どこに力点をおくかは、時と場所と環境とにつれて、さらには人の気分につれてさえもかわる。だが、これら三要素は、つねに・どこかに、すべて現存しなければならない。三者間の対話からこそ、進歩が可能となる。政治は、たんに前哨基地を確保するばかりではない。城壁の外で、多民族の言葉が同時に通用する共同体の繁栄をもつくりだす。

つまり、政治は、不当な暴力をもちいずに、分化した社会を支配する方法なのである。ということは二重の意味をもつ。歴史的には、利益の相違と道徳的観点の差異とを多彩にふくむ社会がすくなくともいくつか存在する、ということであり、倫理的には、正常な人々の間では、調停がすくなくとも強制よりも好まれる、ということである。だが、われわれは、この最小限の根拠以上をも主張したい。すなわち、もっとも技術的に進歩した社会は分化社会であり、多元的であり、一枚岩ではないこと。平和な支配は、本質において、暴力支配よりもいいこと。政治的倫理は劣等な倫理活動なのではなく、十分に自己充足的で・十分に正当化できる倫理生活の一水準であること、を。政治はたんに必要悪でないばかりか、現実的な善である。

政治のハタラキは、精神の活動のあるタイプをなす。それは、自由なハタラキである。創意に富み・しなやかで・楽しむことができ・人間味にあふれる。それは、共同体感覚をつくりだすが、しかも、たとえば、ナショナリズムの奴隷ではない。それは、どの問題もこなすとか、どの悲しい心にも喜びをもたらすとかは、主張しない。

だが、ほとんど何ごとにも、何か助力できるのであり、強くなれば、イデオロギー的支配の途方もない残虐と欺瞞とを防止もできる。その実際方法がしばしばあらっぽく・不完全であるとしても、その結果は、専権主義的ないし全体主義的支配よりもつねに好ましい。——ある一つのこと、すなわち、国家の生存に十分な秩序を、政治が創造か維持かさえするならば。賞讃こそは、政治においても、愛においてのように、初期の理想化がさめたのちにも心をあたためる。もし、生活をともにするのにたりるほどに見事な画像をえがきさえするならば。いったい何時になれば政治は可能となるか、と質問されるにちがいない。それは、高度・複雑な社会、技術的熟練の多様性をそなえ、その繁栄や生存のために、単一の熟練・単一の生産物・単一の資源に依存せずにすむ社会が成立する時に、可能となる。すべての社会(あるいは人々)がこの地点に達したわけではない。ある未開社会は生存スレスレの線にあり、不断の辛苦と単一産物の不安定な収穫あるいは交易とに依存するため、さっぱり資本を蓄積できず、したがって、余暇もなく、寛容への余裕もなく、またしたがって、政治による文化をもちえない。利益の多様性こそ選択肢を理論的に再確認させる。だがそれがここにはまるで存在しないか、存在しても、たんなる物的生存をあやうくするゼイタクとなる。高度社会も、戦時や緊急時にはこの状態へたちもどる。もし、いっさいが軍事に依存するならば、いっさいは軍事的考慮に従属してしまう。だが、もちろん、すでに政治を知った人々ならこの状態を無批判にうけつけはしない。彼らは、いのちあるかぎり自由を保全する機会をとらえるだろう。

資源と利益との多様性は、それ自身、教育となる。このような社会に生活する人々は、複数の行動経路を——理論的可能性だけにせよ——ある程度まで評価せざるをえない。こうして、たんに何か一つのことをする技術ばかりか、他のことにもあてはまる抽象的認識が成立する。ある労働分業がなりたてば、それはおのずから、相互関係を理解する試み、抽象的認識をつくりだす。ギリシアのポリスは、労働分業が利益分化(あるいは理論的選択肢分化)とともにすすみ、政治が、このような社会を支配する問題に十分見事に応答するまでにいたった、おそらく史上最初の場であった。政治は、いわば、全体の相互依存と各部分のある独立感覚との交渉過程といえる。あきらかにこれらポリスでは、小規模であるために政治がなりたちやすかった。政治の理念と慣習とは、ローマのように広大な帝国では、行政的に生存の機会にとぼしかった。そこでは、帝国のおびただしい諸部分が、それぞれの直接収穫物と中央の軍事力とに全面的に依存していたからである。帝国では、政治は母なる都市から拡散するか、さもなければ、生存するためだけの闘争と、真の公民にたいして強制された専権支配との重圧の下で、ほろびさった。イギリス共和国がイギリス帝国でありえた代価の一部が、本国自身の専権支配であったことは、ほぼたしかといえる。――フランスが、アルジェリア植民地確保につとめるうちに、すくなくとも専権政治スレスレとなったように。しかも、ローマ人は、他の独立国と政治的に商議せざるをえない幸運な必然性――国際関係という疑似政治――にさえ恵まれなかった。

つまり、資源と利益との多様性は、そのまま政治に必要な教育なのである。政治に必要な教育のア・プリオリに確定的な水準は――識字試験とかいったものにしても――ありえない。教育水準は工学的発達水準に比例するだろう。独特の近代的問題が生ずるのは、高度化したとき、西欧産業技術が、昨日までの植民地または低開発地域に突如として導入されるときである。そのとき、すくなくとも、これら具体的技能を御する一国の力量と、これら技能と資本とを投入するのに複数選択肢までをも考慮する抽象感覚を発達させるか理解する一国の力量との間には、時間のズレがほとんど不可避となろう。西欧諸理念の同時導入は、自由な政治そのものの理念をふくめて、有用であるし、それ自身が資源でもあり・技能でもある。だが、政治は、科学・産業技術の導入が不可分・

絶対の善であるという当初の感覚にたいし、力をつくしてたたかわなければならない。産業主義はまず包括的なスローガンとなる。新しい機械の事実が、工学はいっさいを解決し・全問題は技術的だ、という「工学主義」の教義と混同される。産業化のどの段階にも政策選択が現実に要求されるばかりか、多様な利益が現実に新しくうみだされるのは、おそらく時間だけが開示できることであろう。

ここには、もちろん、ソ同盟にさえも、中国にさえも、自由が成長するだろうとの、多数の人々の偉大な希望がこめられている。産業社会は複雑だから、真正の商議を、まず党と管理者との間に強制するだろう、ついで科学者が、さらにおそらく熟練労働者さえもが参加するだろう、と論じられる。すくなくとも管理者や科学者は、その機能上、会合するのも、党益や党イデオロギーから逸脱した団体利益を発達させるのも自由だから、と論じられる。これは理由のある希望である。だが、しょせん希望にすぎない。近代の一定条件はこれとは逆に作用する。官僚制の力である。全近代期を通じ、国家基礎確立・中央集権化過程にとって大きな条件であり・その成果でもあるものの一つは、熟達した集権官僚制の成長であった。合理的官僚制、技能・実績・一貫性の観念は、全近代国家の本質をなす。既述のとおり、民主政と同じく官僚制は、どんな国家でも――政治的・専権的・全体主義的に無差別に――強化する。官僚制は、中世クリスト教世界の聖職者制度に似て、科学者と管理者と労働者と権力の座とを媒介する以上の可能性をもつ。さらに、これら大変動の開始期には、時の国権掌握者の名で、固有の保守的行動をとる権力となる可能性ももつ。官僚制のこの両義的要因は、あらゆる国家に必然であるが、自由と不自由とを一様に強める点で、産業化がおのずから自由をつくりだすという希望に、もう一つの障害となる面から、理解されなければならない。

また、苦痛を忍んで主張してきたとおり、産業化の一環として、政治は真に反撥され、憎悪され、さらに理論的に攻撃される。政治そのものが、共同体を分裂させ・無能であり・グズであり・さらに——科学についての完全な誤解ではあるが強力な観念でもって——反科学的だと攻撃される。政治的思考にイデオロギー的思考がとってかわる。抽象的観念の力を無視してはならない。——無視するのが当世の講壇的流行であるとしても。だから、政治による支配が可能となる時を問うならば、われわれは——けっして形をととのえるためではなく——つけくわえなければならない、すくなくとも、社会のある有力な力が政治を欲し・価値あるものとする時に、政治がはじめて可能となる、と。したがって、政治は、大部分の人が欲しないならば、不可能となる。意思の要素は周囲から独立ではないが、しばしばあれかこれかの決断に影響をあたえることもできるし、現にしばしばあたえてきた。たしかに、さしあたっては、西欧文明の二大果実——政治と技術——のうち、非西欧世界はどちらをヨリ求めているかについては、ほとんど疑問はない。西欧史がしめすのは、両者の共同出現であるとしても、それは、移植過程で両者の恒常的共同受容を保証するものではない。

人材はただそれだけで低開発地域における政治の可能性を左右する要素である。科学者・医師・技師を求めて、教育資源、動員しつくしても極微量な熟練能力を需要するから、政治という天職は、正当化不能なゼイタクとなるか、さもなければ、自由社会の中堅選良団をともかくも構成している式の二流人物にとってばかりか、完全な三流人物のための避難所となる。このディレンマの中で注目に値いするのは、法律家がしばしば枢要な地位をしめる事実である。たとえば、ナイジェリアでは、また現在および過去のイギリス属領では、法律専門職は高い評価をうけ、あこがれの的である。それは、教育をうけた人々が社会的に上昇するほとんど唯一の通路であり、政治がもっともたよりとする跳躍台であった。目下、すでに、厳密に法律的な仕事への需要を、法曹人口の供給が上まわる。これは、政治的価値がいきいきと息づく可能性を意味する。——そこでは、政治が、失職している才能の闘争場となるゆえに。だが、もちろん同時に、もし政治的反対派が、原理によってか・いわゆる必然性によってか沈黙させられた暁には、専制的官僚制への技能供給を保証する可能性をも意味する。希望と恐怖とが、またしてもまさに同一要因から生ずる。[31] その決定は、またしても、——すくなくとも大部分、政治を意識的に愛するか・嫌いぬくかにかかっている。

*

この決定に密接に関連しているのは、ある著述家たちが、自由社会の条件として、「政治的倫理」や「立憲的倫理」の名で、賞讃するところのものである。簡単にいえば、政治的・法的手段による社会問題解決への同意ないし・受容である。問題解決に専権主義的手段を用いるのはいつでもできる。既述のとおり、自由主義者が政党と党派とを心底から不信した時代があった。ジェームズ・マディスンは『ザ・フェデラリスト』(政治的文献中の傑作中の一つ)の偉大な第十論文で、党派は、まさに、利己的で分裂のタネとなると論じた。しかし、彼は、党派が不可避であり(彼は「自然だ」といった)、その抹殺(それはできる)は、自由抹殺の代価によってはじめて可能となる。だから、党派を抑制することはできるし、しなければならないが、党派をほろぼすことはできない、と論じたのであった。たしかに、国家がヨリ大型に・ヨリ複雑になるにつれて、われわれはこれ以上にすすみ、このような組織された党派——責任政府の形成には政党がヨリいいが——が、近代国家の自由な政治に本質的だ、という。党派や政党は、それぞれの「利己的」目的をおわねばならない。なぜなら、それこそ、教義ないし教義欠如にかかわらず、選挙民が政府を、その行為にたいし、責任を負わしめる装置なのだから。またそれは、政府が安全かつ適切なその行動範囲をよみとる計測器なのである。だが、その目標追求が公共秩序をあやうくしないためには、強制が必然となり、その目標が自由人の支持に値いするためには、政治を破壊しない限界内への限定が必要となる。どれほど自分の党の正しさを確信していても、人は党の主張を、選挙と合法とのワクの要求に、すくなくとも、革命が唯一の権力奪取手段とはならないほどには、妥協させなければならない。政治的妥協は、自由をかちとるための代価なのである。われわれは、代価以上を払いすぎていると自ら欺かないようにしよう。理性をよびおこし、それはちょうど代価にふさわしいと考えよう。

政治権力は、仮定法の権力である。政治は、科学における仮設に似ざるをえない。政治の弁護者は、これを真理とするがわにたつ。ただし、おこりうる反駁を予想し・うけつけるかぎりにおいて。政治は、科学に似て創意にも・懐疑にも心をひらくゆえに、賞讃されざるをえない。もし、人が政策の一部として、絶対に転覆不可能と保証つきの装置づくりを追求するならば、政治的には行動していない。この条件は、憲法制定者たちの、政治超然の高みに、あるものごとをおこうとする(ジェスチュアは政治の部分となるけれども)善意ではあるが不毛な試みと、反対派を禁圧ないし破壊する専権主義的試みとを、ふたつながらに含意する。科学者の真の活動が、「科学主義」の神話がでなく、政治人に――比喩にすぎないにせよ――ある慰めをあたえなければならない。宣言者の権威が断定する不動の真理は、政治でもなく、科学でもない。いっさいは、経験にかけられてためされなければならない。――ある人々は、他の人々よりも、仮設や政策の作成にすぐれているとしても。全体主義的政党におけるように、もし全ボートがやかれ、もし断言が絶対的になされるならば、進歩の足どりは、おもく、絶望的となるだけである。政治は、科学と同様に、つねに引きさがる用意をしているゆえに、賞讃にふさわしい。

＊

独立な立場が社会の中で生存できるには、ある制度の枠組が必要となる。したがってこの枠組は、これら独立性の保障と考えることができる。西欧政治思想の伝統は、ながく自由の本質を、立憲的保障の育成と理解してきた。政府と代表制との枠組を規定する法ないし慣習は、日常の慣習や立法行為とは、必然的にどこかことなった立脚点にたつ。何らかの基本法、政府や選挙民の出来心をはねかえすなにか——すくなくとも、通常の法律よりも改正困難ななにかの存在が必然となる、といわれる。こうして、ある著述家たちは、自由な体制を「民主政」とよぶ困難と危険とを適切にも意識して、これを「立憲的民主政」とよび、「根本法」を自由な政治のカギだと語る。この見解は賞讃に値いする。——ただし条件つきである。

われわれは率直に、これが、望ましいけれども・保証不可能だと認識しよう。ある社会活動は、その基礎をこのように強められなくても、生きのびる。立憲主義そのものが政治の一つの教義なのである。政治のどの教義とも同じく、これも、なにが問題であるか、なにが問題であるべきか、を語る。それは、政治による統治は限定された統治であり、政府は、われわれや政府の望むいっさいをなすわけにはいかない、と語る。これは正しい。だが、さらにいう、われわれは、政府がしない保証をしなければならない、と。——ところがこれは不可能である。政治に保証はありえない。保証は、政治の一部としてしか提供できない。だが、モト下位集団やモト従属集団の独立保証が不十分なばかりか、保証それ自身が、変化・商議、それにもっとも堅牢にみえる成文憲法においてさえも解釈によって変遷するのをまぬがれられない。立憲主義は、政治に切に大事なものだ。それは、西欧思想の偉大な主題の一つであり、抽象的理念を、制度的表現を求めるものとして理解し、現存制度を、なんらかの目的のために現存するものと理解するようつねにみちびく意味で、生産的概念である。だが、立憲主義としての政治を賞讃するには、現実的になる必要がある。基本法あるいは憲法への信念こそ、これら法律に力をあたえているものである事実を、理解する必要がある。この信念の衰退をこえて、生きのびる法はありえない。新しい必要と要求との成長に抗して、生きのびる法はありえない。もし、基本法がじつは強力ではないならば、自由な政治を援助するよりも阻害する。憲法そのものが政治的装置である。短期的には、それを自己充足的な真理とみることもできる。だが、畢竟するところ、どの憲法にも意味をあたえ——また変える——のは、政治的活動そのものなのである。われわれがある憲法を讃えている時、実際していることは、具体的な時期における・具体的な政治の・具体的な縮約の賞讃にほかならない。もし、この縮約が手際よく、また事情に恵まれるなら、長い中間期へとつづき、国家に安定をもたらすかもしれない。だが畢竟するところ、言葉は同じで・公式的修正はわずかしかないとしても、その意味はまるで別のものとなる。古きイギリス系アメリカの保守派たち、憲法の原制定者たちでさえも、憲法運用者の資質以上にりっぱな憲法はありえない、と語るのがつねだった。

たしかに、どの時期にも、自由と政治とのためには、ゆるぎない法秩序が必要である。法律は、複雑化したどの社会にも必要であるし、人々は、ほぼ正確な法知識とほぼ手頃な法利用とができなければならない。(自由国家の必要悪は、訴訟沙汰であって、政治ではない。) 専権支配者はまさに恣意的支配者であり——協議手続も訴訟手続もとらずに、法律を制定する。そして、全体主義的指導者は、法律を政策と考えている。それで、人々は、法律の個別的侵犯のためにではなく、その体制の一般的理念に即して生活しないかどで、裁判をうける。たしかに、政治が賞讃されるべきなのは、手続をもつ点である。政治の役目は、相異なる利益間の調停だから、たんに正義を行なうだけではなく、行なうようにみえなければならない。これをおおくの人は「法の支配」の慣用句で意味している。調停の枠組は、複雑な手続群からなり、当事者双方には不満足でも、有意味な反論と不平とのすべてを聴きとるまでは裁定しないように、保証する。手続は、自己目的ではない。それは、コトの成就を可能にする。ただし、そのことへの反論をささえる力の結集後にかぎられる。手続は、政府にも訴訟当事者にも、強制不可能な主張をひかえさせやすくする。法律ないし議院習律の手続が、ある期間独立権力をあたえられるならば、たとえ、たいくつで・メザワリで・ケチなものであろうとも、すくなくとも、偉大な革新法案に自発的な公衆むけ説明を強制し、すくなくとも、政府の反対勢力誤診にそなえて、その修正の余地を留保する。それならば、根本法としての政治によりも、手続としての政治にこそ、ヨリ賞讃をおくらなければならない。なぜなら、うたがいなく手続は政治のために必要であるにもかかわらず、どの特定手続も、うたがいなく、時と所とに制約されるから。フランクフルター米最高裁判事はかつておもしろい質問を口にした。人がもちたいのは、アメリカの実体法とロシアの手続制度となのか、それとも、ロシアの実体法とアメリカの手続制度となのか、と。どのエッセエにも、謎が一つはゆるされよう。

あるふつうの憲法観は、政治の用語におきかえれば、もっと有用である。政治的秩序には法的要素が必要だとする主張は、ちょっと視点をずらし、それ自身を政治的秩序の一部として、あるいは、政治的秩序の、可能だが唯一ではない型として理解する必要がある。自由な統治は法的に制度化された抑制均衡原理と権力分立とに依存する、という見解を考えていただきたい。人々は、時として、この点をあまりにも確定したものと感じてきた。アレクサンダー・ハミルトンは『ザ・フェデラリスト』第九論文に書いた。

とはいえ、政治の科学は、他の多くの科学と同様に、偉大な進歩をとげた。多様な原理の有効性はいまではよく理解されている。古代人はそれをまるで知らないか、不完全にしか知らなかったものなのに。きっぱりと区別された部門への権力のきちんとした配分、立法的抑制均衡原理の導入、非行のないかぎり身分保証のある裁判官が構成する裁判所制度、みずから選挙した代議員による立法府の人民代表。これらはまったく新しい発明であるか、完成への原理的歩みを近代になってすすめてきたものなのだ。

だが、これらは何ら「原理」ではありはしない。それは、現におこなわれていた政治的実践の要約であり、すでに権力は、まさに非常な程度にまで、分立していたのであった。また立法的抑制均衡制度は、イギリス総督と植民地議会との、さらに、議会自身の内部の党派間の、ながい抗争の産物として、植民地の個々の州ないし地方議会の大部分において、すでに手続化されていたのであった。アメリカ連邦憲法は、現存の権力分立制度を要約し、共存保証に必要な最小限度の権力しかもたない連邦的統合体へと綜合するための、発明であった。(連邦主義は、原理の問題として権力を分割したというよりは、すでに分立していた権力への実際的応答であった。)そして、アメリカでは、これら分立は、おどろくほど政治的な性質を帯びてきた。それは、何よりも、現存の十分に政治的な十三単位の個々にとっての私益であった。これら政治的単位を通じてのみ、経済・社会上の「国家的」・地域的差異が表現できたのであった。

これは、しかし、われわれの賞讃がかりそめでも局地的でもない以上、ハミルトンの「原理」は(たとえ厳密な原理でないとしても)、アメリカ植民地の条件にとってのみ意義があったということを意味しない。さきに論じたように一定高度社会には、すでに権力分立や国家そのものから独立できる集団利益が存在する。——すくなくとも、国家権力がその破壊を意思せず、その調停の必要を意識する意味で。これら分立が憲法を必要とするのであり、憲法からつくりだされるのではない。憲法上の権力分立原理は、そもそも政治が生起する理由を確認し、国内・国外二重の安全維持には強い政府が必要な真只中で、これら理由を堅持する試みにすぎない。憲法上の抑制均衡原理は、政治における組織的参加者に、その意思だけが唯一の意思なのではないと気づかせる必要を確認するにすぎない。たとえこれが事実上唯一の意思としかみえないばあい、典型的にはある植民地解放の最初の世代におけるばあいでさえ、この統一された多数派がその不可謬性と永遠性との幻想を助長しないよう障害物をおく必要を確認するものである。アメリカ合衆国の多くの州憲法は、まさに自分自身にたいし、すすんでみずからを束縛する統一された多数派のみごとな光景であった。この束縛もけっして永遠ではありえない。しかし、偉大な革新への最初のうながしにつきまとうこざかしさにたいしては、十分な障害物となることができる。

だから、あらゆる憲法制定が時と場所とで相対的であることは、われわれが、良い政府の唯一つ鮮明な基準としての秩序維持にだけたちもどることを意味しない。たんなる秩序は、ありのままの人間を満足させるのに十分ではない。政治は、もし秩序維持ができなければ破綻するだろう。フランス第四共和国の末路のように。しかし、望みうるすべては公共の秩序と「慈悲ぶかく正しい支配者」だけだと考えるのは、絶望に身をゆだねることになる。われわれは、好むと否とを問わず、民主的時代に生きている。それで、権力制限と政府制御との装置がどれも、大幅な経済統制にまで手をひろげたとしても、なお永遠でも確実でもないにせよ、それでもわれわれは、うみつかれ・あるいは絶望する保守主義者がふつうみとめる以上におおくのことを、これら装置について、憲法制定についてさえも、まなんできている。われわれは、あらためて主張する。政治は、保守的であるとともに、愛らしく、創意にとむものなのだ。われわれは、これを、いい目的のために慎重に利用できるのだ。

*

政治による支配は、その可能性のために、賞讃されるべきであるが、さらにまた、その不可能事忌避のためにも、賞讃されなければならない。政治はおおくの非政治的活動開花の条件を準備できる。しかし、その開花までは保証できない。「人は人を善良にできない」とウォルター・バジョットはいった。「議会の立法によっては」と。どの国家も、人の幸福を保証する資格をもたない。しかし、すべての国家は、人の不幸を保証する資格ならもっている。いっさいを政治化する試みは、政治を破壊する。いっさいが政治に関係するとみとめられるとき、政治は、事実上、全体主義に化しはてる。全体主義者は、あらゆる芸術を宣伝に転化しようとする。しかし、そのあげく、宣伝からきっぱりと区別された芸術の存在を保証できない。——まさに、哲学者の抽象的思弁や芸術家の創造性を、たんなる政治権力には一見まるで無関係な活動を、破壊ないし奴隷化するための全体主義者の熱意は、かえって、これら瑣末事が自由な生活と自由な社会に必要であるゆえんをあかしする。全体主義者は、専権主義的支配者に似て、宗教をほろぼすほど十分強力になるまでは、まず宗教を利用する。しかし、肉体の危害をおそれるにおよばない魂はありえないと証明する目的で人々を堕落させる衝動にかりたてられる。

そもそも政治の存在を保証するには、すくなくとも、政治に無関係な何かが存在しなければならない。マルゴト政治的な人間には、まさしく、人間愛への関心がおおきく欠如する。

どうして私は、
あの子があそこにたっているのに、
ローマやロシアの
さてはスペインの政治に
注意をこらせられようか？

——と詩人は正しくも問う。もちろん、あの子は、たまたま政治にまきこまれるかもしれない。——イェーツのモード・ゴンであり、ジヴァゴのラリッサのように。——だが、詩人とその愛する乙女とのかかわりは、政治的価値ではない。イェーツはこの詩を「政治」とよび、トマス・マン論評をもって題辞とした。「われわれの時代に人間の運命は、政治の姿をとってあらわれる。」と。マンは、このめざましいまでに軽蔑的な批評に不同意であったろうか。イェーツは、はたして軽蔑したのだろうか。たがいに、相手が、政治という言葉を、われわれがその最善の意味で、つまり権力や権威のすべての形式にはあてはまらないものとして、力をつくしてしめそうとした狭い意味で、つかっているると確信していたのであったなら？ もし、人が運命を負うならば、政治はあきらかにこれについて立法不可能である。だが、政治は、運命をもとめる人にいきいきした自由を保持できる。もし、芸術的活動が自己目的なら、芸術について法律をさだめようとするのは政治の否定である。詩人や作家たちが、政治的価値・芸術・愛情間の葛藤についての主題を、たえずほりかえすのに不思議はない。芸術と愛情との独立性は、それを思えばある慰めとなるのだが、たんに自由社会のたしかな徴候であるばかりか、イデオロギーが提供する確実性の感覚にわれわれが屈服しやすくなる誘惑の只中にあって、自由を価値あるものと考えるのにふかく影響するものである。政治は、芸術家や愛しあうものたちの無政府状態や無責任にたいし、擁護されるにはおよばない。政治は、政治に参加し・政治を支持することが万人に必要だとさえ、主張するにはおよばない。（それはおびただしい政治的無関心に耐えることができる。じつに、ふつうは無関心な人がにわかに政治問題におおきな興味をいだくのは、しばしば、危機の徴候である。）だが、もし政治家までが、その天職にふさわしい誇りをわずかしかもたないとしても、彼は、そういう批評家にたずねることができる。あなたがたは、国家権力一般と特殊政治的支配とを、時には混同してはいないのか、あるいは、ヨリ微妙にも、政治による体制を純粋に民主的だといって難詰してはいないのか、と。――あえてくりかえせば、このばあいの民主主義は、人々があることにおいて平等ならば万事において平等だ、という信念である。哲学者・芸術家・愛しあう者の存在こそは、この信念を打ち砕くまたとない証人なのだ。

しかし、真の政治においてさえも、ある不幸な事情の下では、公共の利益と個人の良心との葛藤をまぬがれる保証はありえない。政治哲学範例としてこの新しい問題がはじまったのはまさにこのような出来事としてプラトン描くところのソクラテス裁判であった。もちろん、プラトンは叡智への愛――フィロ・ソフィア――が祖国愛に優越すべきだとする点で、いささかも疑問の余地をのこさない。そして、彼が断罪するのは、特定の民主的体制であった。しかし——偉大な芸術家のシルシであるが——彼は思わず事態を裏がえし、ソクラテスがほんとうに国家にとって危険なのだと考えられるゆえんも心ゆくまでときあかす。祖国が生存そのものをかけて死にものぐるいで戦い、軍事能力と公民的愛国心との入手可能な最後の一片までをも必要としている時機に、みずからを疑う技術でもって、その都市国家のもっとも有能な若ものを腐敗させたから。たしかなところ、プラトンのソクラテスその人は、このディレンマからの脱却を死以外にはみなかった。彼は、霊感をうけた哲学者として、敵対的期間中沈黙をまもるとは約束できなかった。われわれを真正の悲劇におちいらぬよう保証できるものは何もない。——道徳的美徳が、ある事情の下では、災厄にみちびくことになる悲劇にたいしては。——ただし、どの犠牲も、共同の大義のために未来の福利をめざし行進する実用性を持つと計算しては、悲劇を一掃するイデオロギー信仰は別である。

近代自由主義の大きな絶望事の一つは、民主主義が可能としたところの、徴兵制導入の必要と権能である。それはまず戦時に、ついで、たんに戦争の脅威があるにすぎない時期にさえも、おこなわれる。徴兵制は、自由主義者に、個人の自由よりも生存を優越せしめる痛ましい教訓をあたえた。だが、第二次大戦においてさえも、真性全体戦争においてさえも、イギリスと、ヨリすくない程度ではあるがアメリカ合衆国とで、良心的兵役忌避をおごそかにみとめたのは、何と偉大で賞讃に値いしたことか。諸法廷で提起された「良心」という珍妙な概念を批判するのは御自由だ。それをたんなるジェスチュアとよび、忌避者たちにせよ、その実験にせよ、すこしでも戦争努力を妨害するとわかれば、けっして容赦されなかったはずだといって、せいぜいマキァヴェリ主義者をきどるのも御自由だ。だがこのジェスチュアは、政治による体制がその維持につとめる種類の生活のためのジェスチュアであった。もし、誰かの主体性感覚が、人類同胞の一人をもころすにしのびない感情とふかくむすびついているならば、この主体性感覚を尊重しなければならない。おそらく、社会力としては、平和主義はさしてとるにたりない。そして平和主義者もお国のお役にたったのだ——そのある人々が痛ましくもみとめたように——もともと彼がつくはずの兵役にふくした農業労働者の代りをつとめながら。——多分、それ以上にお役にたっただろう。だが、イデオロギー的体制とことなって、たんなる傲慢を原理として、無効な反対さえも断罪しないのは、政治による体制のシルシなのである。自由のシルシは、理念が制度的強力形態獲得から疎外されざるをえなくとも、理念そのものは禁じられず・かりたてられもしないことなのだ。われわれは、いつでも欲しいものを手にいれられるわけではない。しかし、もし、われわれが所与以上のものを欲する思考能力をうしなうならば、永遠にゲームをうしなう外はない。

政治のハタラキは重要だ。自己目的に値いする絶対的理念や事物がないからではない。ふつうの人間がみるところ、こうしたものは山ほどもあるからだ。政治的道徳は、理想的行動へのどんな信念とも矛盾しない。それは、人々が、もし望むならば、こうした真理を、政府の強制道具に堕落させることなしに、論ずることのできる舞台をしつらえるだけである。もし、真理が「諸君を自由にする」なら、そして、もし、ある理想への奉仕が「完璧な自由」とされていいならば、その弁護者たちが他の人々を服従強制の欺瞞の自由にまきこまないかぎりは、お好きなようにまかせよう。絶対的理念への信仰(あるいはK・R・ポパー教授が「本質主義」とよぶもの)は政治的自由に危険だとする見解は、それ自身が不寛容で、人道主義的社会観ではなく、去勢された社会観であり、あまりにも文明化された論理的独断であるために、おおくの人から、自由な制度を別としても、価値ある何かが存在するとの感情を、根こそぎうばってしまう。自由の理念と制度とは、方法としても・道徳の代用物としても、ない。それは、政治の一部であり、政治は、政治としては、絶対的目的にかかわるだけのものでは自己目的ではない。それは、絶対目的を肯定も否定もするにはおよばない。そして、懐疑家や全体主義信奉者が、事実上、政治的に行動しているならば、彼らが自分自身について呼称する「純粋実際的」あるいは「純粋理想的」構成図は、大いに割引きしてうけとるよう注意しなければならない。政治的徳性とは、あるがままの世界における結果の論理を追求する道徳的生活水準(もし他の水準があるとして)に外ならない。政治において道徳的に行動することは、その行動の結果を考慮することなのである。

リンカンは、かつて奴隷問題について新共和党の立場をはっきりと言明した。彼は(一八五八年十月十五日の演説で)いった。

この紛争における真の争点——誰の胸にもせまるもの——は、奴隷制を悪としてみる立場の感情と、これを悪としてはみない立場の感情となのだ。……共和党は……これを道徳的・社会的・政治的悪であるとみる。ところでこのように思惟するのではあるが、それにもかかわらず、われわれの間にそれが実在し、それを満足にのぞきさるどの方法にも難点があることに、さらにそれにまつわるさまざまな憲法上の義務に、本党は適正な考慮をはらう。……私はここでくり返す。もし、私が語った観点のどの一つからみても、奴隷制を悪と考えない人がわれわれの間にいれば、その人はいる場所をまちがえており、われわれと共にいるべきではない。また、もし、それをガマンのならない悪とみるあまり、そのわれわれにおける実在と、それを一挙に満足にのぞきさる困難とを無視し、それにまつわる憲法上の義務を無視する人がわれわれの間にいれば、われわれの綱領にのっとるかぎり、その人もいる場所をまちがえている。われわれは、実際の行動においてその人への共感を拒否する。

これが、真の政治的徳性――まさに政治的偉大さである。もし、このようなあぶない橋をわたりたくないならば、事実上の政治抛棄となり、幸福にもなれよう。政治抛棄の結果、明日の奴隷制破棄を約束する慈悲ぶかい専権主義的支配者の指導が到来するか、無為の結果、その良心を「おぞましい妥協」や曖昧な言葉で汚さずにすむ。この点をこれほどまでにあざやかにえぐる人の偉大さについていえば、私は、こうした言葉にはつねに別の解釈もなりたつとみとめるのにやぶさかではない。――偽善として。たしかに、どのみち信じていないことをしない口実をいいたてる人がいる。これは判断の問題だ。――そして、おそらく動機は、正しい公共的行動がつづくかぎり、関係しない。本人の良心とその伝記作家以外には。「偽善は」とスウィフトはいった、「悪徳が美徳にささげる貢ぎ物なのだ」と。政治で問題になるのは、人の現実行動である。――「誠実さ」は非政治的行動を弁解できない。また、非誠実さも、政治を迂回してみれば、いい結果をうむかもしれない。偽善でさえも、きわめてきわめてかすかにではあるが、美徳の理念をいきいきとたもつ。たしかに、奴隷制のような争点についてはある人々は純粋道徳的幻想をまざまざとえがくにちがいない。だが、そうした幻想は、おそらく「聖者」・熱狂者・改革者・知識人だけがいだくのであり、部分的にせよ充足されるのは、公共政策において実現しようとこころみる時にかぎられる。リンカンのばあい、彼が奴隷制を「道徳的・社会的・政治的悪」と心の底から信じていたことに、まず疑いはない。だが、絶対的倫理と責任倫理との結合は、一国の指導者たる人にとっては、ほとんどありえない好運である。しかも、その融合は、時間にだけ可能なのである。

政治家は、つねに時間を求めなければならない。偽善者と改革の敵とは、時間を不作為の口実に利用する。――文字どおり日和見主義者《タイム・サーヴァー》すなわち時の奴隷であり、そのヴィジョンは鼻先のことだけにかぎられる。だが「永遠は」と詩人ブレイクはいった、「時間の所産と愛しあう。」「悠久の価値」は、鼻先の価値としてはあつかえない。

しかし、時間そのものは、もし時間において・時間をつうじてわれわれが——ギリシア人が公共の生活においてもとめた——「不滅の行為」、つねに銘記すべき改革、文明の前進可能性を確信する記念碑の樹立へと奮闘するのでないならば、死にいたるたいくつな偶然事でしかない。一九五五年に合衆国連邦最高裁判所は、公共基金支弁の全アメリカ学校における人種差別を、違憲と言明した。それは、責任ある権威機関に教育統合を指令した。迅速にではなく——それは、自由社会では、想像を絶する暴力行使なくしては、不可能であったろう——「慎重な速度」でもって。これは、たんに道徳的に(それに、おそらく法律的にも)重大な意義をもつばかりか、政治的叡智の行為であった。いまや法が確認された。そこまでが最高裁判所や精神主義者にせいいっぱいのところである。だが、連邦政府が、いまでも改心しない日和見主義者たちに、法を仕上げるようたえず警告できないようなら、それは政治的卑怯であろう。時間それ自身は何ごとをも解決しない。だが、時間は、何ごとを政治的にこころみるにも必要なのである。

いまやわれわれは、もっと困難な局面にたってさえも偉大である政治家として、リンカンへの讃歌をつづけよう。政治の順境時だけの友や——バンヤンの天路歴程よろしく、虚栄の市と死の影の谷とをたどるようなことでないかぎりまともでとおる人間は、どんどん臆病風にふかれて四散するのだが。アメリカ南北戦争のもっともつらい時期に、戦闘的な奴隷制廃止論者ホレース・グリーリイは、原理の問題として、即時の奴隷解放公約をリンカンにせまった。リンカンは答えた。

この闘争において、私の最大の目標は、合衆国の統一をすくうことである。奴隷制の温存でもなく・その破壊でもない。もし、私が、一人の奴隷をも解放しなければ、合衆国の統一をすくえるものなら、私はそうするだろう。もし、私が、一人のこらず奴隷を解放すれば、それをすくえるものなら、私は、やはりそうするだろう。私が奴隷制と黒人とについてすることは、合衆国の統一救済をたすけると信ずるからなのであり、私が抑制することは、合衆国の統一救済をたすけると信じないから抑制するのだ。……私はここで、私の解する職務的義務に即して、私の目的をのべた。私は、個人としては、何度も表明したとおり、すべての人々がどこにあっても、自由となれるよう希望する。この希望を、いささかも修正したくない。

リンカンは合衆国の統一、政治的秩序そのものの維持を、他のいっさいの上においた。黒人の苦悩や排斥を気にかけなかったからではない。――彼は気にかけた。そうではなく、連邦が再現し、北部と南部とに共通の政治的秩序が再現してはじめて、これらの問題へのとりくみが可能となるからである。リンカンが現実に直面した以上に不幸な局面にさえ、政治をさらしてみよう。――彼の立場にある人間が、最高司令官としての奴隷解放非常大権不行使の約束によってのみ合衆国の統一の維持と・戦争の勝利とを確信できたと仮定して。これは正当化されたであろうか？　いいにくいが、答えはあきらかだと思う――然り、と。指導者の第一の責任は、追随大衆の福益のための国家維持につきる。そのような指導者が、こうした約束をしても、立法府によって戦後ただちに破棄されるだろうと、ひそかに信じていたと仮定してみよう。これは詐欺ではない。彼は、立法府議員の行動にまで責任をおえないから。――もし、おうなら、公共的責任の優越性に直面して、個人の良心はいたずらに苦悶しただろう。最大に暗胆たる状況を仮定してみよう。つまり彼は、ひとたびその約束がなされ・ひとたび彼の戦時非常権力が解消されれば、立法府による奴隷解放はあるまいと、ひそかに確信していたとしてみよう。このような立場の個人は、苦悶をまぬがれられないし、このような状況では、辞任の意味で政治を拋棄する人を責めるのは酷だろう。しかし、そうだとしても、リンカンのような人間は、おそらく権力を拋棄しなかったであろう。なぜなら、真に政治的な経世家なら知っている、いやしくも政治権力があるかぎりは、代表議会があるかぎりは、何ごともほんとうに確定してはいないこと、政策のどこかの断面に何とか商議する余地がかならずあり、それは、自由な議会の弾力的操作によって、たとえどんなに小さい部分にせよ、実現可能であることを。

リンカンの例は、政治支持の例としては、この場合そんなに悪いものではない。――敬虔な神話のかげにどれほど政治的行動のはるかに粗暴な人間的物語りがかくされているにしても。彼は、当時の重だったおおくの人々を、まじめな個人的語らいをまるでしようとせず、腹立たしいほど軽口と古くさい冗談話に逃げこむために、ムチャクチャにおこらせた。彼の威厳はきわめて変りやすかった。彼は目立つところのない行政官で、不規則で・一貫性に欠け・怠惰でさえあるとみられていた。彼の議会との関係は、しばしば効を奏せず・一般的に悪かった。だが、これらいっさいにもかかわらず、彼は平凡な政治家の可能なかぎり偉大な一例をなす。もし、この主張が、アメリカ人にはイギリス人によりも実際は滑稽にひびくとしたら、アメリカ英語あるいはむしろアメリカ自由主義が、「政治家《ポリテイツシヤン》」の語をおとしめてきたことによる。まことに彼は、経世家《ステイツマン》として国家《ステイト》を保持した。だが、彼の手段は、最高の非常事態にあってさえも、政治であった。（アメリカの俗語用法のように、小粒だが正直政治家をみな「経世家」に格上げしても役にたたない。）リンカンはその死の前に、もし議会が南部を、憲法が保障する権利もない被占領地域としてあつかおうとするなら、議会に対抗するつもりがあるときっぱりと表明した。われわれの課題は、と彼はいった、「これら諸州と合衆国との間に適切な実際的関係を回復するのに必要な行為をなすことである。」彼は、これら諸州がかつて合衆国から離脱したかどうかを「決定すること、あるいは考慮することさえをも」嘲笑した。彼は、ほぼ自分の最上の表現様式もどきに、皮肉にも、示唆した。「これからは誰もが、この法案でもって、離脱した諸州を合衆国に合併したのだったのか、それとも、かつて離脱はなかったわけだから、これら諸州に適切な援助をあたえただけだったのかと、無邪気な自問自答にはてしなくうつつをぬかすことだろう。」

リンカンは威厳に乏しかった。しかし、彼は、十分な権威をもっていた。そして、誇りをもったりはしなかった。誇りは、公衆の眼にさらされねばならない仕事をもつ人がおちいりやすい悪徳である。だが、真の政治家は、それではすまされない。政治家が住まうのは、公開と非難と歪曲と侮辱との世界である。彼は、上品な社交界からは、しばしばたんなる「周旋屋」・「機会便乗主義者」とさげすまれる。(なぜこのあとの言葉が、いつも悪い意味しかもたないのかはわけがわからないにしても。) そして、知識人からはさっぱり固有の理念をもたないといってはあざけられる。

政治家野郎はケツのアナ
誰でもすわるが
男ならゴメン。

——これがe・e・カミングズのお手軽詩のすべてである。そして、たしかに政治家が、その柔軟性は必要以下でも、無節操と野心とでふつう以下のことはめったにない。彼は傍観者からこうした安っぽい嘲弄をよびおこす。だが彼にはこうしたこともこたえない。成功する政治家なら、侮辱をグッとのみくだす術を学ぶ。成功する政治家は、イギリスの心なぐさめる諺を胸に秘めている。

棒や石なら骨も割る
悪名だけなら傷つかない。

彼は、侮辱の記憶を蓄蔵しない。また、権力の座についても、反対派を個人的にあつかわず、容赦なくかけられた嫌疑の一つ一つを、原理の問題あるいは大逆罪の問題とはしない。政治家も、われわれ凡人と同じく、こうした瑣末事に超然とかまえてもおられまい。だが、それにこだわっても仕方ない以上こだわりをもらしてはならないのだ。とはいえ、そうしたい誘惑は大きい。いま〔一九六二年〕ガーナでは、エンクルマ大統領を誹謗または侮辱すれば、刑法により三年以内の入牢をもって罰せられる。この法律は、その反政府運動当時には政治のためにあれほどの熱意と能力とをしめした男にとって、いたましい記念碑をなしている。おもうに、このやさしい心は、いたましくもこのような政治を楽しみさえもしなかったろう。リンカンは、かつて実用主義的謙譲さをもって指摘した。「人は、その生活の半ばをも争いのために空費するほど暇ではない。もし、誰にしろ、私への攻撃をやめさえすれば、私は彼とあらそった過去をさっぱりと水にながす。」彼はその将軍の一人に語った。「私は、貴官がたんなる報復のためには何事もせず、ただ未来の保障をおもんぱかってのみ行動なさるよう望みます。」政治家には、宮廷道化師フォルスタッフに名誉が無用なのと同じく、誇りが無用なのだ。もし、フォルスタッフが、一朝、寵をうしなって、にわかに誇りをかきたて・職と名誉とをもとめたとすれば、彼は、われわれと同じく、たっぷりと学ぶ機会のあった交換条件を、みずからけとばしているにすぎない。職業としての政治は、もっとも転変つねないものだから、政治家の時たまの役得に目くじらたてるべきではない。だが、われわれは、彼が「たんなる政治」にイヤ気がさしたり・イライラしたりを昂じないよう――これに妥協が必要だからといって、明白な国家最上の道の選択にさしつかえないよう、いつも気をつけなければならない。政治の代価は、われわれ自身を永劫に政治にかかわらしめることなのである。

政治的指導者は、既述のとおり、国家保持のためには自由を賭けなければならない時もある。彼は「主権」をよびおこさねばならないだろうから。この点で、指導不能な指導者は、もつに値いしない。だが、指導者が指導するならば、政治の生存が可能となる。リンカンはフーカー将軍に書きおくった。「私は、信頼すべき筋から、貴官が最近、軍隊も政府も独裁者を必要とする、といわれたときききました。いうまでもなく、私が貴官に指揮権をゆだねたのはこのためにではなく、それにもかかわらず、でした。軍事的成功をかちとる将軍だけが、独裁者になれるのです。いま、私が貴官にもとめるのは、軍事的成功であり、そのためには独裁権を賭けましょう。」自由な政治は、危険をともなう事業なのだ。独裁権ほどには危険でないとしても。そして「自由な政治」とは、私がしめそうとしたように、じつは冗語にすぎない。——どちらか一方の語でもまにあう。もし政治家が誇りをもつとすれば、それはアリストテレスの区別どおりに、——その職業としての協議手腕についての——「適切な誇り」だけであり、超人をめざして、通常、人を人間以下にする身ノホドシラズではありえない。

＊

協議は暴力にまさる。——だがいつも可能であるとはかぎらない。多様性は一体性にまさる。——だがつねに存在するとはかぎらない。けれども二つながらにつねに望ましい。おそらくそれは、政治には二つの大敵がある事実に由来する。人間的悩みへの無関心と、本質的に政治的なことがらについての熱情的確実性希求とがそれである。人間的悩みへの無関心は、少数者から多数者への自由の慣習と可能性との拡張に不能あるいは恐怖する自由体制を不信する。確実性希究は、政治的価値——叡智・協議・妥協・多様性・適応可能性・生命感——を嘲笑しては、あるニセ統治学・ある絶対めかす倫理・あるいはあるイデオロギー・ある種族的ないし経済的世界像をほめそやす。事故と病気との通常の可能性においてつねにまじかな死のように、また、うつろいやすく・消えやすく・他人の意思と気まぐれまかせの愛のように、土着の不確かさに直面しながら、威厳と誉れとをもって生きることのできる人間が、にもかかわらず、統治における確実性——政治と自由との死となる確実性——を求めて、狂気にまでなることができるのは、おそらく奇妙で、あるいは、まさに不自然なのである。自由な統治は、イデオロギーによってではなく、政治によって決定をくだす統治である。

政治讃歌は無限にうたいつづけられる。対抗契機の創造的弁証法は、経済にではなく、政治にこそみいだせる。なぜなら政治は、大胆な叡智・多様な統一・武装した協議・自然な作為・創造的妥協・真剣なゲームであり、自由な文明はこれに依存するからである。それは、改革する保守者・懐疑的信仰者・多元主義的精神主義者である。それは、生き生きした生マジメさ・複雑な単純さ・泥にまみれる優雅さ・粗剛な都雅・無窮にくりかえす直接性をそなえている。それは、討議に昇華する葛藤であり、われわれに人間の課題を人間にふさわしい規模で課す。そして、それが直面する危険も無限につづく。だから、自由の責任と不確かさとの拒否にも、りっぱにきこえる数々の理由があるわけだ。われわれがこころみたのはすべて、政治のハタラキを権力関係の形式の一つとしてだけ、また政治による支配を統治形式の一つとしてだけみるのがなぜ最良の政治観かをあきらかにするためであり、さらにすすんで、統治問題の政治的解決が、他の解決方法よりも、通常、なぜ好ましいのかをあきらかにしようと論じたのであった。このように不完全な擁護論と讃歌とをきりあげるには、われわれがのべてきたことを臆面なくくりかえすにしくはない。

アリストテレスは、冒頭に引用したのとほとんど同じ言葉でその定義をくりかえした、

ソクラテスが前提とした目標によれば……「全ポリスの最大限に可能な一体性こそ最高善である」。しかし、あきらかに、一体性へとすすみ・たかまりゆくポリスは、いつかもはやポリスではなくなるにいたる。ポリスは、本性上、ある種の集合体である。もし、それが一体性をませば、まずポリスのかわりに家族となり、ついで家族でもなくなり個人となるだろう。……したがって、たとえそれが可能だとしても、われわれはこの目標を達成してはならない。もし達成すれば、ポリスはほろびさるだろう。

政治学教授のためのワサビとしての脚註(32)

二種類の王制がある。その一つはラテン語でドミヌム・レガレとよばれる支配体制であり、もう一つは同じくドミヌム・ポリティクム・エト・レガレとよばれる。両者は次のように異なる。第一の体制の王は、その人民をみずから定める法によって支配する。……第二の体制の王は、その人民が同意をあたえた法以外の法によっては支配しない。

(Sir John Fortescue, *The Governance of England*, ed. Charles Plummer, London 1926, p. 109.)

(a) 政治による体制

政治は、おそらくある程度まではあらゆる統治体制に現存するが、その中でもある種の体制を「政治による体制」として区別するのが有用なこと。政治による体制は「作用理念」であるとともに、もっとも科学的に利用可能な比較基準である。

権力の指環に彫りつけられているのは、統治の形態と方法との専門研究者すべてになげかけられた二つの根元的呪いである。一つは分離する呪いである。炎の壁が「制度」研究と「理念」研究との間にたちはだかる。もう一つは同一化する呪いである。われわれが「政治」の市場を異口同音に求めるのに、学者たちは、「統治」とよばれる古めかしい城ならどれでも指さして涼しい顔をする。

統治も・政治も、ともにほぼ普遍的な現象であるが、統治活動を説明するどの理論にもきわめて有用な区別は、政治的活動の程度差である。ある社会では、その統治体制は、たんに政治的活動を含むばかりか、通常、政治的活動に依存してはじめて機能する。これらは、「政治による体制」として区別されるのが適当であり、それはアリストテレスが「ポリテイア」の名で、フォーテスキュウがドミヌム・ポリティクム・エト・レガレの名で、意味したものであり、ホイッグ翻訳者たちが「混合政体」の名で、あるいはマキァヴェリや西欧自由都市住民やアメリカ独立運動者たちが「共和国」の名で意味したものであった。

政治学あるいは政治研究は、もちろん、全統治類型にかかわる。さて、教科書をみれば——さまざまな目的のために(といっても意識的・無意識的にすべては何らかの目的のためなのだが)——分類図式や類型論がおびただしい。だが、政治学が政治による支配や政治による体制に格別に深く結びついていることを否認する必要はない。それが活動として政治によらない体制に存在するのは大きな困難をおかしてのことであり、政治破壊的体制には自由な科学として存在の余地がないという、明白だが重大な理由があるだけだとしても。「ポリティクス」という言葉は、アイマイだがわずか二重の意味をもつにすぎず、ともにたやすく識別できる。たとえば『ポリティカ』でアリストテレスは、このコトバを、全統治体制の一般的研究をあらわすのにも、彼が独特の統治体制、それも通常は最高とみなす体制を指示するのにも使うのをわれわれは知っている。彼は、既述のとおり、プラトンは道徳的一体性の理念を——善い統治の本質であるとして——「ポリスが……もはやポリスではなくなる」地点までおしすすめた、とさえいう。

基本的には三つの統治様式が、何ほどか複雑化した社会一般、つまり、深刻な（精神的または物的）利益対立の存在を認識する社会に生起する。多様性と秩序との問題（統治の問題）解決をはかるのに、これら諸利益中の一つを権威的に強制し、強引に合意をとりつけるなら、暴君政的 tyrannic あるいは専権主義的 autocratic 様式となる。これら多様な利益の調停をはかるのに、何らかの形で統治実務に参加させるなら、政治によるまたは共和主義的様式となる。対立がもはや起りえない完全に新しい社会の創造をはかるのに、認識と忠誠との両面にわたる全体性を主張する科学的イデオロギーの先導と強制とを手段とするならば、近代的全体主義の様式となる。「政治」のもっともふつうの形式は、第一の社会類型では、受動的服従（通常、崇拝）となる。第二の社会類型では、個人の政治参加あるいは公民活動となる。そして、第三の社会類型では、大衆的熱狂となる（いつまでも空中楼閣にとどまるが）。

アリストテレスが政治を「究極の精神活動」とよんだのは、政治が、他の一切の「学」・活動ないし利益を説明しつくすということではない。それは、どの既知社会でも、政治だけが、稀少資源への諸要求にたいし、合理的に受諾可能な相互優先順位をあたえるからにほかならない。たしかに、需要の無限と資源の恒常的有限とが社会の根本問題であるならば、経済ではなく、政治こそ、究極の精神活動となる。資源ワリアテ決定は、究極には政治的である。そして、この決定が、たんに政府的ではなく、政治的となるのは、全関係要因考慮の意味で、合理的に下される時である。――公共的協議と（もちろん程度は不定ながら、つねに何ほどかの）「自由な言論」との政治的装置をもつことによって。さらに、この政治的協議・調停過程は、あきらかに、特定の制度的配合・ある代表制形式と政策について思弁する特定の伝統とにともに依存する。（これらのどれも普遍的現象――科学や技術のような――ではない。それは西欧の産物であり・輸出物であった。）政治は、活動としても・研究としても、究極の精神活動である。（そして、この活動も・この研究も、どちらか一方だけではなりたたないことはあとで論じよう。）「政治による体制」は、正常な政治の「作用理念」であるとともに、われわれがもっとも科学的に利用可能な比較基準をなす。これは、不遜でも・同義語反復でもない。それは、まず、およそ政治の嫌悪がいかに俗受けするか、社会結合を説明する理論としての政治学の優越性がいかに理論的に襲撃されるかを考慮すれば、明白となる。政治による体制は、それへの願望否定に意味があるからといって、かならずしも全社会体制の必然的構成部分になるとはかぎらない。

(b) 政治の破壊

政治を拒否する有意味な態度と理論との存在から、政治の独特さを示すこと。

時として、政治の嫌悪者ないし憎悪者の方が、政治を当然とみなす人々よりも、政治による体制の特性と重要性とをよく理解する。まぎれもなく「政治的」かつ「民主的」な体制にあってさえ、ダヴィッド・リースマンが『孤独な群衆』で書いたように、「ただ悪い政治や腐った政治を憎むだけだと呼称してさえも政治を憎む」人たちがいる。たしかに、われわれはこうした態度やそれにまつわる運動をもっと研究する必要があるが、さしあたっては、ほんのありふれた経験に訴えていいだろうか。政治・政治家・政治的思弁の軽蔑を、交友の列に加えるに足りるセンスの第一テストとする人に（場合によっては、政治を「専門」とする人々の中にさえも）出会うことはおおい。彼もりっぱな大義を一抱えも人におしつけるかもしれないが、そうしては、その完成を政治がネジ曲げたと証明する。さもなければ、その私有産業あるいは「公共の利益」の合理的計画作成を政治の介入が妨害すると不平をならす。

こうした人たちの見解が、政治活動の本性の完全な誤解にもとづくなら、むしろ簡単だ。実は逆に、彼らの方が一部の専門政治学者よりも政治をよく理解していかねない。彼らの反対は政治のもっとも特徴的な諸局面——妥協・調停・不確かさ・葛藤にむけられ、その維持と創造との間の必然的両義性ないし緊張にむけられ、さらに、官僚制的匿名性と政治家的個性顕示との間の奇妙な運動にむけられる。ある人々にとって、政治家は、個人的理想主義への不断の侮辱である。なぜなら、諸価値の深刻な分争を、あたりまえとして、たんなる好みか意見の差異にすぎないとして、あつかうのが彼の職業実践なのだから。また、別の人々にとって、政治家は、全体的計画をたてるかわりに個々の利益を妥協させるので、能率障害となる。

活動としての政治を「必要悪」とする人々でさえも政治理論形成のいかなる試みをも笑殺しかねない。政治家自身は、ふつう自分たちを「純粋に実際的な人間」と信じている。しかも、その意味するところは、政治家にとっては理論が不要で影響しないという不思議な(一般に党派的)信念で、彼らの歓心をかう歴史家も数多い。さらに、それが——さいわいにも——審美問題を考慮しないからといって、政治理論に無関心な知識人もいる。——彼らが多くの場合興味を抱くのは、政治を破壊する理論、マルクス主義にである。なぜなら、これは審美問題を——何ごとをも(予言的に)語るとおりに(33)——語るから。

あらゆる政治を、何か本質的に非合理ないし従属的なもの、宗教・心理学・経済学・社会学あるいは生物学によってさえも「説明しつくされる」はずのもの、とする理論の定式者もいる。既成学科の横断をめざす熱情のためには山ほども論じることがある。——因襲的・教育便宜的な学科境界の墨守を拒否するためにはなおさらである。しかし、われわれは、統治と政治とが社会の全劈面の安定と価値とにもっとも関係ふかい社会活動であるからこそ、多くの知識大系を利用したい。

マルクスが政治国家をブルジョワ国家として(こうしてマキァヴェリ経由アリストテレス以降の「ポリテイア」の全伝統に同意しつつ)したがって強制と欺瞞の体系として記述した時、彼はこのような論法を定式化したのであった。政治は〈社会〉の君臨を阻害する〈国家〉のトリックだ、と。彼は『共産党宣言』で「公共の権力」からその「政治的性格」を剝奪する必要を語った。これは一八四四年の序文の一節以来、明白にうちだされた。「政治思想は、思考が政治の枠組内部にとどまる意味で、まさに政治的である。政治思想は、ヨリ透徹・ヨリ活潑となるにつれて、その社会悪の本性把握能力は、ヨリ衰える。[34]」さらに、『神聖家族』では「わずかに政治的迷信だけが、当今では、社会生活の保持には〈国家〉をまつと信じている。ところが、現実には、〈国家〉の保持が社会生活によっている。[35]」もし両者の優劣関係がこのようにわりあてられるならば、マルクスはまちがいなく誤っている。複雑な「社会生活」は、政治——つまり「国家」——なくしてはありえない。そうではないと考えるのは、無政府主義(もちろんこれがマルクスの究極社会像である)の弁護になる。だが、ここでいわんとする要点は、政治学にその視野を広げよという適切な助言が、往々にして政治学を社会学に還元する外はないとするマルクスの要求と混同されることである。タルコット・パースンズ教授の『社会体系論』(一九五二年)の全体が、この実例として引用できる。しかし、理論が教義の姿をとるところでは、論点はもっと単純化する。ナチ宣伝相ヨゼフ・ゲッペルスの小説『ミハエル』の主人公は警句を吐いた。「政党は未解決問題をメシのタネにする。それが問題解決に政党が冷淡なワケなのさ。」熱狂徒と呻吟者とのおびただしい群れが「たんなる政治」について語り、「政治家」から訣別する必要を語ってきた。また、プルードンは、その時代の「アキアキする状況」は「ある意見の病い……アリストテレスが……政治とよんだもの[36]」に由来する、と語っていた。

(c) 政治による支配

政治による支配は、政治を、ある領域内部の多様な諸利益調停のハタラキと理解すること。

さて、もし政治を好まないならば、あるいは、政治的活動を、その最大の表現が統治の一類型——政治による支配(政治による体制の統治)——となる変数としてあつかう効用を疑うならば、アリストテレスこそ非難されなければならない。なぜなら、政治がどんなに特別なハタラキであるかを最初に明らかにしたのはアリストテレスだったから。「ポリスがその一体性をたかめてゆけば、もはやポリスではなくなる一定点がある……」そして彼は、政治が、王政・貴族政・民主政のような「純粋形態」ではなく、諸要素の交配であり——エリートも広汎な同意に基礎をおくとみた。これはあまりにもギリシア的にすぎる、ともかく不安定なポリスは(不安定な)帝国に席を譲った、といわれるだろう。しかし偶発事は無視できる。要は、アリストテレスが真の一般化にもとづいて、当時の具体的な混合政体形態を超越する理論的定義を提供した点にある。つまり、文明化された共同体の内部分化傾向の(社会学的かつ倫理的な)認識にもとづいて、内在的に調停活動に関わる統治体制が一つある、と。こうして、政治は、所与の領域内の多様な諸利益を調停する活動である、と定義できる。それは、組織国家の既成存在を前提とする。それは、組織された領域の統治に関わる。だが、それは、統治のただ一つの類型にすぎない。その敵は、前述のように、その友よりも、これを心得る。さらに、それは、能動的・自恃的な個人(アレテーをもつギリシア的人間・マキァヴェリのヴィルテュ・あるいは共和主義者の「公民」)の存在と組織集団の多元的存在とを前提する。——この両概念とも、二人の偉大な政治破壊者、ホッブスとルソーとに挑戦されたのは興味ぶかい。

大方の政府は政治を抑圧しようとする。――すくなくとも形の上では、政治による体制へと、ひろく・めざましくきそいあいつつあるにもかかわらず。政治による体制と政治によらない体制との明確な区別に完全に成功した例はまずないが、いくつかは、十分な程度にまでは成功した。全体主義体制は、実に公然と政治を破壊する。これは、こうした体制には政治がいささかもありえないことを意味しない。だが、あっても宮廷政治であり、公衆が参加する政治ではない。そのような体制を「政治による体制」として、政治により・ないし政治のために作動するものとして、マトモにみなすわけにはいかない。このようなもの(それを表わす言葉は――ふつう・もっぱら、「敵対」・「陰謀」・「対立」・「とりひき」等々となる)として政治が存在しても、それは、これら体制の不完全さの尺度であり、その安定性の尺度ではない。それは、これら体制の正規の支配方法とは考えられないし、現にそうではない。大方の体制類型には政治が何ほどかは存在する。だが、大方の体制は、政治のために組織されていず、政治が正規の統治方法となる必要も、実際行動の広く分有される理念となる必要もみとめられない。

(d) **意味論的道草**　この意味で「政治」をつかう伝統があること。

けっこうだ。だが、なぜ「政治」という言葉を使うのか? フム、ほかにはないのか? 明らかに、「民主主義」ではまずい。どんな意味でも民主的ではないところの政治による体制が存在する。(たとえば十八世紀のイギリス。もっと昔に遡るまでもなく。) だから、産業革命・フランス革命以来、強力な政府は、例外なく、いやしくも統治するには大衆支持に依存した事実を表現するために、「民主主義」にかわる別の言葉が必要となろう。大衆の慣用はかならずしもこの区別をしらないが、知識人の慣用では、いつもしてきたとおり、区別可能なのである。この脚註冒頭のフォーテスキュウの有名な断章を考えてみよう。たしかに、チャールス・マッキルウェインはその『立憲主義の古代と近代』で、その理論の一部として、「立憲主義」で西欧的統治の特殊性が説明できると説くのに、この断章を援用しつつ、「法」という言葉を強調した。だが、たしかなところ、フォーテスキュウが指摘したのは、その先蹤ブラックトンと同じく、法宣言様式の差異であった。イギリスでは、法は、政治的に、すくなくとも、豪族や名望家と協議しつつ、宣言された。一五六〇年代のフランスでは、絶対的原理を追求すれば国家が難破するとさとるにいたったカトリック貴族たちが――十分に自然だが――政治人 les politiques とよばれた。マキァヴェリは、その『ローマ史論』、自由な統治の条件のおそらくかつて書かれたもっとも透徹した分析の中で、しばしば共和国を、「政治的市民生活」、あるいはたんに、「政治的生活」とさえも述べ、時としては「政治」と「自由」とを互換的にも使用する。彼は、危機の時代に剴切な、個人あるいは君主による支配――古い腐敗した国家の救済・あるいは新しい国家の創造の最上の方法――と、広汎な中間階級をもつ国家の平常条件に剴切な、共和政あるいは政治による支配――末永く国家を維持する最上の方法――との区別を基本とした。人は、ヘンリー八世がアイルランドに関してこの二者択一に思いまどい、ついに(費用のかかる)軍事力を行使せず、「冷静な方法・政治的方針・友好的説得」[27]によって統治しようと決定した経緯を読むことができる。そして、この区別は、トマス・マンが、その同胞を『非政治的人間の考察』とよぶ本の中でさえ罵倒したとき、十分に日常語として躍動する。「われわれの政治屋どもが、世界転覆・国家破壊・恒常的大衆蜂起・革命といった大仰なジェスチュアにではなく、……政治、つまり改良・妥協・適応・現実と精神との相互理解に関わっていると信じたらまちがいだ。」実例はもっとあげられよう。だが、いわんとするところはこうだ。ふつうの人々が誰かを「政治的だ」と話す時、彼らが意味しているのは、その人間が管理をしているのでも・命令しているのでも（あるいは命令のままに動いているのでも）ないということである。

(e) 政治による体制の現実と価値

政治による体制は社会学的一般化と倫理的自己拘束とに依存すること、すなわち、多様性が存在し・これが通常いいということ。

政治は、このように、社会学的一般化と倫理的自己拘束とにもとづく。社会学的一般化とは、ある政府の下に組織された領域は、通常「多様なメンバーの集合体」であること、確定・高度・ないし文明的社会は――道徳的・社会的・ないし経済的な――利益の多様性を含むことである。倫理的自己拘束とは、制限が存在し、政府はそれをこえて一体性の維持ないし作為をしてはならないことである。もちろん、この制限の具体的境界は一定していない。それはすべて、時と場所とに相対的である。だが制限の原則は一般的であり、権力の制限に尽力する体制と全面的権力を求める体制との経験的区別は、ふつう明瞭である。政治による体制は、十分多くの人々が、政府とは、圧倒的に優越する社会制度ではあるが、無制限の権限も・万能の能力も、もたないし・もつべきでもないものだ、と信じるならば・その場合に、出現する。

こうして、政治は、真に理論的意味では、比較的少数の国にしか存在せず、（政治への口先だけのお愛想ならばヨリ多くの国でいわれるが）そのうち、高度に安定しているのは、さらにわずかの国だけのようである。政治は、いく分かなら、どの国にも存在しているはずではあるにせよ。だが、この程度差が、その統治体制がまさに政治によるか・否かをわかつ。実際、ある体制が政治によるか・否かをいうのに、大ざっぱな常識的判断によるにせよ・誰しも時におうじてさだめるさまざまな判断基準の適用によるにせよ、ほとんど疑問は残らない。われわれは特定の項目や定式化については論がわかれる。それでも、決定的な相違が何か――体制が政治によるか・よらないか、民主的か・非民主的か、立憲政体か、代議政体か、等々……の相違把握はともかく――を確認する説明基準を一致してさだめることはできる。(困難は、ふつう、こうした境界線をひくところにではなく、政治による体制のあるものは、なぜ、他のそれよりも不安定となるかを説明するところにある。) おそらくこうしたリストすべてを通じてもっとも有用な基準は、――またしても――個人主義と、――何らかの意味で――政治的効果を発揮する自発的集団と、公然行動をとれる反対派の存在である。本質的に政府が手をつけてはならないものがあるといおうとする芸の無さは、すべて不成果に終った。またもっと巧妙な試みは、別の機会[38]にたたいておいた教条主義的不条理に導く。だが、あらゆることが同時に統治にふかく結びつくと考えるならば、政治はありえない。それは断言できる。政治による体制においても、なにごとにせよ政府干渉の対象適格となるかもしれない。しかし、価値ワリアテと政策決定との権威的源泉が単一ならば、そもそもそれは、政治による体制ではありえない[39]。

ふたたびこれは、アリストテレスがわれわれの研究を「究極の精神活動」とよんだ意味にたちかえる。彼が意味したのは、これが他の一切を科学的に説明するということではなかった。こうした不遜さは、宗教か、あるいは、近代イデオロギー概念のものであり、それは、一切は経済体制の所産である、というマルクスの主張(または、一切は人種的組成の所産である、というもっと不条理ながら・はなはだひろく影響する主張)に淵源する。アリストテレスが意味したのは、政治がなければ、他のあらゆる「精神活動」ないし利益が、あるいは、なんらの秩序原則もないままに、すなわち、所与領域内の有限資源をもとめる敵対的諸要求間の優先順位を、それぞれの時と事情との下で、確定すべき何ものもないままに放置される——それは無政府状態であろう、さもなければ、ある一つの精神活動ないし利益の擁護を他のすべてにたいし確定的に優先させる——それは暴君政であろう、ということであった。政治による体制は、優先順位を決定する。——結局、選択肢討議手続としてはかなりのところまで合理的なものによって。暴君政・絶対主義・王政・帝国は、恣意にまかせて優先順位をわりあてる体制である。全体主義体制は、資源と価値との絶対的ワリアテの最終性と永続性とを信じている。

昨今の究極的精神活動の地位失墜(その手続においても講壇上の威信においても)は、何よりも、その特殊な有限性についても、しかも同時に、その圧倒的に価値ある本性——その自由との明白・不可分な結合——についても、ともに認識不足が蔓延していることによる。たしかに、政治理論は、政治的活動だけにではなく、ヨリ広汎な現象に関わる。だが、それはカタワの相対主義への転落ではない。政治理論は、政治による支配が、絶望的な非常事態以外では、つねにもっとも好ましい統治形態であることを開示する。政治教義さえも、統治という大問題は、完全な一体性への理念的ないし物的衝迫からではなく、多様性の事実と評価とから生起すること、また、調停は、暴力以上に、一体性達成に必要な人間の条件の部分であることを、どれほどさまざまな形においてせよ、主張する。

もちろん、調停や妥協のすべてが正当化されるわけではない。政治を保持する妥協だけが正当化される。この論法は、わざわざ循環させられている。なぜなら、時としてわれわれは、いささか文明化されすぎた相対性の感覚に悩まされ、自由社会も・非自由社会も、一様にたんに異なった歴史と社会学の所産にすぎないことにされるからである。たしかに、かつて「倫理の相対性」とよばれたものへの感覚は、都市共同生活の政治的作法をなす寛容に必要なのである。だがこれを、あらゆる区別が抹殺されるところまでおしすすめ、したがって、あらゆる統治体制も・政治的判断も、たんにさまざまな環境を反映するにすぎないといえば、非人間的冷血か、あやまった知的潔癖となる。政治は、倫理と意識的目的とに肉づけを与える。これらは社会学に還元できない。ある統治体制は、あきらかに不断の暴力と永遠の危機意識との操作にもとづいて、繁栄する。また別の体制は、暴力と強制とを、国家自身の究極・例外的防衛準備として留保できる。統治には、必然性はありえない。ここまでくれば誰しも、カストロやエンクルマの反対派弾圧の根本理由は、彼らがこれを好まず、権力を享受しても政治を憎むからだと思うほど、単純なままではおられまい。

(f) 政治による体制の条件

現在の政治理論から出発して政治的安定条件につき本質的一致に達するのは可能だということ。

政治による統治の定義と、政治による体制発現の説明、あるいは、異なった事情の下でのその生存可能性・不可能性の理解とは、まったく異なる。たしかに、政治研究の、科学的にも・道徳的にも、最重要な課題は、政治による体制の安定条件を、理解し・説明することである。

ある意味では、われわれがなすことの一切は、この問題にある種の関わりをもつ。われわれは、下院とか上院とかにせよ・選挙・議会問題・圧力集団とかにせよ、どの制度についても、それがくみこまれている体制の維持効果に(明示的にか・黙示的にか)言及しないで、きりはなしては研究できない。だが、われわれは、理念と制度とを教育上区別するために、さらにまた、つねに現実一般化を擬装し・場合によっては禁じる方法論的先入観をもつために、自由がきかない。(「方法論」のつとめは、せいぜいのところ、現実一般化の吟味であり、その定式化ではない。)

「比較統治論」の本質をめぐる専門的議論の多くは、まさにこの問題に関わる。だが、それは、可能な関係群の予想表を、マクリディス(40)やアーモンド(41)の例のように、ア・プリオリに思いついては、ついに同義語反復になるまでにひきのばしてゆくか(政治的色彩を帯びた「体制」定義の拡張)、あるいはリプセット(42)の例のように、はるかに生産的ではあっても、あまりにせまく特定しすぎ、すべての政治をまるで民主政治であるかのように扱うことになる。

実は、この問題については、政治理論の伝統的著作の中に、自らを「近代」社会科学者と意識する大方の認識以上の知見がこめられている。(マキァヴェリの『ローマ史論』、モンテスキュウの『法の精神』、『ザ・フェデラリスト』、トックヴィルの『アメリカ民主政治』第二巻はその顕著な数例といえる。)これらから、また、多くの近代的局部研究から、政治による支配のための条件につき――われわれが通常予想するよりもはるかに――莫大な必要知見がえられる。(43)以下のような一般化は広くうけいれられよう。ただし、各条件相互の優先順位や相互の内的関連は、極度に複雑で・変動しやすい。遺憾ながら政治による支配のための条件の一般理論は、ここにはない。――この論述は、たんに、政治による体制とは何かを確定しようとするだけである。しかし、もしそれが存在するのなら、その要素は、以下のとおりとなる。もちろん、これらはすべてある程度まで相互に条件づけあう。しかし、どれがどれにたいし、多かれ少なかれ、派生機能となるかを論ずるのは、現実事例に即して、あきらかにはじめて可能となる。

政治による体制は、以下の条件の存在において安定する。

(1)複雑さ(つまり、利益の多元性と労働の分業)を自認する社会。

(2)個々人の構成体であることを自認する社会。(つまり、個人は集団よりも現実なのであり、しかも、この世の生活においても来世と同じほど現実なのだ、とする前提。)

(3)被治者のある部分を代表する制度があり、これが被治者のヨリ大きい部分を包摂するよう拡大可能な社会。(つまり、自由な制度を無から創造したり・いつのまにか点火させたりする事態が予想されない状態。)

(4)その支配エリートが他集団の浸透を排斥しない社会。(つまり、そのエリートが宗教・門地・人種・あるいは学識とか「専門能力」とかについてさえも、排他的でない社会。)

(5)広く中間階級が存在する社会。(つまり、(2)の条件と結びつけば、公民団体をつくりだす。――ただし、これは無階級社会の不可能性を含意するにはおよばないから、こうした社会は、もちろん「ブルジョワ的」だろう。)

(6)統治が何よりも世俗活動であるよう定められている社会。(つまり、クリスト教的二元主義は、政治を強めることができるが、統治がたんに所与の聖なる秩序の一部にすぎないならば、司祭-王はいても、政治人はありえない。)

(7)ある社会対立が正常なものと認められ・かつ制度化されている社会。(つまり、『ザ・フェデラリスト』第十論文におけるマディスンの党派の評価や、『ローマ史論』第一巻第四章の「平民と貴族との不協和がこの共和国を自由かつ強力にした」と題する章におけるマキァヴェリの評価があてはまる社会。[44])

(8)極端な貧富の差が無い社会。(これは、形式的で、つねに――程度問題だが――主観的である。リプセットはその『政治的人間』で、この経験的実証を大いに進めた。)

(9)経済が成長する社会。(すくなくとも長期的には。——ふたたびリプセットの『政治的人間』をみよ。また、マックス・ウェーバーの『プロテスタンティズムの倫理と資本主義の精神』をも参照。)

(10)通常の場合、自衛が(外交によるか・軍事によるかを問わず)可能な、ただし、固有の軍事力を制御できる社会。(S・E・ファイナーの最近の『馬上の人』は、実は、裏返せば、みごとな政治的安定の研究となる。)

(11)法・習慣・思考において「公共生活」と「私的生活」との区別が認められている社会。(つまり、目下「公民的自由」の言葉で意味するところの多くのものの基礎。ただし、「私的」も「公共的」も、たがいに、他方を欠いては定義できないという留保がつく。ハンナ・アレント『人間の条件』第二部をみよ。)

(12)政治的思考の伝統をもつ社会。(つまり、政策選択肢を、政治的行動による「進歩」・改良・改革可能性を信じつつ、吟味する社会。)

(13)統治エリートが政治的に行動する意思をもつ社会。(つまり、イスラエルは、「重囲下の都市に自由は無用」にあてはまるどの古典的条件をもみたしていたし、ガーナは、ほとんどみたしていなかった。ところが、前者は政治による体制であるのに、後者はそうではない。——これから、慎重な企図が条件となる、と結論することは避けられないように思われる。)

(g) 合　意

合意は右の条件表に属さないこと。

右の表に、「(政治的行動への、他の諸条件から導かれるところの実用的一致をこえた)普遍的合意がない社会」

という消極条件の追加ができたかもしれない。これにはいくらか議論を要する。なぜなら、「合意」は、単純なアタマも・過度に巧妙な理論も、ともに愛用する魔法の定式なのだから。合意を政治による体制の必要項目からおとすには、アイマイさを理由にするだけで、十分にたやすかったろう。われわれは合意を定義できる。――ただしマチマチに。しかも、みんながその意味を心得ている。

だが、その意味の核心が、キケロのコンセンスス・ユリス（彼はこれを共和国の必要条件と考えた）に由来し、「根本価値についての一致」といったものであるならば、経験的根拠にささえられるわけにはいかない。たとえば、カナダのどこに合意があるのか？　あるいは、カトリック教徒・プロテスタント教徒（厳格派と非厳格派とを問わず）・イスラム教徒・ヒンドゥ教徒・ユダヤ教徒・懐疑派・不可知論者・自由思想家・無神論者・世俗権優越論者が、共通の政治的忠誠を共有するとしても、――もしそれぞれの根本価値を真剣にうけとり・それを政治に無媒介に適用しようとすれば――その間のどこに合意があるだろうか？　この合意は、きわめて根本的で――「人が人なのは人だから」とか「バラはバラであるはバラである」[45]のように、おそらくいかなる文明的統治秩序、まさに、いかなる法的ないし政治的判断にも必要な前提であるか[46]、あるいはたんに、われわれが狭義に政治的ということにすぎないか、なのである。だが、個々の人間的自律性についてのこのような合意は、本来、倫理体系ではない。むしろ、いかなる可能な倫理体系にも、前提をなすものなのである。

合意とは、何か体系的・外在的・可触的な霊的憑依ではない。何か形而上的接着剤や政治に先行したり政治を超越したりする神秘的なものではない。それは政治のハタラキそのものなのである。政治による体制にあっては、「公共の利益」・「共同善」・「総意」とは、公共の決定を政治的に下す手段の保持が共同の利益だ、ということを、誇張してか、党派的にか、記述する方法にすぎない。

われわれは絶望的なまでに価値の合意を欠くといいながら、こうしたもの(一般には「民主主義のために戦いぬく忠誠心」その他の一神教的信念)をさしだす人々は、じつは、たんに、特定銘柄の政治を、いわば、自分ではとりあつかわないふりをしながら、売りこもうとしているにすぎない。(わが島国がはせた経験主義の名声は、われわれが形而上学の万引き民族だ、という事実を、ふつう隠蔽してくれる。もっとも奇妙な偏見が、自分を純粋に実際的だと信じる人の手にこびりついている。)

このような明確・体系的な合意がまさに必要であるとみえるのは、専権的支配体制である。統治の正統性が方法・手段・手続・政治参加への公衆の執着によって維持されないならば、社会の目的論的「究極原因」として、ただ一つ・正しく・実体的な合意という神話の宣伝が必要となる。そして、宗教に淵源しつつ存在するために、こうした合意が政治による統治体制の発達を阻害している社会が、おそらくいまなお現存する。

もし合意が、たんに、社会価値についての高度の一致が存在する事実だけを意味するなら――けっこうだ。だが、これは、政治の条件であるよりは、その所産であることが多いのである。

もちろん、もし、合意を政治の定義の中にはめこめば、コトはずっとやりやすくなる。別のところで私は、政治の「科学的」理論志向においては、これがアタリマエとなっていることを示そうとした。それは、社会工学者の形而上学である。もし、「一定の基本的公理をアタリマエ」とみるならば、その実現について、人は、科学的、むしろ技術的になることができる、と。これがダヴィッド・イーストン教授の『政治体系論』が、彼に批判される一段と蕪雑な型の「科学主義」と、同一の欠陥をもつ理由である。「私のいわんとする点は」とイーストンは書いた。「ある社会行為に政治的色彩を帯びさせる所以のものは、社会にたいする権威的価値配分へのその行為の関係である。」(一三四頁)。権威的配分とは何か? なぜ「価値」なのか? 彼が考えているのは、たんに特殊民主政社会類型なのである。そこにはたしかに異常なまでに高度の一致が、おそらく「価値」とよばれるものについて存在している。「われわれの活動が、社会にたいし政策の作成と執行とに何らかの形で関わる時に、われわれは政治生活に参加しているということができる。」（一二八頁）。だが、われわれの意味での政治による体制のすべてが、イーストンの意味での「政策」を追求するというのは、自明ではない。トルコ皇帝の理髪師を「政治家」とよぶのは、信じにくいにしても、適当かもしれない。しかし、こうした体制を「政治による」とよぶならば、われわれはまたしても決定的区別を見失いだす。なぜなら、その時、あらゆる権力も他から影響をうけること、あらゆる権力はなんらかの同意にもとづくことをいっているのにすぎないのだから。（さて、これは、同義語反復なのか・自明の理なのか？）

(h) 政治による体制と秩序

政治は秩序があらかじめ存在することを前提とする。歴史的条件としても、非常事態にあらためて主張される——「主権」とよばれる——潜在条件としても。

もっともひかえめな意味でさえ、合意以上に重要なのは、政治による体制についての前提の存在である。詳言すれば、そもそも統治する事実——統治の優位、あるいは、秩序確立における統治成功の第一義性である。政治による体制は、一面では、統治問題への応答といえる。それは、支配者に消化可能か、——結果が不確定ならば——ある確定した倫理的伝統の下で冒険するか以上には暴力を用いない、秩序維持の方法である。上からの現実主義が、下からの不満訴えと同じく、大きな政治改革をうけいれるのに、必要なのである。——イギリス選挙法改正の歴史が例示するとおり。あきらかに、政治による支配は、多くの環境にわたって、最善の統治形態をなす。しかし、それは統治の形式にとどまる。それは、統治一般としての、多くの条件を負う。フォーテスキュウはポリティクム・エト・レガレといったが、王は、版図を防衛し・法を施行するためには、「レガレ」に、すなわち、絶対的に、行動しなければならない。(一七八七年のアメリカ連邦憲法にさえも、これが必要とされた。)統治の事実が、歴史的にも・論理的にも、政治の条件に先立って、存在しなければならない。馬が行くのは車の先である。——たとえ、車をすっかり振りはなすことができないにしても。そして、いっておかなければならないことがある。なぜなら、特殊民主主義・自由主義理論の多く——大部分?——が、別の・ヨリ困難な方法へと迂回し、統治は被治者の要求と必要とへの応答である、というからだ。そうあるべきだし、それらしくなるだろう。それが実現すれば、もっとも安定するだろう。しかし、そのえがくところは非歴史的であり、非常事態にさいしては、つねに覆える。同意は、強い統治のために必要なだけである。もし、政府が新しい大事業をしようとすれば、ヨリ大きい支持を必要とする。もし、政府が世界を変えようとすれば、大衆の支持を必要とする。これは、近代的統治の偉大な発見の一つである。ナポレオン・ボナパルトはかつていった。「未来の政治は大衆を刺戟する芸術となるだろう。」

政治による支配は、政治による体制においてのみ成功できる。しかし、政治による体制にも、政治による支配を一時停止し、そのような一時停止の時期を生きのびる必要がおこりかねない。マキァヴェリは書いた。「危機に際して独裁政に退避できない共和国は、深刻な時機の到来とともにほろびさるのがつねである。」これは、われわれに、「独裁政」が、その原義においては、共和主義的・立憲主義的政治の装置であったことを想起させる。政治による体制が非常事態をきりぬけるには、まず、その存在を法的意味で認識しなければならない。これは、またしても、開発されることの乏しかった領域であった。[47]（それは、おそらく、純粋な法的評価があきらかに場違いな、「制度」と「理念」との中間地帯だからだろう。）ワイマール共和国が憲法の非常大権条項からこうむった迷惑はくり返し検討された。しかし、イギリスが、第二次大戦中、どの全体主義列強よりも、ヨリ「全体的」な資源動員と計画化とを実現した専権支配に転換できた理由につき、われわれは纏まった評価をもっているか？〈統治〉秩序の真の一般化として〈主権〉概念をうけいれるものの大方は、[48]政治の通常条件から緊急事態（あるいは無政府社会の自然条件）を抽象する点で、まさにホッブスにしたがってきた。こうみるならば、「政治による支配」概念と「主権」概念との間には何ら理論的対立は存しない。——イギリス政治におけるアメリカ植民地問題のように、政治的叡智の不足を隠蔽しようとして主権の教義を政治によびだすならば、アメリカ保守派にとっておこったように、主権の教義が、暴君政と同義語になる公算はきわめて大きいのではあるが。

単一主権理論と、多元的連合権力可能（あるいは既成）論との間にさえも、必然的矛盾は何ら存しない。大部分の連邦国家は、実際上、非常事態に際しては、強制権力集中を可能にする憲法条項をもっている。問題は重い。しかし、それらは実際的問題なのである。リンカンはいった。「その人民の自由を重んじてあまり強くはならなかった政府が、大非常事態にもその自由をたもちつづけるのに十分なだけ強いか否かは、昔ながらの重大問題だ。」だが彼は、すくなくともそれが可能なことを知っていた。彼は、真の難問を発していたのではない。敵対関係が長びくかぎり自由権はいく分減少するとの観念に、自由な人民を馴らしておこうとしただけなのだ。

理論としての「主権」は、統治の特殊近代形態、「国家」の擡頭への応答であった。制度とシンボルとの、このような高度集権化以前には、秩序について語ること、統治が特性づける秩序類型について語ることは、もっと単純・明瞭なことだった。だが、もしわれわれが、初期・あるいは極度に単純な事例から人類学者に多くのものを期待すれば、人類学の偉大な名声がしばしばいだかせる幻想を裏切るはてに、失望させられる。もっとも「未開な」社会にさえも組織的統治が存在し・かつ重要だという最近の発見は、またしても、統治一般と、特殊・政治による体制との、相当な混同なしにはすまなかった。これは、不幸にも、人類学者が提供する証拠の大半を、政治理論や社会理論に組みいれるのを困難にした。

I・シャペラ教授は、たとえばその『部族社会における統治と政治』(一九五六年)の表題に、両語とも用いる。しかし、本文中では全然区別がない。彼はいう。「〝政治的共同体〟という言葉で私は、外部統制から独立にその問題を管理する集団の組織単位を意味する。……」(八頁)これはおもしろい。というのは、領域設定と強制力組織化とは、彼のみるところ、その研究するバントゥ遊牧民においては、あきらかに統治ではあるが・かならずしも政治ではない単位を規定するのに、不必要なのだから。

ラドクリフ-ブラウンは、ヨリ複雑化した社会構造を念頭におきつつ、フォーツとエヴァンズ-プリッチャードとの『アフリカ政治体制』への序文に書いた。「政治組織を研究するにあたって、われわれは、領域を枠組としつつ、物的実力の使用ないし使用可能性を通じ、強制権威の組織的行使による、社会秩序の維持または確立にとりくまなければならない。」(XIV頁)だが、またしても、もし政治がこのように定義されるなら、貴重な区別が消失する。人類学者は、顕著な差異をもつ人間活動の二類型を、その社会効果の点でも・その社会学的基礎の点でも、区別していないようである。これはもちろん、政治による体制が、原始社会には存在せず、政治による体制は、比較的高度な社会にだけ存在するからによる。しかし、この正しさは、政治と統治との区別を適用するならば、ずっとたやすく確定できよう。たしかに、フォーツとエヴァンズ-プリッチャードとに、あるいはルーシー・メア博士の『未開社会』(一九六二年)に描かれた社会は、どれも安定した政治体制ではないとしても、そのうちのいくつかは他にくらべて著しく政治的である。あるものはたんにレガレであるが、あるものはポリティクム・エト・レガレ体制である。——強調は後部にあるものの。若干の協議ならいたるところに存在する。しかし、描かれた社会中のいくつかは、すくなくとも「前政治的」とよんでもいいほどに、協議を制度化しているのであった。

マリノウスキーは、これをある程度、認識していた。——その現地調査からではないにしても。その『文明の科学理論』で書いている。「政治組織は、つねにその服属者に関する管理権力、すなわち、構成集団活動の調整権力を具えた中央権威を含む。ところで、われわれが権力というとき、われわれは霊的ないし物的を問わず、実力の行使を考えている。」(一六五頁) これはシャペラが記述する社会の多くをきりすてるようであるが、調整を必要とする構成集団の存在を認識しても、政治による体制の定義はまだ中途にとどまる。これら研究のすべてが確立を求めたのは、組織的統治はほぼ普遍的な現象だということである。——だが、それは自明ではなかったし、いまなお、政治による体制に固有に剴切な基準や知識大系はなんら確立していない。

ラドクリフ-ブラウンとマリノウスキーとが、強制を強調する点でマックス・ウェーバーにぴったり追随しつつ、「近代的比較基準」を採用しているようにみえるのはおもしろい。だが、ウェーバーも人を混乱させかねない。彼は、『職業としての政治』で、政治を「国家間であると・一国内の集団間であるとをとわず、権力への参加・あるいは権力配分への影響をもとめる志向」と定義した。こうして政治は、ウェーバーによれば、ほとんど普遍的ではありえない現象となる。すくなくとも、いくつかの国家では、その存在はきわめて限界的となる。しかし、そのすぐ前で彼は国家を「一定地域内部で、物的実力の正統的使用の独占権を主張する(のに成功する)ところの、人的結社」と定義した。こうして「国家間」の政治は、この実力——この前政治的な国家性条件——を欠如しているために、すくなくとも、国家内の政治とは、非常に違った種類の活動とならざるをえない。これは、たんにコトバの（あるいは主観的好みの）問題ではない。それは、歴史的・社会学的認識の、——真の理論の問題である。区別の線は、根底的に異質な二つの状況を正確に記述できるよう、ひかれなければならない。政治と外交ないし国際関係上の行為とは、たがいにまったく形式を異にする人間活動である。政治による体制は、ア・プリオリな秩序枠組の内部に存在する。国際「社会」は、政治による体制ではない。それは、統治研究の適切な題目ではある。しかし、そもそも共同の統治をもたないから、政治的とよんでもムダなのだ。（この行論の随所で、われわれは、この理論用語を、ふつうのコトバの慣用にできるだけ近づけて用いようと譲歩してきたし、まさに主張さえしてきた。そのため、先の「意味論的道草」となった。だが、慣用に二つの伝統があるところでは、理論上ヨリ稔り多い方をとるのが適切なのはあきらかだ。しかし、われわれは、ある人たちとは異なり、言語分析の方法によれば、体系的な社会理論や政治理論はどれもまるで恣意的だ、というところまで譲歩しようとは思わない。）

(i)　政治による体制と認識

政治認識は政治による体制においてのみ栄えること。

政治による体制のための条件のどの定式化にも、暗黙のうちにもう一つのものが含まれている。認識あるいは真相そのものの重要さがそれである。政治による体制の独特さの一つは、体制作動の真相を論じても、体制が危うくならずにすむ唯一の統治体制だという点にある。真相暴露によって——幸いにも——危殆に瀕する統治もある。だが、政治による体制は、完全に開かれた体制となる可能性をもつ。（現実性までは含まないとしても。）しかし、未開・部族社会における権威は、広汎囲にわたりすくなくとも、絶対的真理性をこの上なく真剣に主張する宗教神話に必然に依存する。これはなおざりにしていいことではない。こうした社会の大部分では、瀆神への罰が制度の本質をなしている。専権主義的支配者は、政治理論の自由・公然な批判、あるいは政治的出来事の正確な報道さえけっして許さない。これもなおざりにしていいことではない。どの専権主義的社会でも検閲が制度の本質をなしている。[49] 一部の専権主義的支配者が示した寛容を吹聴する人々は、自分たちを蹴りつけずにくれた長靴に口づけしているだけなのだ。

これが、政治理論と政治行動との結びつきを疑う人々への回答であり、この結びつきを、認めながらも・嘆かわしいとする人々への警告である。彼らの理論は、現実作用において政治にそむく人間行動の理論である。——すくなくとも、行動に寄与する理論の場合なら、ひとつひとつ、公然とその真価を秤量され、将来の修正をうけつけないのか・うけいれるのかをみなければならない。政治的認識は、つねに手さぐりし・仮設的である。それは、政治を排除しないで科学的法則を発見できるとは思わない。（マキァヴェリは、『君主論』でさえも、そのもっとも決定論的気分にあってさえも、「運命」という——高度に経験的な——概念を導き入れる。もし、運命が克服されるとすれば、英雄の実力だけになしあたう。だが、つねにそうした実力が作業する保証は無い。）しかし、政治認識は、たんなる「ハラ」の問題でも「経験」の問題でもありえない。事実、政治があらかじめ未在なところでも、しばしば、コトを政治的にはこびたい意思と、どうそれを試みるかについての相当量の知識は存在する。——背のびすることは、しばしば心中ひそかに模倣者たちが承知しているとおり、つねに危険なわけではない。

アカデミック政治研究は一定条件に依存する。それらは、せいぜいのところ、もっとも開明的な専制政でさえも不安定な存在でしかなく、全体主義体制には、存在しない。これら条件のもっとも重要なのは、真相が暴露でき・論じられることにほかならない。例をあげれば、ロシア国民は、爾余のわれわれ同様、教育選択の根拠を理解しようとつとめる。たとえば、高い知能の生徒や学生が「非生産的」専攻を選ぶのはなぜなのか？　西欧の社会学者は、モスクワで最近の国際学会の折にロシアの社会学者に、これは社会階級に関連するのではあるまいかとたずねてみた。彼らは、もちろん、ロシアには階級は存在しないという返答をうけとった。もっとも「政策迎合的」研究さえもが不可能な政策領域があることはあきらかだ。社会損失に——仮になってさえも。統治活動研究の条件を考えていただきたい。W・M・マッケンジー教授が、驚嘆すべき明晰さで必要条項を表にした。[50]あきらかに、これら条項の有効な組合せは、政治による体制においてしか可能ではない。二人の科学志向的精神が、ともに圧政の下で生きたのち、最近、社会科学は「没価値的」——価値評価から自由となるべきだとするマックス・ウェーバーの主張を独立に論じた。両者はともにこう結論した。この主張の意味あるいは功績が何であるにしろ、それが真剣に提言できるのは、自由な社会においてだけである、と。[51]

われわれは、しばしば、政治による体制にあって利用可能な素情報量の尨大な存在が用意されているのを当然とみなしがちである。政府統計は通常信頼できる。なぜなら、公然たる反駁にさらされているからだ。政府統計が利用可能なのは、第一に、人々が、ある政策が望ましいとされる理由を知りたいと欲するから、あるいはたんに知ることを欲するからであり、第二に、政府自身が、このような情報提供のための政治的強迫を感じるからである。奇妙なことに、われわれは、これをあまりにも当然とみなしている。真の情報とその公開とは、おそらく、政治による統治にとって、たとえば選挙制度操作と同じほど、まったく重要であるにもかかわらず。選挙研究は十分でなく、あるものは、たしかに社会学的アプローチに終始する。しかし、政府活動についての情報の量と種類とを、利用可能の有無を問わず、確認しようと真剣に努力する研究である以上、ある情報をもらさず(おそらくけっして求めず)、また、おそらくもらすべきではない、と理由づける説明基準の確立にも努力するとは考えがたい。いわんとする点のいくつかは明白であろう。しかし全部がそうではない。御存じのように、アメリカとくらべれば、イギリスの政府と議会には、まるで前‐政治的としかみえない秘密主義の雰囲気がある。——もし、政治の一面が、国家を危殆に瀕せしめないかぎり、政府活動について真相を語る能力である以上。国家理性の不可謬性は政治による体制にも存在するが、ただし非常事態にかぎられる。

こうみれば、わが尊重すべきバジョットも、その機能的アプローチの全生産性をもってしても、統治理解の模範としては、かなりウロンな人物になりはてる。大衆統治には「神秘」・「虚構」・欺瞞が必要だとの主張も、彼が、特定秩序を——空しくも——擁護する政治家であり、政治による支配の一般条件確立につとめるものではないゆえんをものがたる。

(j) 自由としての政治

政治の存在するところに自由も存在すること。

政治の存在するところに自由も存在する。自由は、たとえ貴族内の氏族間競争にかぎられようとも、政府がある正規・周知の基礎にもとづいて対立諸利益と協議する必要を、制度的手段として認識するところなら、どこにでも何ほどかは存在する。——既述のように、(強制結果は予測不可能という)深慮によるか、あるいは、(ある意味で、個々人の平等な自由が精神文化の一部である、とする)原理によるかはともかく。

「自由」は、政治による体制の条件表に加えられていなかった。なぜなら、自由は、最小限の意味でも、政治とほぼ同じコトバだからであり、また、ヨリ彫琢した意味では、既存の政治による体制ないし政治文化の派生体だからである。もし、協議や妥協が実効を求めるならば、もし、政府が、集団の願望や表現意思、あるいは、その相対的力価を正確につかみたいならば、これら集団の代表者が、自由に真相を語れなければならない。アリストテレスは、暴君が真相を告げてくれる人をみつけだすのはきわめて困難だと指摘する。もし、これが実現すれば、どんな政府の能率も確実に高まる結果、助言が誤っていたり・歓迎されなくとも、報いがそれほど凄まじくなるにはおよばない。だから、思想と行動とのある独立領域の存在は、統治にとって有用なのである。(ギリギリのところ、宮廷道化師でしかないとしても。暴君政では天下御免のアホウだけが真相を語る。)

政治による体制は、自由な体制である。──ただし、その優劣順序はこうなる。つまり、自由は政治に依存し、政治は統治に依存する。政治のハタラキは、法的身分において自由人であるもの相互の公共活動である。もし、われわれが、「自由」の原義と、そのギリシア・ラテンの同属語とは、つねに身分を意味していたことにもっとしばしば思いをいたすなら、純粋に意味論的議論の多くから免れよう。ギリシア人が自らをエレウテロス(自由人)と感じたのは、その自治の故にであった。自由人の性格は、奴隷の性格と対照をなした。──自由人は高貴・広量・何よりも公共精神旺盛(リベラル?)であった。奴隷的人間は低劣・狭量・利己的であった。たしかに、自由は、政治と同一目的にむかう文化現象としての歴史をもっている。しかも、それは、哲学者や政治評論家たちが、荒唐無稽な極端にはしって、──きくところ──自由が「真に意味するのは」拘束の欠如(統治と政治とからの自由)であるか、一切の誤謬からの解放(「御身の奉仕にこそ唯一つ完全な自由がある」)、または、ルソーの「自由への強制……」)かである、と思弁するまでになるはるか以前にさかのぼる。このような定義がめざすのは、まさに政治の恣意的制限ないし超越である。自由は、ある背景におかれてのみ意味をもつ。――もし、それが、統治に何らか関わりさえすれば。

政治による体制が、しばしば、具体的な自由をきりつめるよりは、その安定性そのものを意識して危険にさらすのは、注目に値いする。共同体の大義のために行動の自由を犠牲にする個人を永久に提供し、あるいは、自由とは多様性の積極的経験ではなく、いい同志たちにとりかこまれた・正しい選択から由来するシアワセなのだと永久に説得しようとするのは、政治破壊的体制にかぎられる。それでも、生まれかわった人々が、自由人に再生することはまずありえない。

消極的な意味での自由なら、専権主義的支配にも、法律のスキマと支配者の無関心と官僚制の非能率あるいは腐敗とにまぎれていく分かは存在する。しかし、全体主義的・イデオロギー的社会では、たんに、伝統的専権主義の統制機構には――芸術や音楽のように――無関係だったものごとについてさえ、自由な活動の分野が狩りせばめられるばかりでなく、周知のとおり、自由な行動は不可能である、と宣告される。理論上、一切が社会学的に規定される。だが政治による社会は、こうしたタワケた理論をあがめまつりもせず、あらゆる人間行動は公共政策の試験に服しなければならないと主張する必要など想像しさえもしない。

自由は、私的行為と公共行為とのある区別とある相互作用とに、ともに依存する。なぜなら、それは、(自由主義者がしばしば信じたがるのと逆に)政治からの孤立でもなく、(「知識人」の概念がしばしば含意するのと逆に)孤独でもないからだ。自由と私事とは、政治的とよばれる作法にのっとって統治が公的に営まれるとき、ともに栄える。だから、自由は、孤立でも・孤独でもない。それは、たとえ個人的には参加しないとしても、公共の政治を維持すべく、責任を引受ける人間の私事である。私事は、そのまま社会関係であり、自由は活動である。政治とは何かをたしかめも・評価もしなくなる人間は、自由を失うか・脅やかす。自由は、自由人の公共行為である。そして、自由人とは、まさに公共的にも・私的にも生活可能なばかりか、現に生活する人間なのである。公共行為への資格を失った人間は自由ではない。たんに孤立し・不発におわるだけとなる。ふたたびアリストテレスがわれわれに、いつきいても恐るべき表現で想起させる。政治的関係の外部で生活しようとするものは「野獣か神かにかぎられる」と。

したがって自由は、政治行動を営むための作法なのである。「人間集団の組織が、特定目的遂行と・望ましい結果産出とのためにもたらす以外の、自由の可能性の世界をさがし求めるのは」とマリノウスキーは書いた。「愚かしい哲学的な暇つぶしだ。」(52)

(k) 理論と政治による体制

政治理論は、政治による体制の本質部分であり、それ自身、政治的――記述的にも・規範的にも――であること。

だがヨリ学問的な本来の問題にたちかえろう。大学人はしばしばまっさきに、政治理論の呪縛は衰えた、実に、ほとんど消えはてた、といいはやす。だから、他の人々がこれをマトモにうけても驚くことはない。しかし、実際には、政治理論こそ、どの政治による体制においても、本質部分をなしている。政治的思考の伝統を含まない政治による体制の実例はない。このような伝統が、権力はなぜかならず権威の形で存在するのかを合理的に説きあかす。まったく単純なことだが、われわれがなしつつあるのは何かを説明し、また、われわれが特定の方法によるのはなぜか(けっして結論をつけるものではないが)を理由づける必要が、つねにある。

政治理論は、それ自身政治的である。もし、政治による体制が、根本的に、多様性の記述的認識・プラス・多様性が正常であるべきだとの倫理的認識であるならば、政治教義でも、同一の特徴を発揮するだろう。(政治教義は、たんに、ヨリ局部的・特殊的で、したがって、ヨリ一般性の低いだけの理論に外ならない。)

政治理論はつねに、問題であるもの、問題であるべきもの(制度と理念?)をともに主張するだろう。つまり、政治理論は、実は、衰えてはいない。(その機能はどの政治による体制にも必要である。)たんに、方法に姿をやつしたにすぎない。どうしてこうなったのか、そして、何がそれから帰結するのか?

哲学者たちは、われわれに大部分の政治用語に言語上のアイマイサが内在することを証示し、[53]さらに、ほとんど驚くに足りないが、政治過程の記述を試みれば、どうしても「価値」前提がはいりこむことを開示した。老けこみつつある・ツムジ曲りの政治評論家たちは、青年にへつらうのを職業としているが、(青年のための)積極的理想が政治に欠けているといってはわれわれを叱りつけ、当座のあらゆる無知な熱狂を賞めたたえ、どんな大義でも大義が無いよりマシだとわれわれに告げる。大学の政治専門研究者のある人々は——実にこれが社会科学一般の通弊なのだが——分析哲学者からの批判に答えるのに、「科学的」で純粋に事実に即するとみられたがって、その価値前提から身を清め、こうして政治的に自らを去勢する努力の倍増を以てする。そして、政治的に活動的でありたい知識人は、(政治が政治的でないかぎり)、専門家たちがあらゆる理想にいたる道を実際上の顧慮から塞いでしまったと絶え間なく不平をこぼす。

だが、これらの見方がとられる所以をたずねれば、政治理論は衰えたのでなく、姿をやつしたのだとみてとれる。その変装は、まさに講壇哲学者たちの淑女ぶりをかき乱さないためである。なぜなら、政治理論は、価値評価への自己拘束なのだから。また、シロウト理想主義者の雑食性をかき乱さないためである。なぜなら、政治理論は、何が可能かをわれわれに告げる助けとなる記述的理論にもとづいているのだから。「倫理上望ましいものは社会学的に可能なものとならざるをえない。」とホッブハウスはいった。分析者も・理想主義者も、これなしでは生きられない。たとえそれが彼らの事実と価値への奇妙な世界分割をくつがえすとしても。究極の精神活動の論理は、自然科学の論理ではない。――観察者も、必然的に自らの観察過程の一部となる。政治を通じて、人は、公共の目的を現実主義的に実現しようと苦闘する。政治的判断は、「事実」と「価値」との理論的区別を内蔵する。他方、政治理論は、倫理的生活と実際的生活との統一を主張する。当為の成否を主張しないような政治教義は考えられない。ただし、政策由来の実証的記述を含まないような政治教義も同断である。

(1) 教義としての方法

すべての方法論は変装した教義であり、教義と理論とは、たんに力点ないし程度の差にすぎないこと。

究極の精神活動と政治理論の不可避性を主張する真意は、政治から政治を追放しようとする――政治理論でありながら、目的要素を避けようとする――もっとも鼻につく場合をしらべてみれば、明々白々となる。講壇政治研究が試みたのは、中立性・科学的客観性・「没価値性」を渇望しつつ、まさにこのことであった。人が無邪気に思いこみかねないのと逆に、その専門職業が究極の精神活動の権威の擁護であるべき人々が、実際は、それを破滅寸前にまでおいこんでいるのをみる以上に、真の政治の刻下の病弊をまざまざとみせつけるものはない。彼らは、これを、何が「学問」かについての誤った躊らいか、たんに政治的卑怯さとなる「専門的適切さ」の感覚をもってする。だが、この躊らいも・怖れも、不要であり、それがさしだす避難所は、どんな場合にも幻想にすぎない。

昨今、大学における政治研究に高まりつつある傾向は、調査・研究の基準を、政治的に重要でないもの、ただし、方法論上非難の余地のないさまざまな概念とすることである。政治教義は、偏差をもつか・主観的か・純粋に相対的なもの、と感じられている。したがって、政治理論は、何らかの方法論にもとづかなければならない、と。しかし、理論と教義との間に絶対的な一線はひけない。(理論は、たんにヨリ上等な教義にすぎない。)だから、どの方法論も、すなわち政治教義なのである。この場合、〝ひとたび政治いたるや方法論あらわる。〟(たしかに、これは、政治研究を大学の他の伝統的諸学科といくらかちがった立脚点にたたしめる。しかし、それは、そもそもこれを研究とよぶのは不適当だと考える理由にはなりえない。もしも、どこかひからびた「客観性」概念の名によって、西欧文明の全傾向が、漸進的・改良主義的・改善的文化であり、たんなる思索的文化ではないのにたいし、背をそむけないかぎりは。――当代の学校がしようとするように！)[54]

私は、方法論とは、知識の発見のための規則と手続とのセットとみる。私は、政治教義とは、相異なる社会諸利益を、望ましい作法で調停する、緊密に関連しあう諸提言のセットとみる。おそらく、可能な解決の数が無限でないような単純な状況は、(その政治的性格と変化への開放性とをすべて共通にもつとしても)ありえない。こうして、ある政治教義が、評価するにも・予見するにも、必然的となる。それは、未来を先取りする形で評価をさしだす。しかし、他の理論もまた作業しているし、他の政策も適合するだろう。そうなると、なぜ、ある特定の教義が採用されるべきなのかの理由があかるみにさらされる。こうして、政治教義を、科学理論としても行動指針としても、ある明示された水準において保持することが、不可避となる。

どの教義のオノにも照準を狂わされない純粋レンズにより「政治行動」とよぶものをたんに研究するだけだと主張する、方法論の二類型を考えてみよう。アメリカ式「俗流」科学的品種と徹頭徹尾イギリス万歳式「高踏」経験主義的品種とがこれである。(文学や心理学の研究者は、行動主義を瀕死の野ガモと思っているかもしれないが、その政治教義としての機能をみれば、興味をそそられるだろう。)

前者は、たとえばダヴィッド・バトラーが、その『政治行動の研究』で言及した型である。「アメリカでは、〃政治行動〃というコトバを、ある著述家たちは、政治状況における行為に関し科学的に検証可能な命題定立を意図する研究全域を覆うつもりの限定的・専門的意味で使用する。」これにたいし、徹頭徹尾イギリス万歳式意味での政治行動は、ふたたびバトラーを引用すればおそらく「人々の現実の言動」に依存する一切を指す。没価値的政治科学の理想は、今世紀にいたってアメリカの政治研究者の思想を支配した。アメリカでは、一般化への大望を抱き、イギリスでは記述することに甘んじている。しかし、政治理論への嫌悪と不信とにおいては、一体なのである。

私は、アメリカの実例を拙著『アメリカの政治科学——その源流と条件』で詳論した。ここでいわんとしたのは、真の科学をもって自任するその主張が誤りだということではない。この主張の真意は、この科学の弁護者たちがとる前提の教義性にひそむということであり、それは、本人たちの想像以上にはるかに適用範囲が限定された、特殊自由主義的・民主主義的政治教義の一類型に外ならないということである。アメリカ自由主義信仰の生気を殺ぐ一体性に埋没する中で、諸価値はアタリマエとみなされた。したがって、たんなる事実発掘が、国民的自然療法の一種をうみだすであろうと信じられたのであった。

イギリスの政治行動研究は、擬似科学として開花しても合衆国よりも絢爛さが劣る。それは、イギリスの歴史や政治の著作には、経験主義あるいは「記述主義」の伝統が、牢固として、すでに確立した態度になっていたからである。肥沃・広濶・しばしば漠としてはいるがよく鋤きかえされた「常識」の中央地があり、ここから、実証主義や科学主義、あるいは講壇的ないし通俗的理想主義の過剰へと「引き裂かれるのを拒否する」ことができたのでアリマス。しかし、記述主義あるいは「常識」は、アメリカの政治科学同様に、つねに、ある奇妙なものを「自然なもの」として平然・無思慮にうけいれてきたことの反映であった。ブライス卿の有名な「理論」嫌いが、いかにしばしばホンネにおいていまだに幅をきかせていることか。まるで、彼が意識的理論家でなかった事実が、彼を理論的仮設に毒されないよう保護できるかのように。(彼の、その『アメリカ共和国』序文における平凡な主張、自分は「事実をして自ら語らしめるよう……事例についてたんに事実を提示するままにとどめたい」も、トックヴィルを「どうにも思弁的な民主主義論」弁護に外ならないと批判する背景をもたなかったなら、もっと印象的となったろう。)ブライスは、いかなる意味でも、自由主義者であった。彼の方法論は、一八六〇年から一九一四年の政治の前提に即して調節されていた。しかし、彼のような疑問を一九三〇年代のヨーロッパ政治にむけ、――たとえば彼の合理的輿論処理を適用してみれば、――その結果はいたましくも的をはずす。こうした人々を、全体主義的政治(すなわち政治破壊)の勃興を予見しなかったかどで非難するのは当をえない。しかし、彼らを、一般観念の統治におよぼす効果についての安楽・島国的懐疑主義のかどで非難することはできる。――この懐疑主義が、この島国で、いまなお全体主義の理解をはばむからである。(A・J・P・テイラーは、『わが闘争』を再読し、強制収容所についてきき、しかも依然として、ヒトラーについて、正気・宥和可能な政治家として書くのだと主張することができるのだ。)

ブライス流の「単純な」事実記述は、どれも、永続できる科学知識の水準に達しない。一つだけ例をあげよう。

彼の諸著作に浸透しているのは、自由な統治はたんに活潑な反対派の存在にばかりか、政党が権力交替する、ある自然(すなわち神秘)過程にも依存する、との仮設である。ミヘルスが「寡頭制支配の鉄則」を公然と論じたのにたいし、ブライスは、同様に厳格な、ただし、はるかにオソマツな、政権交替の鉄則を仮定した。この単純な理論は、ハーヴァードのA・L・ロウエルの統計的論証努力と相俟って、英米の政治著作にばかりか、その政治の現実にも、大きな・きわめて不幸な影響をおよぼした。(55)

イギリスには、議会的・法律的な行政府統制基礎装置が、特に合衆国にくらべて、欠如する。なぜなら、政権の規則正しい(架空の)交替が自然な拘束として働くし、等々、といったことが信じられているからである。そして、ガーナやナイジェリアのような寡頭制社会の憲法制定者たちは、自然に交替する自然な二党制への完全に理想主義的希求をもってすれば、自由を保障できると、ほとんどバカバカしいまでに努力した。老いたイギリス「記述学派」の単純な教条的仮設が、大方の単純で非理論的な人々の前提のようになった。意識されないため、広大で・重大で・影響するところ大きく・あらゆる立論に密着している前提に。政治理論を避けることはできない。それはただ抑圧できるだけなのだ。

自分自身の前提に無自覚な記述主義ないし経験主義の危険のヨリ卑近な例、ロバート・マッケンジーの名高い『イギリス政党論』を考えてみよう。目的は、と彼は第一版序文でいう。「政党イデオロギーに関するのではない。」たんにその権力配分にだけ関わる。(彼の「イデオロギー」は、本書で「教義」とよばれたものをまさに意味する。)だが、この書は、教義的要因を重んじないよう、強烈・絶讃すべき攻撃へと、事実上発展していく。彼は、たんに「教義」と「権力構造」とを、著者の立場から、便宜上、区別するばかりではない。教義のたんなるコトバが、いかに無内容かを示そうと試みた。これは、多分ある事情の下では正しいかもしれない。(絶対的に正しいとみとめる理由はないけれども。）だが、ヒュー・ゲイツケルが指導権を握った時代にマッケンジーが、労働党の未来は、「国有化」に関する言葉を公式党綱領からはらいおとせる可能性にかかっている、との見方を首唱する一人であったことは、すくなくとも、興味をそそる。これは、彼が、この本で諸観念に添附した底の方法論的重要性にそむく。だから、人は、この本は、たんに政治における教義への攻撃なのではなく、ある特定の教義にたいする別の教義による攻撃なのだと考えないだろうか？　しかり。彼はこのせいでヨリいっそう重要人物となるかもしれないのだ。政治教義は、すくなくとも、一つの教義が別の教義をしばしば排斥する意味で、もっとも厳格な懐疑派にさえも、一応の存在意義をみとめられることになる。——アリガタヤ。

イギリスは、目下、反教条的教条主義者の一群を擁する点できわだっている。彼らにとって、あらゆる理論的社会認識は、あるいは誤謬——「合理主義」であるか、あるいは、真の政治秩序が依存する無意識的暗示や習慣の作動を脅やかすとかでしかない。彼らは政治学を生計手段に選ぶにしても、実際には悪意を軽率につきまぜつつ、認識の前進をおくらせたり・サボったりしようとしては日をくらす。なぜなら、彼らは、認識が改革へと導くことを、まったく確実に——そしてまったく正しく——知っている。（改革者なら、——もし改革の作法がいやしくも政治的であるならば、——改革はけっして全体的あるいは最終的にはなりえないことを、当然、知っているはずだとしても。）こうして、イギリス王国は、アメリカ合衆国にくらべれば、はなはだしく社会科学的後進地帯となっている。

さて、イギリス政治学者のもっともふつうの自己規定は、いうまでもなく「経験的」あるいは「経験主義者」ということである。——だれも、これが何を意味するかをつねに確実に知っているとはかぎらない。だが、誰もがこれをいっている。「経験主義」の信奉者は、まるで別々の二つの派をなしているようだ。——しかし、事実上、教義としては同一となる。一つは「実行型の経験主義者」であり、一つは「文献型の経験主義者」である。たんに事実――政党・圧力団体・公行政・選挙行動といった――にへばりつく、ほとんど大量生産できる種類の調査がある。これに見合うものとして、ある海外の理論家(彼らの言葉でいえば裏切者)の抽象的見解に関し、しらみつぶしに愚論の例を大マジメでとりあげ、経験的要素はのこらず隠すか・ハナ先であしらい、あげくのはてに古来芳醇なイギリス経験主義のヨリいっそうの拳々服膺を求める、ヨリ密教的紋切型の著作がある。ところが、経験主義が意味するのは、あきらかに、内容のある教義ではなく、――ある経験主義者たちは禁句としているが――方法論なのである。その定式化はまず提供できない。なぜなら、どんなに努力してみても、ある特定の政治教義と同じにみえるから。「注意」・「習慣」・「経験の徳」・「反教条性」・「伝統への敬意」・「あるがままの事実」、これらが、その特性として通常あげられる。政治的には、これらの特性が、マイケル・オークショットのような無政府主義者さえも、故T・D・ウェルドンのような科学哲学論者へと結びつける。ウェルドンの『政治の言葉』は、やすやすとあらゆる政治的論争を言葉の乱れに還元し、ついで――またしても――経験主義者バーク(すなわち、なみの経験主義者とは異なる人)の精神におごそかに訴えて終結する。オークショットは現に、そのロンドン政治経済学校での有名な論争をよぶ就任講義『政治教育論』は、「直接法」でのべた純粋に記述的な小論にすぎない、と主張した。そして、それを保守主義教義の光彩陸離たる再宣言とみなす人々に当惑した顔をする。

保守主義は、いわば、政治人の問題である。(「あわれなやつらよ――誰かがわれわれが唯一の現実とたたえるアホウな仕事をしなければならないのだ。」)これにたいし経験主義は哲学者の問題である。このような哲学者たちは「経験」とか伝統とかの美徳を語る。だが、おおむね現実政治については、際限なく無知なのだ。彼らは、現実の政治経験から、あるいはそれについて、書くことはけっしてない。(あるいは、歴史の著作を利用することさえけっしてしない。）彼らが書くのは、つねに御同様に現実に疎遠な他人の本の論理的批判だけである。彼らは、抽象的観念ではなく、「具体的行動」と「現実的状況」とを礼讃する。しかし、それも、純粋に抽象的にしかしない。彼らは、現実的なものを月並みな信仰にしたてあげる。しかし、彼らは社会科学を不信する。こうして、いわば政治研究者の間に、ア・プリオリな経験主義というトンチンカンな「イギリス学派」があらわれている。他方、政治行動の研究者たちは、哲学的経験主義の前提にあずかりながら、すくなくとも現代世界に好奇心を抱き・精力的である。

歴史上、二つの点をはっきりしておかなければならない。第一に、経験主義と行動主義とは、ともに、既成秩序にきわめて高度の満足感をもつことを前提とする。しかし、これは経験的に誤っている。第二に、なお論議はわかれるが、一般的理念が政治におよぼす効果への懐疑主義を前提とする。しかし、（もし、仮に正しいとしても、短期間についてだけである。しかも、そうだとしても、特殊に地方的な要因にとどまる。つまり、保守主義教義ないし伝統を信奉する人々がイギリス政治におよぼした、それ自身がツカの間のツギハギ効果にすぎない。）

危険な例をとりあげてみよう。なぜなら、歴史と政治とは、イギリスでは密接に連関しているから。故サー・ルウイス・ネイミア学派と結びついた、歴史への行動主義的ないし経験主義的アプローチ、むしろ方法がそれである。この事例はほとんどバカバカしいまでにはっきりしている。改革への一般的教義は議会の外から発生する。したがって、イギリス史を議会そのものの社会史としてだけ書け。パンフレットや新聞は、政治に一般的基準をあてはめる。したがって、手書きの書翰だけを研究せよ。それは、驚くべきことに、個人的・行政的要因だけをあらわにするから。（そして、出版された書物には、疫病のように気をつけよ。政治問題についての書物は、すべて教条的だから。）ある反対派が一七七〇年代に形成され、ある範疇の政府法案に一貫して反対する政治行動をつくりだそうとしていた。したがって、どの政府法案も独特のものであり、どの個々の法案についてもつねに支持されるべきだということを(ただしそれぞれの根拠で・それぞれの場合に――けっして一般化ではない!)論証せよ。あきらかに、つねにそうせざるをえないとおりに。歴史家の任務は、政府は、つねに統治しなければならず、何ごとがおころうとも、証拠がないかぎり、潔白とみなされる、と論証することである。(あわれなノース卿よ!おおサー・アンソニーよ!)もし、政府が絶望的な戦争のただ中で、ゴードンの反乱の例のように、現実にその首都の統治に失敗したなら、その時には、ネイミアの偉大なシリーズ中のイアン・クリスティの著作『ノース卿の行政』のように、それを無視せよ。実に、アメリカ革命が、この『アメリカ革命期のイギリス政治』の表題をもつシリーズからしめだされた事実は、おそらく、アメリカにおけるイギリス政策の全面的失敗、現実に政府が統治できなくなった全面的失敗のせいであろう。この失敗でも、察するところ、ネイミア流の「行動主義的」方法論で研究できはする。だが、その教義に適合しないのだ。この教義は、革命を、およそ非実際的・理論的教義にもとづいて非難する。しかし革命がおこるのは、通常、統治の崩壊によるのであり、誰にしろ、その混乱を最善に利用できたものがあとからとなえる理念上の理由によるのではない。保守主義者なら、この事実を知っていなければならない。その教義が含むこの真理は、たんなるレトリックのタネをではなく、社会史の要因を直視するように、つねにわれわれを導かなければならない。トーリー派とジャコバン派の間には、相互にオベッカをつかう要素があまりにもしばしばありすぎる。

イギリス憲政の厳正トーリー理論、政治における連続性の必要と、解釈の要因として、具体的なもの・独特なもの・個人的なものを強調する教義は、その最強の防砦をネイミア学派に発見する。そして結局、どうして発見しないことがあろう? それは、多くの歴史的事情を説きあかし、すべて真理の要素をもつ。だが、われわれは、つねに、まさに自分が何をなしつつあるのかに醒めていたい。スベテヲ理解スルコトハスベテヲ許スコトニナルカ？　遺憾ながら政治では――けっしてそうではない。

最後にもう一つ、行動主義に内在するディレンマを、誤用ではなく、半ば認識したヨリおとなしい例を。私は、ふたたびダヴィッド・バトラーの『政治行動の研究』から引用する。「……権力が社会においてどこに現実に座を占め、いかに行使されるか・あるいは行使されるべきかの現実主義的描出のためには、人々が現実に言動する事実の観察に、圧倒的に依存することが必要である。」だれがあえて異論をとなえよう？　なぜなら、あきらかに、「社会において」という言葉で、人はその所与とみているものを意味するから。だが、ついで、「……事実をつみあげるのは、もちろん自己目的ではない。説明の基礎としてだけ意義があるにすぎない。……記述のためのいかなる試みも、意識的にか・無意識的にか、あつめられつつある素材の不断の秩序づけと分類とに依存せざるをえない。」（一五頁）となると、一言いわねばならない。この誤解のしようもない警告にこたえるためにはおそらく、ものごとはつねに無意識裡に事実上先入観で裁断されているのと同意しつつ、意識的に先入観で裁断しなければならないと主張することしかありえまい。――まさになされなければならないのはこれなのだ。さもなければ、政治行動は、意識的な政治教義でさえもなく、無意識的イデオロギーとなりはてる。

(m) 教義の不可避性

理論や教義の保持は不可避であること。大部分の教義は、高度に経験的要素を含みさえすること。

それ故にわれわれは教義をもつ。その政治をあまりにも当然とみなす政治による体制の下では「究極の精神活動」は、擬装し、ある方法の仮面をかぶる外はない。しかし、それでも、人はそれなしでは生きられない。もっとも単純な社会記述でも試みてみれば、人は事実上、バトラーがいうように「たえまない秩序づけと分類と」にまきこまれてゆく。このような選別を可能にする原則は、ナマ焼けにしろ・完熟にしろ、何らかの政治教義の原則である。大地にもっともへばりつく実際的政治人が現になすことは、自分の行動と作為ないし不作為の効果とをよみとりつつ行動することである。これらの偏見は、何らかの政治教義にまとめあげられるか・記述される。政治研究の多くは、まさに、ホームズ判事の言葉をかりれば、「モヤモヤとした大前提」を、無反省者と目される人々(悪名高い経世家であると・名声高い歴史家であるとを問わず)についても・制度的手続についても、剝被することである。経験主義者は、人がいかに反応するかという皮相な面に腰をすえたもので、ホンモノの問題を解こうと努力する。しかし、それは殆んど述べられることもない。――これこそR・G・コリングウッドが実際活動の「前提」とよんだものに他ならず、政治理論が関わるのは、これら前提と問題とを明確にし・あわせて解決することである。

政治の研究と実践との間には、絶対的な区別はありえない。政治人ならすべて、何らかの教義を意識的に把持しており、あるいは無意識裡にそれに即して行動する。大学人ならすべて、その調査や片言隻句そのものが、何らかの目的に利用されたり・むしりとられたりした覚えがある。だから、大学人は、その目的を説得的に明示して、はじめて責任をとることができる。政治理論にひそむ検証不能な評価の要素は、政治生活の多様性そのものの嫌悪者だけをとまどわせるにすぎない。しかし、科学精神は、自由主義・保守主義・社会主義といったありふれた・ありきたりの政治教義においてさえも、強い経験的要素を含む事実をためらわず直視するように勇気づけられなければならない。これらはすべて、一定の社会像を含む。そして、これら社会像にしたがった行動が、さまざまな事情と時代と社会とに応じ、あるいは合理的に成功し・あるいは不合理的に挫折するのはあきらかだ。擬似科学的方法論の過剰が、実は、社会学の過剰がまさに社会主義であるといえるのと同じく、自由主義か保守主義かの変型にすぎないと「暴露する」のは、これら教養の主観性への絶望にさしまねくためではない。むしろ逆に、これらが把持されざるをえない不可避性と、それぞれが含む客観的要素の堅固さとを示すためである。いずれも、この要素を見事に開花させ得るほどに十分に科学的である。だが、それを政治を超越する高みへと押しあげるならば、十分に誤りとなる。真相はこうだ。すくなくともこの世には、政治を超越する事実はありえない。政治とは自由である。まさに同じ理由で、政治理念の研究と政治制度の研究との間には真の区別はない。――月並みで人を誤らせやすい教育上の区別を除いては。理念はすべて、制度的実現へと冀う。制度はすべて、目的を肉化する。何らかの目的をめざさない事実はありえない。このことでさえも、まさに一体であるもの、政治による体制の経験と活動そのものの、知性による抽象化なのである。

註

(1) Sir Ernest Barker による編著 *The Politics of Aristotle*, p. 51.
(2) くわしくは付録「意味論的道草」一八三頁以下を参照。
(3) *Hitler's Zweites Buch* (Stuttgart 1961), p. 62.
(4) 後述一八一頁以下のマルクスの公然たる政治攻撃の実例を参照。
(5) 「形式主義論」*International Literature* No. 6 (Moscow 1936), p. 88. より。
(6) 通常、二つのイデオロギーの本質は、はなはだしくことなるものとみとめられている。しかし、それは、両者を綜合し、二つの不可能世界の最善のものを——すくなくともレトリックにおいてなりと——えようとする人間的研鑽を根だやしにするものではない。英領ギアナ首相チェディ・ヤガン博士は、次のようにいったとつたえられている。「われわれは種族——全世界の労働者階級という種族を信じる」と。
(7) **Karl Mannheim**, *Ideology and Utopia* (London 1936), p. 111. 参照。
(8) Hannah Arendt, *The Origins of Totalitarianism*, 2 nd ed. (London 1958), p. 455 より引用。また Gerald Reitlinger, *The Final Solution* (New York 1953), とくに pp. 414–28, また Eugon Kogon, *The Theory and Practice of Hell* (London 1950), *passim*——ドイツ語版では *Der S.S. Staat*.
(9) Barker 訳 *Politics*, p. 244. 傍点はクリック。
(10) ともに J. L. Talmon, *The Origins of Totalitarian Democracy* (London 1952), p. 114–115 から引用。
(11) Eric Hoffer, *The True Believer : Thoughts on the Nature of Mass Movements* (New York 1951)——注目すべき・注目されない書物。
(12) Phillips Bladley 版の *Democracy in America* (New York 1948), Vol. II, p. 318.
(13) Henry Reeve 訳 *Society in France Before the Revolution of 1789* (London 1888), p. 140.

(14) それでも、つねにある腐蝕的懐疑主義が存在する。第二次大戦においてさえ、イギリス兵士がうたった歌は次のようにおわる。

　そしてますますけりまくられりゃ
　あわれ　私人はごらんのとおり、
　無間地獄へさかおとし
　ミンーシューシューギをすくうため。

(15) Harold Lasswell, *The World Revolution of Our Times* (Stanford 1951), p. 31.

(16) Elie Kedourie, *Nationalism*, Hutchinson University Library 2nd ed. (London 1961), p. 9. 私はこの小さな大作品の行論を絶讃する。その悲観主義はゆきすぎており、その人間嫌いは厳密に傍論にとどまるとは思うものの。

(17) Kedourie, *Nationalism*, p. 140.

(18) 「現代のネイションは、人間条件の平等化を阻止できないが、平等原理のむかうところが隷従であるか・自由であるか、知識であるか・野蛮であるか、繁栄であるか・破滅であるかは、人々自身にかかっている。」Tocqueville, *Democracy in America*, ed. Phillips Bradley, II, p. 334.

(19) 拙著 *The American Science of Politics* (London and California 1959) の最終節「非結論的結論」参照。

(20) Harold Lasswell, *Psychopathology and Politics* (Chicago 1930), p. 203.

(21) くわしくは拙著 *The American Science of Politics : Its Origins and Conditions* (London and California 1959)

(22) William A. Grazer, 'The Types and Uses of Political Theory' *Social Research* (Autumn 1955) p. 292.

(23) 『ニュー・ステイツマン』紙、一九六一年五月一九日、七七八頁の報告。

(24) たとえば、C. H. Sisson, *The Spirit of British Administrators* (London 1959) 参照。

(25) 前掲書二三頁。

(26) Michael Oakeshott, *Rationalism in Politics* (London 1962), *passim*, および Kedourie, *Nationalism*, op. cit. 参照。

(27) Oakeshott, op. cit., p. 115. なお拙稿 'The World of Michael Oakeshott' *Encounter* (June 1963) をも参照。

(28) Brigitte Granzow, *A Mirror of Nazism: British Opinion of the Emergence of Hitler, 1929-33* (Gollancz 1964), *passim*.

(29) M. T. Werner, *Tammany Hall* (New York 1928), p. 449 に引用。

(30) 私はこの文章を正確に一九六一年に書いたとおりに残す。――洞察であり、省察ではない。むしろ、政治の言葉で思考する簡単な応用例である。

(31) ロンドンやニューヨークの自由にうずまってアタマにきたあまり、その指導者たちが、いわばモハメッドとレーニンとを一緒にしたほどあらゆる徳をそなえていることに、かすかにせよ疑念を表明したと報告された海外留学生の奨学金を、二、三の「ネイション指導者」たちが、最近破棄したのは、おそらく、たんに誇りだけの問題ではあるまい。これら指導者は、これら青年層の技能と支持とに依存する。その原価も危険もおおきい。しかし、これら青年層は、思っている以上に強い立場にある。――もし、その懐疑主義に真剣にとりくむならば。

(32) ペリカン版への序文xv頁を参照。

(33) この苦渋にみちたその時々の問題弥縫の証人として、ジョルジュ・ルカーチをみよ。

(34) T. B. Bottomore and M. Rubel, *Karl Marx: Selected Writings in Social Philosophy* (London 1956), p. 217. を参照。

(35) Ibid., p. 220. なお p. 100 をみよ。「……イギリスは政治的国家である、ということ」――がきわめて厄介なのだ、と彼は論じる。

(36) Sheldon Wolin, *Politics and Vision* (New York 1961), p. 415. に引用。

(37) Edmund Curtis, *A History of Ireland*, 6th ed. (London 1961), p. 167.

(38) たとえばマイケル・オークショット教授の「自由の政治経済学」における「集団主義」へのゾッとするほど冴えた評価がある。これは彼の *Rationalism in Politics* (1962) に再録された。私の 'The World of Michael Oakeshott' *Encounter* (June 1963) 参照。

(39) それで、もし、これが「多元主義」の改訂版のようにきこえるなら、そのとおり。――ただ、ともかく秩序を維持するという国家機能だけを条件とする。

(40) Roy C. Macridis, *The Study of Comparative Government* (New York 1955), esp. Chapter VIII.

(41) Gabriel A. Almond and James S. Coleman, *The Politics of the Developing Areas* (Princeton 1960), Introduction.

(42) Seymour Martin Lipset, *Political Man: The Social Bases of Politics* (New York 1960).

(43) 私は、深刻な限界をもちながらこれら古い著作の透徹性に迫るものとして、二つの近代的研究を思いつけるだけである。Hannah Arendt, *The Origins of Totalitarianism* と William Kornhauser, *The Politics of Mass Society* とがそれである。Lipset, *Political Man* は、たった一章だけが真に剴切であるにすぎない。

(44) さらにその章でいう。「どの都市も、その住民大衆の野心にハケ口をあたえる道と手段とを用意しなければならない。ことに、大事をなすにあたってその住民大衆に助力を求める都市はなおさらである。」また「したがって、暴動が護民官の創設に帰結するならば、暴動は絶讃に値いする。」権力の移転と政府の継承とをめぐる対立は、いうまでもなく、制度化されるべき最重要事項である。

(45) あるいはG・マークスの実存主義的な魂の叫び「オレを忘れないでくれ。オレにはオレしかいないんだ。」

(46) H. L. A. Hart, *The Concept of Law* (Oxford 1961), pp. 189–95. 参照。

(47) しかし、Clinton Rossiter の *Constitutional Dictatorship* (Princeton 1948) この興味ある研究を参照。

(48) たとえば、ブラックストンの *Commentaries* 中の有名な章句は、たんに議会がイギリスにおける主権者だというのにとどまらず、さらに、「どの国家にも、至高・抵抗不能・絶対・無制約な権威が存在するし、また、しなければならない。そこにこそ、ユラ・スマ・インペリ、すなわち最高支配権がやどる。」という。

(49) Ernest Gellner 教授の 'Concepts and Society', *Transactions of the Fifth World Congress of Sociology*, 1962, Vol. I, pp. 153-83. を、過剰な「論理的明晰」と過剰な「背景をよみとる解釈」とを覚悟しつつ、参照。ナンセンスは、かりに「機能的」であっても、ナンセンスでしかない。

(50) 彼の 'The Conceptual Framework and the Cash Basis', *Political Studies* (February 1962) 参照。その諸条件とは、

(1)これまで発掘されなかった資料群。
(2)それへの直接接近……
(3)調査実施者。その才能は……(一定限度内で)既知とする。
(4)広報回路と検閲状況評価……
(5)公衆……
(6)これら先行諸要因に関連した構成形式。
(7)予定時間表。計画懐妊以前に、またそれが公衆への衝撃を生むまでに、どれほどの時間が流れ去るか。
(8)最後に、なによりも——カネ。(p. 40.)

(51) 丸山真男『現代政治の思想と行動』(東京、改訂版　一九六四年)および Giovanni Sartori, *Democrazia e Definizione* (Bologna 1958.) の飜訳、*Democratic Theory* (Wayne University Press 1962) 参照。

(52) Branislaw Malinowski, *Freedom and Civilization* (London 1947), p. 95. その第二章「多重化された意味の分析」は、近代の文献中、この問題についてのもっとも透徹した、そして、もっとも見捨てられた処理である。

(53) ただし、彼らの実例に選ばれた用語は、おおむね、あまりおもしろくはない。なぜなら、彼らは、政治ないし政治史について、多くを論じようとはついぞ思いつきもしないからである。(現代的用法のおかげで、愚鈍な本を読まずにすむ。)

(54) Michael Oakeshott, *Rationalism in Politics* (Methuen 1962), Elie Kedourie, *Nationalism* 2nd ed. (Hut-

chinson 1961), Maurice Cowling, *The Nature and Limits of Political Science* (Cambridge 1963), and Kenneth Minogue, *The Liberal Mind* (Methuen 1963) 参照。

(55) Richard Rose による (Mark Abrams との共著) *Must Labour Lose?* (Penguin 1962) 中の「フリコの理論」への興味あるいくつかの指摘、および、拙著 *The Reform of Parliament* (Weidenfeld 1964) の第1章を参照。

訳者あとがき

一　本書は、Bernard Crick, *In Defence of Politics* (Weidenfeld & Nicolson 1962) の全訳であり、ワイデンフェルト版について原著者から指示された若干の修正箇処を、六三年のペリカン版を参照しつつ、訳文におりこんだ。書き下しの付録が加わったペリカン版は、おおむねこの修正箇処をとりいれてはいるが、たとえば、第一版序文中の「民主主義の理想」は、両版とも、「自由の理想」のままであるように、日本版はいくらかなりと推敲の度が高いといえようか。ペリカン版を利用できたのはワイデンフェルト社の斡旋による。ワイデンフェルト・ペンギン両社の格別の御好意に感謝する。

二　原著者バーナード・クリック博士は、一九二九年に生まれ、ロンドン大学で故H・ラスキおよびM・オークショット両教授に薫陶をうけたのち、カナダ、アメリカで研鑽をつみ、帰国してロンドン大学講師となり、まず処女作『アメリカの政治科学』(一九五九年)によって国際的に注目され、ついで本書を、さらに『議会の改革』(一九六四年)を世におくって政治学徒としての名声を確立し、シェフィールド大学に新設された政治学講座の主任教授の席に招かれて今日にいたるかたわら、六六年に比較政治の専門誌『ガヴァメント・アンド・オポジション』創刊以来、その編集主幹の一人として活躍中のイギリス政治学界の俊秀である。

三　「まえがき」にみられるとおり、本書の「政治」概念はかなり独特なため、political にはおおむね「政治による」をあてている。また、government は主として「統治」とし、technology は、一種のイデオロギーであるゆえんを表示するため、可能なかぎり、「工学主義」とし、他方、nationalism は、ほぼ一義的に「民族主義」

をさすものの、「国民主義」「国家主義」との重合にもあてはまるよう、音訳ですますところが多い。訳文は、なによりも「簡潔に」――この正の評価語を自分に許されるなら――「とこころがけた」が、なにしろ「ふるいチンプな命題」の復活を説くはずの原著者のレトリック同様、原文も「やさしく」ばかりでもないところから、「やさしく」訳すつもりでも、かならずしも公約どおりとはいきかねる。大方の叱正にまつ。

なお、本書所引の引用文は、バーカー訳アリストテレスは別として、ルソーもウェーバーも、いずれも周知の原文といくらかくいちがう。しかし、引用者にとっては引用された形の章句が決定的となる以上、ことさらに訂正はしなかった。ただ、参照文献と固有名詞とだけは、気づいたかぎり、正誤した。

四 本訳書は、もと、東大の福田歓一教授と共訳の予定であったが、いろいろの事情で訳者単独の訳出となった。教授に、「まえがき」をいただいたお礼を申上げるとともに、その数々の御教示に感謝しなければならない。あわせて原著者に滞英中親しく質疑の労をとられた明大の田口富久治教授に感謝する。ただし、いうまでもなく、訳出上の責任はすべて訳者一人が負うものである。

最後に、私事をのべて恐縮ながら、本書ペリカン版を主教材とする千葉大学文理学部の六六年度演習に参加した大久保隆・沢田信一・篠崎汎史・反町純夫の四君とともにすごした日々を回想しつつ、訳了にあたって献身的尽力をおしまれなかった岩波書店の竹田行之氏にたいし、記して謝意を表したい。

一九六九年十一月七日

前田康博

■岩波オンデマンドブックス■

政治の弁証　　バーナード・クリック

1969年12月23日　第1刷発行
1970年6月10日　第2刷発行
2014年10月10日　オンデマンド版発行

訳　者　前田《まえだ》康博《やすひろ》

発行者　岡本　厚

発行所　株式会社　岩波書店
〒101-8002 東京都千代田区一ツ橋2-5-5
電話案内 03-5210-4000
http://www.iwanami.co.jp/

印刷／製本・法令印刷

ISBN 978-4-00-730148-3　Printed in Japan